20
18

T0287490

# Los villanos de la nación

Sin fronteras

JAVIER MARÍAS

# Los villanos de la nación

## Letras de política y sociedad

Edición de Inés Blanca

los libros del lince

Diseño de colección y cubierta: Lucrecia Demaestri

Primera edición: enero de 2010
© Javier Marías, 2010
© Inés Blanca, 2010, por la edición
© Los libros del lince, s.l., 2010
Enrique Granados, 135 (Ático 3.ª)
08008 Barcelona
www.loslibrosdellince.com
info@loslibrosdellince.com

ISBN: 978-84-937038-9-9
Depósito legal: B. 41.332-2009

Todos los derechos reservados. Ninguna parte de esta publicación, incluido el diseño de la cubierta, puede ser reproducida, almacenada o transmitida en manera alguna ni por ningún medio sin permiso previo del editor. La infracción de los derechos mencionados puede ser constitutiva de delito contra la propiedad intelectual (Art. 270 y ss. del Código Penal).

# ÍNDICE

## NOTA SOBRE LA EDICIÓN

Casi desde los comienzos de su trayectoria literaria Javier Marías ha compaginado la escritura de sus novelas y relatos con la publicación de artículos en la prensa. En los años setenta y ochenta realizó numerosas colaboraciones esporádicas para diversos diarios y revistas; desde finales de 1994 publica una columna semanal. Este libro recoge ochenta y cuatro de esos artículos, el más antiguo es de noviembre de 1985 y el más reciente apareció en julio de 2009.

Enrique Murillo, lector antiguo de Marías, tuvo hace unos meses la idea de reunir en un volumen las piezas periodísticas del autor sobre asuntos políticos, éticos y sociales, convencido de que cobrarían nueva luz al ser leídas todas seguidas, extraídas del medio para el que fueron escritas. Una vez obtenido el consentimiento de Javier Marías, el encargo llegó a mí. Me puse manos a la obra y en seguida vi la enormidad de la tarea a la que me enfrentaba: descartados los artículos que trataban otros temas (cine, fútbol, evocaciones personales, cuestiones lingüísticas, etc.), me encontré con una lista de casi trescientos textos, lo que indica el gran interés del escritor por las cuestiones sociales y por los acontecimientos políticos, tanto de nuestro país como internacionales.

La selección se hacía inevitable: había que escoger, por un lado, los que mejor representaban el pensamiento del autor, y, por otro, ofrecer a los lectores una muestra significativa de la amplísima variedad de asuntos de política y sociedad que en un momento u otro Marías ha tratado en sus columnas de opinión. De esos trescientos, elegí los ochenta y cuatro contenidos en este libro. Como es natural, dejo a juicio del lector si he acertado o no.

Me parece importante señalar aquí algo que este volumen deja bien patente: que Javier Marías no vive instalado en ninguna torre de marfil; por el contrario, en sus artículos de prensa ha mostrado siempre una decidida voluntad de intervenir en las cosas públicas, en lo que nos atañe a todos como ciudadanos. Sin contemporizar, sin callarse sus opiniones, ni siquiera las que sabía más incómodas para el *establishment*, partidos políticos de todo signo incluidos, dando nombres y apellidos cuando tocaba criticar la actuación de algún representante del Gobierno de turno, poniendo el dedo en la llaga ante las injusticias, subrayando jocosamente las necedades. Esa voluntad decidida de intervención ha acabado por convertirlo en un activista, todo lo sui géneris que se quiera y seguramente a su pesar, o, por decirlo de otro modo, en un activista escéptico, pues en numerosas ocasiones, preguntado por su labor como columnista, Marías ha manifestado con rotundidad que no cree que sus palabras sirvan para cambiar nada y que lo más probable es que caigan en saco roto.

No es esta nota el lugar para hablar del papel de los intelectuales en nuestra sociedad, pero sí diré que la calidad de su prosa, la preocupación ética que impregna todos sus artículos (incluso los que se ocupan de asuntos en apariencia menores), su independencia de criterio, su actitud combativa al tratar los males que aquejan a nuestra sociedad y los impecables razonamientos que expone, hacen de Javier Marías el más claro heredero de Larra en nuestro país.

Ya se trate de la guerra de Irak, de los ruidos en las ciudades que nos dificultan la vida, de la pésima situación de los trabajadores o de la crisis económica en que estamos inmersos, el autor aborda los temas con un enfoque siempre personal, novedoso e interesante, con fina ironía, recurriendo a la sátira o a la guasa en ocasiones, poniéndose grave si la cuestión lo obliga a ello; yendo, en definitiva, más allá de la anécdota o del hecho en sí. Por eso pasan los años y sus artículos no pierden vigencia, como comprobará el lector; es más, algunas de las piezas más antiguas recobran leídas hoy su más pleno sentido. Y esto, en mi opinión, tiene mucho que ver con la intención de Marías cuando se sienta a escribir un texto periodístico. Como él mismo dijo no hace demasiado tiempo en alusión a su labor como columnista: «Intento buscar el fondo invariable de las cosas».

A lo largo de los años Javier Marías ha ido recopilando sus ensayos y columnas en más de una decena de libros. Al final de esta edición, en la sección de las Procedencias, el lector encontrará los datos referentes a la fecha y medio de publicación de los artículos y el volumen en que han sido recogidos. En *Los villanos de la nación. Letras de política y sociedad* se ha optado por la ordenación cronológica de los textos y en el índice, entre paréntesis, se ha añadido la fecha en que éstos se publicaron.

Doy las gracias a Enrique Murillo por su encargo y por el entusiasmo y la confianza que ha mostrado durante la preparación de este libro, a Reyes Pinzás y a Carmen Enrique por su ayuda inestimable y, por supuesto, a Javier Marías, siempre tan paciente a la hora de atender todas mis consultas.

INÉS BLANCA

# VISIÓN DE UN FALSO INDIANO

Es lo tradicional y supongo que no hay por qué alarmarse en exceso, sino tal vez pensar que lo anterior fue lo anómalo, la tan explicable como inexplicable excepción: depositar entusiasmo o grandes expectativas en un gobierno viene a ser una ingenuidad o producto de la desesperación, porque a la postre ningún gobierno podrá ser visto por los ciudadanos más que de dos maneras: como un mal mayor o como un mal menor. Para no tentar al diablo será mejor no insistir en la enorme cantidad de los primeros que hemos disfrutado en este país; de los segundos, nuestra experiencia, hace tres años, todavía era muy corta y, sobre todo, con la llegada de los socialistas al poder pareció interrumpirse antes de que la costumbre se hubiera consolidado tanto como para disuadirnos de desear otra cosa.

Hace ahora exactamente dos años yo salí del país, y ese tiempo lo he pasado —con breves visitas a Madrid, siempre insuficientes para hacerme una idea adecuada del contento o descontento de la población— en Inglaterra, sin ver la televisión española, sin leer la prensa diaria, sin apenas oír la radio, carteándome acerca de temas más personales o literarios que políticos. Esta misma falta de apasionamiento en lo tocante a lo público por parte de mis corresponsales hacía pensar que no ocurría nada grave ni demasiado novedoso, y así parece haber sido. Pero tras un trimestre de estancia aquí, debo reconocer que mi sorpresa ha sido considerable al escuchar opiniones, leer artículos o contemplar supuestas informaciones acerca de ese mismo Gobierno socialista que tantas esperanzas como adhesiones improvisadas suscitaba cuando me marché. Sé bien que no es fácil explicar un hueco de dos años, ni describir un deterioro paulatino, o unos cambios de imagen que necesariamente habrán tenido que ser graduales, ni relatar el sigiloso pero inexorable desgaste que aguarda a todo político igual que a todo jugador de ventaja. Tan difícil es que no me atrevería a solicitar de nadie tarea tan vagarosa y ardua, ni tampoco pretendo comprender los motivos —justificados o no, poco importa ya el móvil cuando se ha llegado tarde a la función— de ese cambio de actitud que con ojos de falso indiano no puede sino verse como brutal. Tanto que, a pesar de tener bien presente que me he perdido el nudo de la obra y que desconozco por tanto la mayoría de los agravios cometidos en escena, lo que voy oyendo o leyendo me produce una sensación de estupor semejante a la que al parecer tuvieron muchos analistas políticos extranjeros cuando supieron de los cómicos resultados obtenidos por UCD en las últimas elecciones, insólitos para un partido que convoca a las urnas desde el poder.

Quizá, como he dicho antes, lo anómalo fue lo de entonces; pero no puedo por menos de recordar que cuando el partido socialista llevaba sólo doce meses gobernando y yo marchaba irresponsablemente a ese país septentrional conservado en almíbar que he mencionado, todavía se notaba —más que entusiasmo, más que esperanzas concretas— una actitud general de buena voluntad, de dar margen, de cierta satisfacción, una disposición a seguir apostando por el brillante e indiscutible ganador de la última carrera y aun por su futura descendencia. Las críticas al Gobierno eran rápidamente contestadas por personas más o menos desinteresadas y en todo caso eran tachadas de prematuras; esas críticas, cuando se mantenían (y dejando de lado casos patológicos incurables como el de *Abc*, cuyos ataques son tanto más inocuos cuanto que, a lo que veo, en tres años no se han permitido espera, evolución ni matiz), eran desviadas hacia los ministros para dejar intacta la cabeza del Presidente del Gobierno (táctica que, aunque peligrosa y con precedentes poco ilustres, se consideraba astuta); incluso por vez primera en mucho tiempo, y en contra de la inveterada costumbre española, las críticas existentes tendían a evitar lo personal, aunque quizá eso era tan sólo porque aún no había familiaridad con los personajes de la nueva representación. Los partidarios menos encendidos del Gobierno —los que le habían dado su voto *para probar* y porque tampoco tenían nada en contra— admitían que «podían estarlo haciendo peor» y seguían aguardando; y en cuanto a los más encendidos, poco menos que erigían altarcillos en sus casas con la imagen de Felipe González, ignorantes de que al cabo de un par de años esa imagen sería víctima predilecta de sus iras iconoclastas (*sus* de ellos y me da la impresión de que también del propio icono).

¿Cómo pueden explicársele a un falso indiano las razones de lo que ahora se respira, de lo que se le dice cada vez que, inocente o maliciosamente, inquiere por la actuación del Gobierno durante su ausencia? Una primera indagación, todo lo veraniega y superficial que se quiera, permite ver que las críticas son continuas y de toda índole; que ahora son contestadas, casi exclusivamente, por los miembros u organismos dependientes del propio Gobierno; que a los ministros ya no se dedica a cazarlos casi nadie (excepción hecha, y merecida, del de Interior, para saber de cuya gestión basta con el asombroso descubrimiento de que los ciudadanos cumplidores de las leyes *vuelven* a tenerle miedo a la policía); que, abierta por fin la veda, todos los tiros parecen apuntar a la cabeza del Gran Jabalí, y además más con el propósito de desfigurarla que de llevarse definitivamente el trofeo a casa.

Pero lo más llamativo no es sin embargo esta inversión. Dentro de todo, ésta sería explicable, sin ir más lejos, por la habitual reacción maniática de la población contra todos los que salen demasiado en televisión. Lo más llamativo es el tipo de comentario con que con frecuencia se concluyen las críticas más acerbas. Un médico, una profesora de instituto, un economista (todos ellos simpatizantes o votantes del PSOE) pueden coronar sus quejas con la siguiente frase: «Antes pensábamos que en Sanidad, en Educación, en Hacienda todo se hacía con los pies porque eran *ellos*, pero resulta que ahora somos también nosotros. Ya no cabe duda de que lo da el país». Esa argumentación, tan sencilla como simplista, es lo que a mi modo de ver resulta más sorprendente y más preocupante, pues recuerda ominosamente al sombrío comentario que a menudo cerraba las conversaciones políticas en tiempo de Franco: «Es que este país no tiene remedio». Entonces había muchos momentos en que no se veía remedio a aquel mal mayor porque en realidad era enorme y no se lo podía combatir más que a un muy alto riesgo, que no todo descontento estaba preparado para afrontar. Pero ahora, cuando lo más que puede concederse es que exista un mal bastante menor (que además se puede intentar disminuir sin por ello jugarse el pellejo), lo que llama fuertemente la atención es que al lado de la crítica, la antipatía y la insatisfacción, se extienda una extraña actitud resignada y un inquietante deseo de, pese a todo, no indisponerse demasiado a las claras con ese Gobierno tan supuestamente ambiguo e incompetente, como si se temiera que en virtud de su vaticinada larga duración (por falta de oponentes o por la razón que sea), un roce o un contratiempo serio con ese Gobierno pudiera costarle caro o cerrarle futuras puertas al disidente en cuestión.

Quizá la mejor censura que al primer golpe de vista puede hacérsele a tal Gobierno es —más que su regular o decepcionante gestión— que permita ese temor, lo cual viene a ser lo mismo que permitir que arraigue esa imagen de anquilosamiento e inmutabilidad que una vez más brinda a los ciudadanos mejor dispuestos la oportunidad de hacer cargar con las culpas al malhadado país. Uno de los mayores peligros de una democracia no es —como tanto se ha dicho— que se llegue a tener la sensación de que el poder difícilmente puede cambiar de manos, sino más bien de que la política del partido que está en el poder no puede en modo alguno cambiar. Porque lo que suele seguir a eso es otra sensación, más desazonante y bien conocida por los españoles: aquella que, por estar cualquier cambio condenado a ser tardío, remiso y artificial, hace esperar éstos tocando madera para que la variación no sea siempre para peor.

## ¿SU MIEDO FAVORITO?

El referéndum sobre la permanencia en la OTAN está ya tan desvirtuado que las razones de casi cualquier género pueden valer para decidirse, siempre, claro está, que uno las encuentre. Yo ando buscándolas desde hace varias semanas y a estas alturas de la campaña todavía estoy inscrito en el enojoso grupo de los que no saben/no contestan, lo cual me ha llevado, en buena lógica, a no prestar mi modesta firma a ningún documento destinado a captar votos. Tampoco los nombres de los que sí han suscrito tales manifiestos me han resultado decisivos, ya que las simpatías y la admiración las tengo muy repartidas. Así, estoy a la espera (no me queda más remedio) de que los unos me irriten más que los otros. Por fin ha habido un primer aviso.

Una de las mayores críticas que los *noístas* están dedicando a los *siístas* (y por tanto también al Gobierno) es su falta de argumentos positivos en favor de la presencia de España en la OTAN y su despliegue, por el contrario, de razonamientos que están dictados exclusivamente por el miedo. En primer lugar, no veo por qué el miedo no puede o no debe ser un factor válido —tan válido como cualquier otro— a la hora de determinar una actuación, una posición o un voto, del mismo modo que saber lo que uno *no* quiere, aunque no tenga ni la menor idea de lo que querría, me parece en todos los órdenes de la vida una bendición: al menos sabemos *algo*. Y, por poner un ejemplo de nuestra historia reciente, estoy convencido de que más de un comunista ortodoxo habría besado la generosa frente del mismísimo Leopoldo Calvo-Sotelo el día 24 de febrero de 1981, precisamente por miedo y por saber perfectamente lo que *no* quería.

Pero no es sólo esto: tengo para mí que la gran mayoría de los actuales partidarios del *no* lo son, al igual que los partidanos del *sí*, por miedo, lo cual invalida las acusaciones de aquéllos contra éstos. Sólo que se trata de diferentes miedos: entre los *noístas* (los *noístas* de izquierdas, que son casi todos) hay unos pocos que lo que desearían es que la adhesión de España, en vez de a la OTAN, fuera al Pacto de Varsovia; hay unos cuantos más, bastantes más, que ansían castigar al Gobierno por su gestión decepcionante y su insufrible chulería (y se comprende que la tentación pueda ser grande); pero la mayoría de ellos alegan una cuestión de principios: son pacifistas, ergo ¿cómo van a querer que su país pertenezca a una alianza militar? Todas y cada una de las personas que esgrimen esta razón me parece que están diciendo, en el mejor de los casos, tan sólo una media verdad. La verdad verdadera, como dijo el torero, es otra. Si todos estos pacifistas lo fueran de veras, radicalmente y hasta las últimas consecuencias, no se limitarían a rasgarse las vestiduras (sólo en tiempos de referéndum) por la posible permanencia de nuestro país en la OTAN y de las bases americanas en nuestro país, sino que estarían mesándose los cabellos de continuo en tanto no se disolvieran o suprimieran el Ejército al completo, la Guardia Civil, la Policía Armada, los *geos*, los *ertzainas*, los *mossos d'esquadra*, los guardas jurados, los vigilantes nocturnos de El Corte Inglés (que llevan arma) y los cazadores domingueros con escopetas de varios cañones. Pues bien, no he oído a ningún *noísta* clamar contra estas cosas (y se me olvidaba incluir los aceros de Toledo y las navajas de Albacete). La verdad verdadera es miedo, y muy respetable, a que en virtud de nuestra presencia en la OTAN haya misiles nucleares soviéticos apuntando a nuestras cabezas. (Dejo de lado la posibilidad —no absurda— de que apuntaran en todo caso y de que además no vaya a haber nunca manera de saberlo a ciencia cierta.)

¿Cuáles son los miedos de los *siístas*? Los hay muy variados. El propio Presidente del Gobierno ha mencionado vagamente algunos: la inversión extranjera se reduciría, al igual que nuestras exportaciones; nos sería difícil el acceso a la tecnología punta occidental, etc. Sería de agradecer que el susodicho presidente fuera más explícito (todas estas cosas las dice con la boca pequeña, como el marido o la mujer que se apresuran a confesar una infidelidad descubierta porque son muchas las que todavía permanecen ocultas), pero quienes ven en estos temores amenazas de represalias y atentados a nuestra soberanía están en lo cierto. Bien, ¿y qué? Así es el mundo, *yo te doy si tú me das*, por un lado, y, por otro, no me parece que la soberanía de países neutrales como Austria o Suecia sea mayor que la de países integrados en la OTAN como el Reino Unido o Italia. Seguramente se trata, en todo caso, de la mayor soberanía posible.

Pero hay también otros miedos, más personales, quizá menos justificados y sin embargo tan lícitos como el que más desde el momento en que admitamos (¿y hay quien no lo haga?) la primera frase de este artículo. El referéndum está tan desvirtuado que, cabría decir, *cualquier miedo vale*. Hay quien teme que si salimos de la OTAN tengamos que entregar Ceuta y Melilla en muy breve plazo y las Canarias en un plazo menos breve, pero no muy largo. Hay quien sospecha que la colaboración de Francia en la lucha antiterrorista volvería a ser inexistente. También hay quien teme que, de darse un triunfo del *no*, el descalabro del partido socialista sea tan mayúsculo que incluso pueda perder las próximas elecciones en beneficio del único otro partido que hoy por hoy *podría* ganarlas por parcial que fuese la victoria (los que esto temen no son necesariamente entusiastas del Gobierno —¿acaso que  a?— sino gente realista que al menos sabe lo que *no* quiere de entre las cosas posibles, ya que no ciertamente probables). Hay asimismo quien teme que el descalabro se personalice de tal manera en Felipe González que el riesgo no sea tanto el que acabo de mencionar cuanto que el próximo Presidente del Gobierno sea Alfonso Guerra o el Leopoldo Calvo-Sotelo que anida en todo partido (no olvidemos que un partido es un microcosmos comparable a una clase de colegio, y que en todas las clases de colegio que en el mundo han sido se han repetido y repiten, con escasas variaciones, los mismos arquetipos: el listo, el tonto, el empollón, el pelota, el acusica, el gordo, el cabecilla rebelde, el matón, etc.).

Se me dirá: todos estos miedos son chantajes, alarmismos, embelecos, mientras que los misiles apuntándonos sí son reales. Puede ser. Pero el miedo, como bien saben quienes aún se recuerdan a sí mismos de niños, no precisa de ninguna realidad objetiva para su existencia, ni tampoco es un miedo menos miedo para el que lo padece porque los demás piensen que no hay motivo. El miedo es justamente una de las cosas más subjetivas y personales (aunque no intransferibles, sino, por el contrario, contagiosas) que hay, y cada cual está en su derecho a intentar tranquilizarse de la manera que sea ante aquellos miedos o fantasmas que más lo acosen. Tal vez pensar en nuestro miedo favorito a la hora de votar no sólo no sea criticable, sino el único modo de hacerlo en conciencia. Personalmente, debo decir que en el día de hoy la posibilidad de que me caiga un misil soviético encima me parece tan remota y a la vez tan inevitable como el advenimiento del apocalipsis o la propaganda indiscriminada y masiva de esa enfermedad que se llama sida. Sin duda los otros miedos, los de los *siístas*, son cosas que en cambio son remediables, pero —repito, en el día de hoy— la posibilidad, por improbable que sea, de vivir a corto plazo en un país gobernado por Fraga y Miñón, Alzaga y Ansón, me resulta, pese a todos los pesares, menos remota y a la vez más evitable. Tal vez pueda salir por fin del enojoso grupo de los que no saben/no contestan, pues al fin y al cabo empieza a parecerme que la diferencia entre el miedo de los *noístas* y el miedo de los *siístas* es que, así como los primeros temen morir espantosamente, los segundos lo que temen es vivir espantosamente. Justamente lo contrario.

# LA EDAD DEL RECREO

La duda que asalta al comenzar los años noventa es si los ochenta han inaugurado una nueva época sin esperar al fin del milenio o han sido solamente un recreo. Recreo en el sentido escolar del término, es decir, una época en la que por fin, tras las arduas, tensas e ininterrumpidas clases del resto del siglo, la gente ha podido dedicarse a lo que se ha dedicado siempre durante los recreos, a saber: presumir, traficar, perseguirse amistosamente, dar espectáculo, jugar al balón y saltar a la comba. Los recreos siempre han sido muy eclécticos, por decirlo con palabra impropia, pero lo que de veras los distinguía de las aulas era que en ellos no servía de mucho la inteligencia, ni la aplicación, ni la educación, ni las buenas notas, ni por supuesto el buen comportamiento, sino más bien las habilidades físicas, la capacidad de aterrorizar, la iniciativa, la astucia, la gracia, ser rico (y mostrarlo) y también ser guapo, esto último, sobre todo, cuando se trataba del recreo de los más mayores, de los ya prehombres y premujeres. Que desde el jefe del imperio hasta el último mono, los dirigentes de esta década hayan tenido la apariencia de maniquíes, *ninots*, figuras del museo de cera, villanos de tebeo o pálidas máscaras de carnaval veneciano, parece apoyar la idea de que estos años han sido de asueto.

Da la impresión, en efecto, de que la mayor preocupación del mundo durante esta década (del mundo nuestro, del llamado mundo occidental) haya sido la de hacerse guapo, para lo cual a veces hay que hacerse antes rico. O, mejor dicho, la de hacerse los hombres prehombres y las mujeres premujeres, los caballeros adolescentes y las señoras quinceañeras, como si el bienestar y la seguridad en uno mismo hubieran dependido principalmente de lo que suelen depender en esa edad cretinizada que nuestras madres llamaban «la edad del pavo», a saber: de la victoria sobre las espinillas, del adecuado desarrollo del busto, de llevar o poseer ropas y objetos de marca y de tener éxito entre los compañeros, o, como se dice en el país más quinceañero y más prepaís del mundo, Estados Unidos, *to be very popular* entre ellos. El proceso de infantilización de la humanidad que dio comienzo hace más o menos un siglo se ha visto casi coronado en los años ochenta. La duda es: ¿nos aguarda la siguiente fase regresiva, la de jugar a policías y ladrones y saltar a pídola, o todo esto habrá sido sólo un recreo? La actual y pueril cruzada mundial contra la droga hace temer lo primero, pero no perdamos la esperanza de que se haya tratado tan sólo de unas merecidas vacaciones.

Porque reconozcámoslo: estos años han sido años muy fáciles, divertidos, años durante los cuales el mundo se ha visto libre no sólo de las fastidiosas ideologías, sino —y esto es lo principal, lo asombroso, lo nuevo— de la memoria, lo que quiere decir, por tanto, también de los hechos. Si algo caracteriza al último decenio es justamente esto: los hechos carecen de importancia y por consiguiente no hay memoria de ellos (sólo archivo). O quizá es al revés: puesto que no hay memoria de los hechos (sólo archivo), éstos deben de ser insignificantes. Lo cierto es que si no hay memoria, si nada se recuerda ni se tiene en cuenta, si cada uno puede hacer o decir o prometer cualquier cosa sin que tal cosa vaya a tener peso ni significación (aunque vaya a haber constancia, archivo de ella), entonces no es sólo que se haya hecho literalmente cierto el ya viejo lema o aspiración «Todo vale», sino que se ha visto sobrepasado y sustituido de hecho por este otro: «Nada vale nada». Las obras, las palabras, los hechos carecen de importancia y aun de interés, sólo los determina quién los realice, diga o lleve a cabo. El mismo libro, la misma película, las mismas declaraciones, las mismas medidas políticas, la misma prenda de vestir, el mismo crimen serán una maravilla o una bazofia, dignos de aplauso o de condena o de befa según quién los haya hecho o pronunciado, según a quién correspondan, según quién los firme, respalde, proponga, lleve o cometa (sólo así se explica que las matanzas de Argentina y Venezuela bajo los gobiernos de Raúl Alfonsín y Carlos Andrés Pérez hayan quedado como poco más que «lamentables accidentes inevitables») .

Esta ha sido la era del quién, lo cual no significa nada tan anticuado y en el fondo elegante y digno como «la era de la personalidad» o «la era del individualismo», sino, mucho más concisa y brutalmente, «la era del nombre». Como ha señalado Félix de Azúa en el prólogo a un reciente libro de ensayos (*El aprendizaje de la decepción*, 1989), las figuras actuales (él habla de las figuras «que encarnan opinión») «... no son exactamente *persona*, sino más bien *productos*». Por eso importa poco lo que haga o deje de hacer un político, lo que escriba un escritor, lo que proyecte un arquitecto, lo que gestione un banquero o lo que diseñe un diseñador de ropa, en la medida en que, al ser ellos mismos el verdadero *producto*, cuanto salga de ellos no será en realidad sino su *subproducto* o, dicho de otra forma, el efímero y nunca enteramente satisfactorio sucedáneo del verdadero producto, que es el nombre. Lo que diga este artículo es infinitamente menos interesante que el hecho de que haya sido encargado, aceptado, exista, se consigne en el índice o en la cubierta de *El Europeo* y lo firme quien ya —digamos antes de escribirlo— lo ha firmado o ha contratado su firma.

Así, las obras y los hechos se han convertido en los sucedáneos, en el símbolo, en la mera sombra de lo que a su vez no fue nunca más que una sombra, el nombre. Están destinados a no durar, y, sobre todo, a no ser recordados, por lo que en realidad da lo mismo cómo sean, lo único que importa es que el *emisor*, el nombre, siga emitiendo más que produciendo, siga siendo él mismo el producto y siga, por tanto, vivo. De aquí la tremenda importancia que ha adquirido no ya la conservación de la vida propia (el único valor que permanece inalterado como tal valor o que incluso lo ha multiplicado, al seguir siendo la vida lo único que sigue siendo único, lo único irreproducible), sino de la salud, convertida en garantía de la regularidad, continuidad y perfección de las emisiones, así como en una de las actuales obligaciones de los ciudadanos gracias a la avidez, tacañería y crueldad de los Estados, que detestan gastar en enfermos o, si se prefiere, en interferencias, y los repudian. Hasta el punto de que en los años ochenta uno de los escasos actos subversivos o transgresores que le han quedado al individuo ha sido el de descuidar o atentar contra su propia salud, y la «desobediencia sanitaria» es hoy en día uno de los pocos gestos posibles de indiferencia o desprecio hacia el orden y el beneficio.

Pero, dejando de lado a estos disidentes (cuya disidencia, además, no tiene repercusión), para la mayoría la pérdida de la salud supone la amenaza de la muerte, esto es, la amenaza de la interrupción de sus emisiones, y de su *estar*. Porque *no estar* es la verdadera muerte, la verdadera supresión de esta década, en la que la desaparición ya no equivale a *no ser*, sino más bien a *no estar*. Pues parece, en efecto, como si desde hace unos años la gente hubiera dejado de estar interesada en *ser*, incluso en ser *algo*, para dedicarse en cambio a *estar*, sea en la televisión, en la prensa, en los acontecimientos deportivos, en el local de moda, en una ciudad, en un barrio, en una cena o en una fiesta. Lo que cuenta no es que la televisión sea entretenida, o la prensa buena o verídica, o que el acontecimiento deportivo valiera la pena, o que el local de moda sea divertido o cómodo, o la ciudad fascinante y misteriosa, o el barrio agradable, o la cena exquisita, o la fiesta deslumbrante, sino el hecho de que se desee o haya deseado *estar* en ellos (que se *deba* estar en ellos) y se haya conseguido. Por poner un ejemplo deportivo, si el Atlético de Madrid-Fiorentina ha resultado ser un partido de fútbol extraordinario (no fue el caso), no sólo nadie lamentará habérselo perdido, sino que quienes lo hayan visto encontrarán enormes dificultades para convencer a alguien de que en efecto ha sido extraordinario. Por el contrario, aunque el Milán-Real Madrid haya resultado un espectáculo soporífero, la gente, una vez pasada la decepcionante ocasión, no hará sino esperar la próxima confrontación entre el Madrid y el Milán, porque en realidad, una vez más, lo único que importa son los nombres, de los cuales el partido mismo es solamente el sucedáneo, algo casi indiferente, la sombra —por así decir— del anuncio o cartel del partido. Del mismo modo, si el nuevo disco de Madonna o el nuevo discurso de Wojtyla o la nueva novela de Cela son (como suele suceder) una birria o un fiasco, eso no será obstáculo para que, una vez señalada la mediocridad de sus respectivos subproductos, vuelva a esperarse con ansia la aparición de la siguiente birria, ya que el producto verdadero son ellos, Madonna y Wojtyla y Cela, emitiendo: sus nombres en tanto que emisores, aunque sea de birrias. Y por todo lo dicho no debe extrañar que la llamada prensa del corazón (y no sólo ella) se ocupe, más que de relatar acontecimientos, de reseñar quién asistió o faltó a ellos, y la importancia del evento dependerá de que en Nueva York asistiera Jackie Onassis o en Madrid Isabel Preysler.

Los más agoreros y descontentos (los hijos de Sartre y los de Wojtyla, y también los de Sastre) vaticinan que los años ochenta dejarán poca huella, sin darse cuenta de que eso es justamente lo que han pretendido, no dejar huella. Los más agoreros y descontentos se quejan de lo *light*, del *pensiero debole*, del minuto de celebridad que Warhol prometió para todo el mundo y que poco a poco va cumpliéndose, de la postmodernidad y de la transvanguardia, del monótono *acid-house* y de la ropa cara, de la agonía del cine y del triunfo de la televisión y el vídeo, de la cocaína y del sexo a distancia, de la conciencia satisfecha o de la falta de conciencia, de la rosificación de la prensa y del auge de los deportes, del aprecio por la novela y del descrédito de la poesía, se quejan infinitamente, añorando la tensión, el combate y el sufrimiento de las décadas anteriores. Pero no se dan cuenta de que hacía falta el recreo, y de que es posible que de aquí a unos años lo que añoren sea esta estupenda inanidad, este rápido olvido, este mundo fugaz y ordenado en el que no hay que esforzarse mucho: ni por ser alguien ni tampoco algo (se es o no se es —se está o no se está—, y si se es, se es de golpe y por un golpe de suerte o de dinero o de astucia), ni por comprender las cosas, ni por justificar el gusto, ni tan siquiera por ser original.

He aquí, de hecho, uno de los grandes beneficios que esta década ha traído consigo: el fin de la necesidad u obligatoriedad de ser original, una de las mayores pestes que nuestro siglo ha padecido, tanto en las costumbres como en las opiniones como en el habla como en las artes, hasta estos años ochenta que han visto el triunfo del *remake*, de la cita, de la imitación, de la repetición, de la variación sobre lo ya dado. Si *Batman* surge de un viejo cómic y se apoya en *Metropolis* o más bien en *Blade Runner*, el secreto del éxito de *Mujeres al borde de un ataque de nervios* es que recuerda, sin ser igual, a las antiguas comedias americanas. Si Umberto Eco debe parte de sus ventas al tradicional esquema elegido de la novela policiaca, Tom Wolfe no hace sino poner al día y en el lugar adecuado la novela decimonónica. Si se escucha con fervor a Tracy Chapman porque canta baladas que suenan como las de siempre, los Rolling Stones se permiten volver triunfales a los escenarios porque, para su fortuna, aún se parecen lo bastante a sí mismos.

El afán de originalidad es algo relativamente reciente en la historia del mundo (tendrá cien años de vida), pero en verdad ha hecho estragos durante su reinado. Tanto en el terreno de las costumbres como de las artes, ha sido la justificación de incontables majaderías, que han pasado por buenas sin que casi nadie se atreviera a ponerlas en entredicho por temor a verse desposeído de la condición de «moderno», el adjetivo anhelado hasta su recentísima sustitución por el de «postmoderno», aún, sin embargo, no tan anhelado ni prestigioso. El afán de originalidad ha sido, pues, responsable en buena medida de la progresiva necedad del mundo durante las penúltimas décadas. Y no es que los años ochenta hayan sido menos necios gracias a esta abolición de que hablo: antes al contrario, han sido aún más necios que los precedentes en la medida en que han sido desembocadura y resultado natural de éstos. Sin embargo hay que decir en su favor que han propiciado o visto llegar dicha eliminación, y aunque a ellos no les ha dado tiempo a sacarle provecho, digamos que esa eliminación es en sí muy prometedora.

Parece como si en la década que ahora acaba se hubiera producido, en efecto, un agotamiento o hartazgo de lo original. No es sólo que la originalidad pretendida o buscada sea cada vez más difícil, ni que la masificación inmediata de todo haga prácticamente imposible que cualquier «originalidad» lo sea durante más de un mes (pues en seguida será absorbida por la masa y se convertirá en vulgaridad), sino —y esto es lo determinante— que hoy la originalidad se aproxima demasiado a lo que se ha dado en llamar «marginalidad», que es justamente de lo que la gente más ha huido en esta década tan acolchada. Pues la autocomplacencia o la falta de conciencia no son sino la consecuencia de una convicción generalizada: por fin estamos en el mejor de los mundos posibles, y la mayor prueba de ello es el gran fin de fiesta de los años ochenta, a saber: la rápida evolución de los países del Este hacia nuestro modelo. Todavía es pronto para calibrar el reforzamiento descomunal que los actuales cambios de Hungría y Polonia, la República Democrática Alemana y la Unión Soviética van a suponer para ese modelo. Pero si hasta países y bloques enteros no están dispuestos a permanecer «marginados», puede entenderse el horror que tal posibilidad provoca en cada individuo de los países que no lo están y establecen el margen. En una época en la que lo importante es *estar*, y entrar, y formar parte, y no quedarse fuera de la Gran Discoteca que se va ampliando, la mera «originalidad» puede ser algo que cause espanto, algo enteramente indeseable. Cierto es que la seguirá habiendo, pero por fortuna no lo será ya porque se haya procurado a toda costa o se haya proclamado a sí misma, sino por añadidura, es decir, porque alguien o algo, lo que quiera que sea, lo será natural e irremediablemente.

Es este un gran beneficio, como digo, en la medida en que el curso y la evolución de las artes y de las costumbres no se verán, como ha ocurrido a lo largo de casi todo el siglo, sometidas a un itinerario o vaivén forzado, artificial, sincopado, gratuito y propicio al camelo. Pero también es cierto que se ha pasado con demasiada facilidad a la situación contraria, a un reinado tal vez más peligroso e igualmente necio, el reinado del lugar común, en el que, además de la opinión «original», desaparece también la opinión *personal*. En los años ochenta el razonamiento ha sido sustituido por el aleccionamiento y se ha convertido en algo superfluo; la argumentación provoca hoy en día desconcierto y rechazo, más que nada porque quienes la escuchan o leen han dejado de estar acostumbrados a ella y no pueden entrar en el juego de matizarla ni rebatirla. Donde uno no quiere o no sabe jugar no hay juego, y por consiguiente el argumentador, el razonador, no puede aspirar ya a convencer, sino a martillear e imponerse; y si lo logra, entonces lo más probable es que su argumentación pase a convertirse en lugar común, en discurso previsible y reducible a su resultado, es decir, a lo que todos podrán asumir y repetir sin dificultad y sin haber recorrido el camino previo: un lema, un *slogan*.

Se ha perdido, por tanto, el conocimiento de los procesos por los que se ha llegado a sostener una opinión, o una teoría, o a encumbrar un nombre, un quién. Se estará a favor o en contra de la legalización de la droga, del gobierno de Cuba o de la pena de muerte, pero será superfluo explicar el porqué, que se dará por supuesto tanto en uno como en otro sentido; se creerá que Soderbergh es ya un gran director de cine, Kundera un gran novelista, Óscar Arias un gran político, Pogorelich un gran pianista, Mario Conde un gran banquero, Gae Aulenti una gran arquitecta, Meryl Streep una gran actriz, Iglesias un gran cantante, Brodsky un gran poeta o Míchel un gran jugador. Pero nadie estará interesado ni se molestará en recordar por qué, ni en examinar si en efecto es así, ni por supuesto en atender a las explicaciones de quienes digan que *no* es así, pues esas explicaciones quedarán anuladas por su conclusión: el mero lema, el *slogan* de que *no es así*.

Lo curioso del asunto es que esta reducción a posturas o lemas, unida a la generalizada y voluntaria pérdida de la memoria, permite que las afirmaciones más dispares puedan sucederse con absoluta irresponsabilidad. Cualquier medio de comunicación o cualquier partido político, pero también cualquier individuo, en público o en privado, puede sostener «ideas» (esto es, lemas) o manifestar «gustos» (esto es, *slogans*) totalmente opuestos entre sí en el plazo de una semana sin necesidad de justificar el cambio y, sobre todo —esto es lo sorprendente—, sin que por ello se vean descalificados ni se les pidan cuentas. No es ya que se hayan hecho mayores las facilidades para aceptar el viejo «donde dije digo, digo Diego», sino que no hace la menor falta «decir Diego» porque nadie recuerda que «se dijera digo». Nadie recuerda nada, ni siquiera lo que acaba de pasar.

Así, los años ochenta han sido también la edad de la arbitrariedad y de la impunidad, justamente en virtud de esa cancelación de los hechos y de la memoria de la que hablé al principio. También han sido el reinado de la famosa «fragmentación» de las vidas y el mundo, pero los fragmentos no se han dado como partes incompletas de un todo inalcanzable y al que de hecho se ha renunciado (lo cual sería o fue de agradecer mientras duró), sino como unidades aisladas e inconexas, sin relación entre sí. Cada opinión, cada costumbre, cada moda, cada gusto, cada valor no es que se yuxtaponga al anterior y al siguiente con vertiginosa rapidez, sino que *anula* al anterior, lo sustituye o suplanta, lo expulsa sin explicaciones, y niega la posibilidad del siguiente, que sin embargo se sabe que llegará de inmediato para a su vez *anular*, sustituir, suplantar, expulsar.

Parece como si en los años ochenta cada momento hubiera sido un compartimento estanco, dictatorial, totalitario en su pequeñez, supresor de lo que le es no ya vecino, sino inmediato. Así son los momentos (los momentos eternos) de los niños, que son incapaces de recordarse cuando eran un poco más niños e incapaces de imaginarse cuando lo sean un poco menos, porque para ellos está todo tan lejos; incapaces de comprender que el mundo no empezó con ellos y, por supuesto, de concebir que continuará sin ellos. Así han sido los años ochenta, un reino de menores de edad, de prehombres y premujeres; un reino de olvido, de meras sombras y de meros nombres, de presunción y de trapicheo, de jugar al balón y saltar a la comba. ¿Habrán sido tan sólo la hora o edad del recreo?

# NO PARECES ESPAÑOL

Lamentablemente, cada vez que alguien extranjero me ha dicho por algún motivo que no parecía español, he tenido la humillante sensación de que me lo decía como un elogio y de que yo debía considerarlo, por tanto, como una ofensa para mi país o cuando menos para mis conciudadanos. Que esto sucediera no tenía nada de particular en mi juventud, esto es, en el pasado, cuando España era una nación desprestigiada que se asociaba en seguida con una dictadura decrépita y con matadores de toros, con crímenes de brocha gorda y nunca perfeccionados, con gente vociferante y poco urbana, con tricornios, levantadores de piedras, botijos, guitarras y, en el mejor y más simpático de los casos, con lo que los propios españoles conocemos por la absurda expresión «ay jaleo jaleo» o, aún peor, y por Navidad, «alegría alegría alegría». Pero lo más ofensivo del caso es que aún hoy, cuando se supone que nuestro país ha cambiado tanto y siempre para mejor, sigo oyendo de vez en cuando (no con tanta frecuencia como desearía personalmente, y con mucha más de la que desearía desde un punto de vista cívico) que alguien me dice como el más encendido elogio: «No pareces español». A veces hasta me lo ha dicho un español, o más bien una española.

Y lo cierto es que la imagen del país (que al fin y al cabo es lo que cuenta en tiempos como estos, mucho más que el país mismo a tantos efectos) parecía haber cambiado y haberse dignificado. Aún es más: para abatimiento de los españoles más recalcitrantes, parecía haberse asimilado bastante a la imagen de algunos otros países cercanos, Francia e Italia más que Portugal o Grecia, y haber perdido, por consiguiente, algunas de sus más antañonas características, por ejemplo la intransigencia oficializada y la notable población de monjas por kilómetro cuadrado (monjas reales y monjas agazapadas, esto es, la mayoría de las mujeres de más de cuarenta años). Con una rapidez desmesurada, los españoles nos hemos ido despojando no sólo de cuanto nos molestara, sino sobre todo de cuanto nos afeaba. El verdadero cambio de los últimos quince años ha sido una tesonera y triunfal tarea de embellecimiento para la que, dicho sea de paso, existía una buena base o materia prima. Contamos con gente de rasgos correctos, y no cabe duda de que las mujeres españolas son de las más esmeradas y limpias del continente: en ciudades como Madrid llaman la atención de los extranjeros por ir siempre como para una fiesta a partir de los veinticinco años (con anterioridad pueden ir hechas unos adefesios, como en todas partes). En cuanto a los hombres, mucho menos agraciados por lo general y también con menos gracia, han llevado a cabo un tremendo esfuerzo por parecer seres normales y no delincuentes, lo que ya es mucho. Por otra parte, y de manera misteriosa, se ha logrado algo de gran mérito, aunque caprichoso: la gente en España es hoy rubia y con los ojos claros en una proporción disparatadamente mayor que en los años cincuenta o sesenta, lo cual, a diferencia del aumento de la altura media, no es explicable. Pero es un gran logro, al menos para la existencia de una variedad de imágenes o de tipos físicos y la supresión del individuo monótono del pasado. Los españoles que se ven por las calles tienen, en suma, bastante buena pinta, y sin embargo eso no ha bastado para la desaparición del envenenado elogio.

La imagen de un país no la dan los ciudadanos que van por sus calles, ni siquiera la dan para el resto de los ciudadanos, quienes tienden a sufrir la cada vez más común o planetaria alucinación de que la propia imagen es aquella que se les muestra en televisión, en primer lugar, y en segundo aquella otra que se tiene de ellos en el extranjero. España ha padecido exageradamente esto último desde hace por lo menos dos siglos, cuando los viajeros románticos, ingleses y franceses principalmente, decidieron ver aquí lo que *previamente* habían decidido que deseaban ver, o, si se prefiere, vieron

sólo lo que *después* podía «quedar bien» en un libro o en unos gra-
bados. Lo curioso del caso, o lo que demuestra la escasa seguridad
en sí mismos y en su identidad que han tenido siempre los españoles,
es que los propios nativos se quedaron encantados de tener una
imagen nítida y tópica (algo por lo que resultar reconocibles e inequívocos, ante los demás pero sobre todo ante sí mismos) y la abra-
zaron y suscribieron con entusiasmo, dedicándose a acentuar los
rasgos que tal vez, y antes de la «definición» foránea, habían sido
sólo anecdóticos y laterales: todavía hoy no hay español que en su
fuero interno no se precie de saber distinguir un buen pase en una
corrida de toros (aunque las deteste y piense que deben ser aniquila-
das) o que no se sienta capaz de batir palmas adecuadamente y con
ritmo si el azar le obliga a ello. «Lo llevamos en la sangre» es una
frase que sólo se dice con complacencia, que yo sepa, en España.

Sin embargo, en los últimos años, si bien perdura esa dependen-
cia de la mirada ajena para verse a sí mismos, se ha producido tanto un hartazgo de la manoseada imagen clásica (abanicos, navajas
y pañolones) como una conciencia de que tal imagen era difícilmente compatible con aspiraciones modernas o bien postmoder-
nas. En otras palabras, no se podía ingresar en el periodo histórico
que se caracteriza por el abandono o fin de la historia (según la
fórmula más reciente de los sociólogos de periódico) llevando todavía disfraces historicistas, pura estampa de época, siglo XIX operís-
tico o siglo XX zarzuelero. Creo yo que es en función de esta des-
bandada o huida como hay que explicarse en parte el hincapié con
que cada región o comunidad autónoma ha señalado últimamente
sus propias particularidades: cada una ha intentado, a su modo,
desgajarse de la rancia imagen de conjunto, aun a costa de no tener
ninguna durante algunos lustros, ya que tal cosa no se improvisa y
darla a conocer lleva su tiempo. Los catalanes y los vascos han pretendido zafarse de aquella «definición», quién sabe si tan sólo a la
espera de verla sustituida por otra nueva, más presentable, a la que
poder adherirse en el futuro. Y otro tanto puede decirse de los madrileños, que nada tienen ya de castellanos ni de manchegos pese a
haber funcionado tradicionalmente, contra su voluntad y para su
desgracia, como un sufrido epítome o compendio de España.

Es fácil saber lo que no se desea, sobre todo lo que *ya* no se desea, y en cambio resulta arduo formular nítidamente aquello a lo que se aspira. España, en este sentido, es hoy un país desgarrado, escindido entre su enraizada y largamente satisfactoria imagen pasada y su necesidad (su *falta*) de una imagen presente y por supuesto futura. Pero el problema principal no es una cuestión de voluntad, sino de herencia, legado o poso, si se quiere de inercia, o tal vez de irreversibilidad última. Esto es, no se trata tanto de un combate o pulso entre quienes antes llamé españoles recalcitrantes y sus enemigos, los «traidores a la patria», cuanto de la maldición consistente en que cada uno de esos «traidores» lleva también dentro, pese a sí mismo, a un español recalcitrante que le impide consumar la beneficiosa, deseada e indispensable traición. Existe un resto de conciencia de que la mirada exterior, tan importante para la propia imagen y para la propia pervivencia, ni siquiera se dignará posarse en España a menos que España siga dando lo que se ha esperado de ella (lo que se le ha exigido) desde hace un par de siglos. Existe, en consonancia, un injustificado e irracional temor a carecer de características, a convertirse en luxemburgueses, belgas o noruegos, por mencionar súbditos de los que ni siquiera pueden enumerarse tres lugares comunes sin empezar a confundirlos con suizos, holandeses o suecos: para los que no hay tópicos inequívocos. Ese resto de conciencia hace que los propios españoles, aun en contra de su voluntad e incluso en contra de lo que creen, sigan cultivando, quizá *aggiornata*, la imagen clásica y ya putrefacta. La misma insistencia en la burla de esa imagen es no sólo parte de esa imagen, sino su mejor vigorización, la más eficaz inyección de energías para su mantenimiento y perdurabilidad. Las películas de Almodóvar, que pasan por ser la expresión máxima de la modernidad española y son sin duda uno de los reflejos devueltos al país desde el exterior, están llenas de monjas, toreros, damas pías, cupleteras, impedidos y demás folklore tradicional. Que su talento y su sentido del humor sean superiores a los de quienes le precedieron (con la excepción de Buñuel) no quita para que su obra participe del mismo entusiasmo por la «gente bestia» que también sintieron Cela, el propio Buñuel, Blasco Ibáñez o Arrabal y que ha sido una de las marcas indelebles que lo español ha ido dejando a su paso por los escasos lugares por los que ha pasado en los últimos doscientos años, y aun antes, desde hace quizá quinientos.

Tal vez sea casual, pero no lo parece, el hecho de que los rostros españoles conocidos internacionalmente (y por tanto uno de los reflejos emblemáticos devueltos al país) sean la cara redonda de una tenista que se revuelca por la tierra rojiza de un suelo francés; la cara redonda de un tenor ubicuo que llora tanto sobre las ruinas de un terremoto como ante el Muro de las Lamentaciones como cantando zarzuela por televisión mundial; la cara redonda de un cineasta aún amenazado por las censuras, como es de rigor en un buen español; y la redondísima cara de una soprano capaz de convertir en madre amantísima al personaje de Salomé. A ellos hay que añadir el rostro de un cantante confidencial bien moreno o renegrido y el de un jugador de golf aún más fosco y un poquito cejijunto. Independientemente de su valor y sus méritos, que en modo alguno se me ocurriría poner en tela de juicio, como rostros lo son del pasado, de la España de anteayer, la que, por así decir, el conjunto de la población está tratando de desterrar y olvidar. Ninguno de esos rostros desprende serenidad o ironía o elegancia, sino —según los casos— picardía, bajas pasiones, reconcomio o solemnidad, siendo todavía esto último, la solemnidad, uno de los principales rasgos de la imagen de nuestro país. En él casi nada es aún liviano, ni risueño, ni indulgente, ni por supuesto amable. Sigue reinando lo abrupto, teñido siempre de solemnidad. Al ver y oír a los políticos, a los intelectuales, a los periodistas, a los locutores de televisión, se diría que es un país plenamente convencido de su importancia, es decir, idiota y por tanto *increíble* en el sentido de que no se puede dar crédito a lo que surge de él. Y es precisamente por causa de ese dificultoso crédito por lo que el obtenido en el exterior se torna decisivo a la hora de elegir en cuáles de las cosas, figuras o productos aquí surgidos (tan trascendentes todos) creer al fin.

Pero el círculo es vicioso, como todo círculo del que valga la pena hablar. Y así la Academia Sueca vendrá a premiar justamente la prosa que habla de lo que ya no hay ni está vigente ni se da en la España actual más que como anacronismo raro pero en cambio nutrió durante decenios la curiosidad (más que antropológica, entomológica) de hispanistas despistados, turistas hemingwayanos, escritores stalinistas y andaluces de adopción. Todas esas personas (no son especies extinguidas) no están dispuestas a perder fácilmente un medio de ganarse la vida ni una manera de sentirse pasionales, bien barata desde que existen los *tour operators*. La vieja y hedionda imagen de España puede ponerse un poco al día, pero cuidado con desaparecer, porque entonces nadie le hará ningún caso y se acabará el modesto filón. Hay ciertos países que, por así decir, están obligados o condenados a suministrar cierto tipo de fantasías a los demás, aunque sean sólo fantasías destinadas a hacerse visibles en el prospecto de una agencia de viajes, y España, no cabe duda, es uno de ellos. Lo grave del asunto es que la mayoría de sus así llamados creadores lo asumen y lo interiorizan, a veces sin darse cuenta o creyendo que van contra ello (de otro modo serían unos cínicos, que no faltan en todo caso), y, dándole una vuelta o dos o tres, perpetúan, para ser premiados, la imagen que dicen detestar: celos, pasiones, arena, sangre, temperamento, bestialidad, guerracivilismo, picardía, chulería y fiesta, mucho jaleo.

Pero no se trata sólo de los así llamados creadores y de sus obediencias o claudicaciones particulares, sino también de los gobernantes, y quizá, hasta cierto punto, y en virtud de la escisión antes mencionada, de la totalidad de la población. A ésta no hay que culparla mucho, ya que afortunadamente se caracteriza siempre por su anarquía, sus contradicciones y su escasa visión de futuro, pero los profesionales de la programación y del porvenir, esto es, los políticos, sí son culpables de cobardía, negligencia y cinismo a la hora de dirigir, configurar y manipular la imagen de España en los actuales tiempos. Su principal instrumento y ventana es la televisión, que además, como antes dije, se ha convertido en el más fiable reflejo que de sí mismos tienen los ciudadanos, mucho más que la «realidad», es decir, que lo que los ciudadanos ven con sus propios ojos sin cristal delante. Pues bien, tanto en la época de Calviño como en la de Pilar Miró como en la de Luis Solana como en la de García Candau, la televisión ha sido y es la negación palmaria de las ansias de modernidad y buen funcionamiento proclamadas por sus jefes y el refugio más acogedor de las estampas de época y los disfraces historicistas. Causa vergüenza el contraste (esta es la única vez que emplearé la palabra *contraste* en un artículo sobre la imagen de España) entre los *spots* publicitarios españoles (los mejores y más imaginativos que yo conozco) y la programación que los envuelve y se alterna con ellos. En esa pantalla aparece sin cesar lo que ya no existe o ya no cuenta o está destinado a desvanecerse: tertulias cuando ya no hay cuatro individuos que se presten a ellas en los cafés, series costumbristas con un habla pseudogaldosiana que ya nadie habla ni casi entiende, sujetos que se tiran pedos para hacer gracia cuando esa clase de sujeto se ha borrado del mapa, folklóricas y semifolklóricas que sólo podrían verse en una caja de galletas vetusta, periodistas franquistas que pontifican cuando ya nadie está interesado en verlos ni oírlos si es que hubo alguien alguna vez, señoronas de colmillo retorcido en torno a una mesa camilla, escritores trasnochados que aún creen que todo literato debe ser un original o un excéntrico como se creía hace un siglo, cómicos que de puro anticuados invitan a la depresión (¡santo cielo, un tal Arenas!), comedias también de costumbres cuya garantía de actualidad es un argot que, para cuando por fin se emiten los inevitables trece capítulos, se ha quedado ya antediluviano, soeces ventrílocuos propios de la inmediata postguerra que ni siquiera han aprendido a no mover los labios, insípidos *strip-teases* cuando las salas que los ofrecen están al borde del cierre por falta de clientela y si algo interesa hoy en el sexo son la verbalidad y algunas perversiones no clásicas. El efecto que la televisión estatal puede producir en un extranjero que la contemple (pero las privadas son miméticas y siguen la senda) es el de hallarse en un país para el que no ha pasado el tiempo desde el 20 de noviembre de 1975.

Y sin embargo el tiempo es lo que pasó más rápido, hasta el punto de que estos quince años nos parecen cincuenta. La sociedad española ha ido siempre por delante de quienes la han conducido o representado, tanto antes de esa fecha como después, y es mucho más intuitiva, dinámica, sagaz e irónica, sólo que está acostumbrada desde hace demasiadas décadas al escepticismo y a cierta pasividad emparentada con el derrotismo. No está acostumbrada a pasar facturas porque cree que nunca le serán pagadas. Y así, aunque su sentido crítico es uno de los más desarrollados del mundo occidental, se rinde pronto, y acaba siempre por zambullirse y participar del bochorno que se le impone o brinda, con el fin de por lo menos no contemplarlo. Uno no ve aquello de lo que forma parte.

Hay en esa sociedad un impulso natural hacia la mejora y el adecentamiento de las condiciones y el lugar en que vive. Hay en ella amor propio, el mismo, por ejemplo, que lleva a las mujeres a ir tan compuestas. Pero también hay una tendencia al abandono y la resignación o, si se me apura, al fatalismo. La mezcla de ese impulso y esa tendencia da como resultado una imagen contradictoria y desnivelada, de esforzado refinamiento y autocomplaciente miseria, de regocijo internacionalista y regodeo idiosincrásico, en todo caso abigarrada y siempre un tanto chapucera. Pero no utilizo esta palabra en su sentido peyorativo, sino teniendo bien presente que la chapuza es algo enormemente meritorio, nada menos que el logro de un funcionamiento, por provisional e imperfecto que sea, sin los medios adecuados y sin apenas esfuerzo. España lleva mucho logrando eso, es decir, *dando el pego*. Es, además, uno de los países en que mejor se sabe vivir, lo cual no es lo mismo que afirmar «en que mejor se vive», que sería una falacia. Quiero decir que pese a todo (y esto viene desde antiguo), la gente se las arregla para que la vida diaria sea vivible. Pero es de temer que todas las energías de esa sociedad (y eso es lo malo) se gasten precisa y exclusivamente en eso, en tan elemental ocupación, sin que quede ninguna sobrante para construir, desarrollar, cambiar o adecentar efectivamente, menos aún para cuidar la propia imagen de conjunto, fuera del aseo personal generalizado. Sólo así se comprende que un país que aspira a presentarse ante el mundo como paradigma de la tolerancia, la creatividad, el riesgo intelectual y estético y la postmodernidad (el filósofo italiano Vattimo, en un rasgo de gratitud, se ha atrevido a asegurar que Madrid será la capital del fin de siglo como París lo fue del xix según Walter Benjamin, y Franco Marcoaldi, prestigioso periodista y compatriota suyo, lo ha suscrito en *La Repubblica*); sólo así se comprende, digo, que ese país soporte y ofrezca a sus visitantes los ya célebres —por paleolíticos e incompetentes— servicios de teléfonos y correos y sus aún más afamados caminos de carros a los que pomposamente se llama «la red viaria»; que sus ciudades sean, según estadísticas, las más fascistamente ruidosas de Europa (sirenas, alarmas, camiones de la basura, los peores ruidos proceden de la ley y el orden); que el tráfico sea un perpetuo ajuste de cuentas entre delincuentes habituales empeñados en inmovilizar el mundo (tan delincuentes los conductores como los fabricantes como los concejales); que la gente no sepa hablar más que a voz en grito, y siempre más agónicamente para hacerse oír por quien está a su lado; que haya por parte de las autoridades un demencial y gratuito entusiasmo por las obras (la perforadora otro de los ruidos criminales de la ley y el orden), tan permanentes como inútiles (más allá de la razón, pues casi todas las calles están siempre en obras, y a la vez todas las que descansan se hallan en deficiente estado, con pavimentos plagados de accidentes y trampas que destrozan los zapatos y los tobillos de los transeúntes o los hacen precipitarse por inadvertidos hoyos); que los taxis se hayan convertido en uno de los lugares más despóticos y pendencieros que pueden pisarse; que en los bares todavía se tire por tierra cuanto se descarta, esos revoltijos alucinatorios de servilletas de papel babeadas, colillas, huesos de aceitunas, cáscaras de gambas y mondadientes que al final del día una mujer barrerá ufanamente con un escobón, mancillando los pies de los clientes tardíos, que no existan bibliotecas y las pocas que hay (la Nacional nada menos) sean vigorosas imitaciones de *El proceso* de Kafka llevado por Sanchos Panza; que no haya apenas burócratas educados en otros principios que los del sadismo; que la mayoría de las playas sean poco mejores que campos de concentración tóxicos rodeados de brutalidades arquitectónicas; que el abismo entre la verdad y el *pego*, lejos de estrecharse, se siga ensanchando.

Pero, como ya he apuntado, quizá no se le pueda pedir más a una sociedad exhausta por las dificultades diarias y por su encomiable proeza de sortearlas de tal manera que esa vida cotidiana siga siendo pese a todo vivible, aunque sólo, claro está, de ese modo, solamente de día en día. Para 1992 se prepara mucho «jaleo jaleo» y «alegría alegría alegría». Se supone que para entonces los ojos del mundo se van a volver un poco hacia nuestra imagen, más hacia nuestra imagen que hacia nosotros, y quien crea lo contrario es un ingenuo o un malintencionado. No tengo los suficientes datos para saber en qué estado se encuentran las respectivas imágenes de Barcelona y Sevilla, pero la de Madrid lleva camino de convertirse en un batiburrillo del expresionismo abstracto, con absoluta exclusión de lo figurativo. Eso, con todo, da dinero. Hay dinero. Todo lo relativo al V Centenario, a las Olimpiadas y a la Expo huele (ojalá me confunda el olfato: no me confunde) a camelo, a *pego*, a picardía y a solemnidad: a la decrépita imagen de España con unos toques ornamentales —pero puramente ornamentales— del superferolítico fin del milenio. Es improbable, quizá sería asimismo pedir demasiado, que ante la perspectiva de tales acontecimientos el país se atreva a correr el riesgo de prescindir o sustituir la marchita y exprimida imagen que de él se espera y exige desde hace tanto, aunque al mismo tiempo le pese como una lápida. Por eso lo más verosímil es que de aquí a esa fecha continúe el forcejeo, calladamente, como sin querer la cosa, entre el español recalcitrante y el bendito «traidor» que casi todos llevamos dentro. O, lo que es lo mismo, continúe la chapuza. Lo que en cambio es seguro es que hasta entonces, si algún extranjero o alguna española vuelve a decirme que no parezco español por algún motivo, la frase me seguirá sonando, lamentablemente y para mi humillación, como el más encendido de los elogios.

## CRUELDAD Y MIEDO

*Para Mercedes López-Ballesteros*

Hace unos días la sección de Madrid de este periódico* traía una modesta noticia que sin embargo merece un comentario, o así lo creo. Daba cuenta de la actitud de unos padres de El Escorial que sólo podría calificarse de pusilánime e imbécil si no fuera además repulsiva y de crueldad extrema. La escueta nota de Vicente G Olaya contaba que provisionalmente, y debido a las obras que se están llevando a cabo en una residencia de la población de Arganda, sus veintinueve ancianos ocupan uno de los dos edificios de un colegio de El Escorial. Al parecer, los niños y los viejos coincidían en el patio durante unos minutos diarios. Los viejos, respetuosos, no se acercaban a los niños, pero algún que otro niño, irrespetuoso, sí se acercaba a algún viejo como Bernardino Bisquera, de ochenta y un años, cuyas amargas palabras reproducía la noticia: «Un día se me acercó un niño para jugar a la peonza. Otro día enseñé a Rubén, de tres años, a jugar a la rayuela. Desde entonces, cuando me ve, me llama abuelo. Es el momento más feliz del día. ¿Qué tenemos los viejos que esta sociedad ya no nos quiere?». La pregunta de don Bernardino viene dictada por la indignada reacción de los padres de los niños, quienes han exigido que los viejos no coincidan *nunca* con sus hijos en ese patio de cuatro mil metros cuadrados. «No queremos que compartan el patio», han dicho sin sentir bochorno. «Los niños pueden contraer enfermedades. Habría que levantar una valla.»

* *El País. (N. de la E.)*

Puede que esos padres sean particularmente pusilánimes y crueles, pero me temo que no lo sean en mayor medida que cualesquiera otros padres de cualquier otra población española, y en ese sentido el lamento de don Bernardino no está bien formulado, habría sido mejor preguntarse qué tiene esta sociedad. Esta sociedad está infantilizada, y por lo tanto va idolatrando cada vez más a los representantes genuinos de lo que los adultos intentan ser a toda costa, es decir, a los niños. Hubo un tiempo no demasiado lejano en que los niños eran educados como proyectos de personas, en que la infancia se consideraba una etapa necesariamente transitoria, efímera, durante la cual se administraban cuidados al ser desprotegido, pero también se lo iba entrenando para ser adulto y se le iban abriendo los ojos al mundo. Hoy en día, por el contrario, y dado que la aspiración inconfesa de los ciudadanos más convencionales es ser niños eternamente, instalados en la queja y faltos de responsabilidades (niños ricos, desde luego), a los verdaderos críos se los educa sólo para que lo sigan siendo y hay la tendencia a meterlos en una urna como si fueran valiosos objetos, las joyas de la corona. Primero se los privó del contacto cotidiano con los animales, expulsados de las ciudades; hay cada vez más reparos a que traten con adultos por si hay entre ellos algún abusador sexual; y ahora resulta que los viejos son asimismo un peligro para ellos. No hace falta recordar que también los niños pueden ser un peligro para los niños, como prueban los recientes casos de Liverpool, Chicago y Noruega.

Los viejos y los niños se han llevado magníficamente desde que el mundo es mundo, los nietos han adorado a los abuelos tanto como han temido o ignorado a los padres, y gran parte de las enseñanzas menos utilitarias y más nobles de la humanidad han sido transmitidas de viejos a niños, igual que en ese colegio de El Escorial: mientras los profesores y los padres enseñaban las obligaciones, los ancianos enseñaban a jugar a la rayuela, es decir, a ser más civilizados. Pero los viejos son justamente la representación manifiesta de lo que nadie quiere ser y será sin embargo. Me pregunto qué se creen esos padres de El Escorial. ¿Que ellos no van a ser viejos? ¿Que sus niños están por encima de cualquier otro individuo, sea cual sea su edad? ¿Que los viejos son apestados? ¿Qué enfermedad creen que pueden contraer los niños? ¿Acaso la vejez misma? ¿Tanto pánico le tienen que creen que se contagia? ¿Por qué ha de valer más un niño que un viejo? Esos padres creen que el futuro existe, y que puede ser más corto o más largo, son ingenuos. Lo sorprendente es que, creyendo en el futuro, piensen que a ellos va a perdonarlos y no va a depararles su propia vejez. Cada uno envejece de sí mismo, por eso conviene ir aprendiendo desde la infancia. La valla que piden esos progenitores para ese patio habría que levantársela a ellos: separarlos de los niños y de los viejos, porque son ellos quienes impiden el aprendizaje de unos y el consuelo de otros, quienes contagian la enfermedad pusilánime e infectan ese colegio de los males de nuestro tiempo, la crueldad y el miedo.

## NO COMO HUMO

Cuando algo se manifiesta de manera demasiado aparatosa y chillona, hay que sospechar que le falta un fondo de seriedad, que puede tratarse de una cortina de humo para defenderse y distraer o de un bote de humo para atacar y cegar. Es decir, que lo que en verdad importa no es lo que provoca el griterío, sino otra cosa que está detrás.

Por extraña que pueda resultar *en estos momentos* la afirmación, yo tengo cada vez más la sensación de que el asunto de los GAL no va en serio, tampoco esta vez. Quiero decir que no va en serio la cosa en sí y que importan sobre todo sus repercusiones y su onda expansiva, y que para muchos es fundamental en tanto que arma nada más. Lo cual, dicho sea de paso, es perfectamente lícito y comprensible en batalla tan encarnizada como la que se libra desde hace tiempo en nuestro país. Pero me parece preocupante la posibilidad de que, una vez ganado el combate y cumplida su función el arma, ésta sea desactivada y se la envíe al desván. Así lo sugiere la indignación de muchos de los más indignados, que parece de mentirijillas. El partido que seguramente sucederá al que aún gobierna ha dado a entender ya en alguna ocasión que, si éste reconoce sus errores y culpas y muestra su arrepentimiento (y abandona el campo, desde luego), habría generosidad a la hora de exigir responsabilidades en asunto tan peliagudo y capital como la lucha antiterrorista. Un periódico que le es afín no ha dejado de recordar, con buen despliegue de fotos paralelas, que así como están en la calle supuestos narcotraficantes y etarras reinsertados, es chocante que estén en prisión individuos que sin duda han luchado contra el terrorismo, también desde la legalidad —no se olvide, vienen a decir, como si no delinquir todo el rato fuera un eximente—. Esto en cuanto a la derecha. La presunta izquierda no es menos connivente o ambigua, si se mira bien. Hay quienes dicen que Amedo ha mostrado dignidad porque se ha decidido a hablar. Independientemente de los motivos que ese antiguo policía haya tenido para cantar, la dignidad nunca le ha venido a nadie —en ningún código, del hampa o no— por traicionar o ser un soplón, y difícilmente puede alcanzar a quien ha sido condenado por cosas mucho más graves que hablar o callar. Un periodista muy televisivo se atrevió a decir una noche en su pantalla que probablemente la mayoría de los españoles aprueban la existencia del GAL y que «se asesine a los asesinos», lo cual fue una buena manera de quitarle hierro a la cuestión y, de paso, insultar intolerablemente a la mayoría de los españoles (cómo osó). En cuanto al dirigente del PSOE gallego llamado Fernández Moreda, se permitió decir, muy ufano, que «el mejor terrorista es el terrorista muerto» y que lo único que cabría reprochar a quien organizase los GAL es que lo hiciera «de forma tan chapucera». Este señor, un apologista del crimen a tenor de estas declaraciones, no ha sido, que yo sepa, destituido inmediatamente de su cargo.

Es difícil creer, por tanto, en la seriedad de quienes acusan o se defienden y niegan. Da la impresión de que a muchos de los más vociferantes en el asunto GAL no les parece muy mal el hecho en sí, sino más bien que lo haya llevado a cabo este Gobierno concreto, al que parecen estar diciendo, como a los niños traviesos y molestos: «Anda, reconoce tu falta, vete un rato al cuarto oscuro y luego haremos la vista gorda». Y lo cierto es que este juego no es admisible, porque con semejante asunto no se puede hacer la vista gorda, ni antes ni ahora ni después. Si, como hay sospechas, quedara probado que el Gobierno socialista ha organizado o consentido el terrorismo de Estado, nos encontraríamos ante un delito de proporciones gigantescas y de todo punto imperdonable, porque vendría a justificar cualquier otro: no sólo daría argumentos al cinismo de ETA, sino que difícilmente podría condenarse nada de lo que las leyes dicen que se debe condenar: no al padre que mata al hombre que violó a su hija, no al que se toma la justicia por su mano, no al vengador. Justificaría la ley de la selva y la del talión. Y ese delito sería aún más odioso por otro motivo en el que no sé si se repara suficientemente: si ese Gobierno elegido por los españoles ha tenido que ver con los GAL, entonces nos ha puesto a todos al nivel de Herri Batasuna. Y eso es algo que no se puede perdonar. Que yo no querría perdonar.

# EL ESCARABAJO

Cuando yo era muy joven pensaba que no servía de nada dar limosnas a los mendigos o, como se los llamaba entonces a menudo y ahora ya apenas en esta ridícula época de eufemismos, a los pobres. Consideraba que ese no era el camino ni la solución, que había que procurar el cambio social —la revolución incluso— y la repartición de la riqueza; juzgaba que en esa limosna había algo humillante para el que la recibía, también algo presuntuoso y autocomplaciente en quien la concedía, despreciaba la caridad. Negué más de una no por falta de compasión, sino por estos convencimientos, hasta que me di cuenta de que al mendigo concreto que me la pedía sí le era una solución momentánea, sí le servía. Es una obviedad, pero mi actitud de entonces ilustra lo peligroso y absurdo que es pensar en «la gente», o en «los pueblos», o en «el ser humano» como si fueran meras abstracciones y los individuos no contasen más que en su calidad de representantes efímeros y accidentales de un Todo. Así es como sin duda piensan los revolucionarios, los nacionalistas, los fanáticos y los demagogos. Su preocupación enorme por la Humanidad los lleva a despreocuparse de los humanos, sobre todo de los que tienen cerca, a los que consideran simples muestras intercambiables de ese Todo que los trasciende: por el bien de las generaciones futuras, a las que nadie conoce, se está dispuesto a perjudicar y sacrificar a las presentes. Y sin embargo son éstas las únicas que deberían contar, las únicas que hay que salvar de algo porque *ya* están padeciendo. Como tantos otros dichos de nuestra cínica y pesimista tradición refranera, que tanto irritaba a Don Quijote cuando la oía en boca de Sancho, siempre me ha parecido falaz la condena «Pan para hoy, hambre para mañana». Claro que pan para hoy, porque quizá ni siquiera haya mañana.

Tengo una amiga que es de natural compasivo, para su desgracia. No lo tiene a gala ni presume de ello, al contrario, lo ve como una maldición porque se pasa el día sintiendo lástima (otra buena palabra que se va desterrando), motivos no faltan nunca. Hace poco me contaba cómo había visto a un hombre caído en una plaza de Madrid, agitando los brazos como si pidiera auxilio. En la plaza había familias con niños, varias personas que no hacían ni caso. Ella se acercó, le preguntó qué le ocurría; el viejo, un tanto grueso, le dijo que estaba bien pero que no lograba levantarse por sí solo, se había caído. «Como un escarabajo al que le han dado la vuelta», lo describió mi amiga. Tiró de él, pero ella sola no podía con el peso, no podía incorporarlo. La gente asistía a la escena con indiferencia, nadie se aproximó a echarle una mano. Tuvo que parar a otra chica que atravesaba la plaza y rogarle esa mano, y entre las dos alzaron al escarabajo.

En los últimos tiempos se ha elogiado mucho a la sociedad española por su generosa respuesta a las peticiones de ayuda para Somalia y Ruanda. Al parecer la ciudadanía se ha volcado, ha dado más dinero que ningún otro país europeo, por no hablar de las famosas acampadas «exigiendo» el 0,7 % del PIB para los países pobres. Todo eso está bien, pero son abstracciones. Es decir, no lo serán desde el punto de vista de quienes hayan recibido —si los han recibido— ese dinero y esos alimentos o medicinas, pero sí desde la perspectiva de esa sociedad dadivosa. Es posible que quienes no le echaban una mano al anciano escarabajo hayan enviado cheques —sus sobras— a esos lugares remotos y se hayan sentido muy aliviados consigo mismos, juzgándose virtuosos y sensibles a la desdicha ajena. Quizá esa es la palabra: *ajena*, bien ajena, lejana, sólo vista a través del televisor, que da prestigio a lo que retrata. Cuando salga un niño ruandés en esa pantalla los benéficos podrán pensar con orgullo: «Yo he contribuido a salvar a esa criatura». El pobre de la esquina no sale en cambio en televisión, ni la anciana que vaga por las calles sin juicio y hablando sola, ni el inmigrante de otro color que sólo encuentra hostilidad y obstáculos en su vaci-

lante camino. Ellos son concretos, están ahí, sucios y desagradables, con su mal olor y su respiración angustiada. Es difícil ayudar-
los porque podrían tocarnos y transmitirnos su desesperación, a
diferencia de todos esos seres remotos que se nos presentan con la
asepsia de la pantalla y que nunca podremos sentir como un peligro, ni siquiera pueden inspirarnos asco. Éstos, además, son todo
un pueblo y al darles la limosna se puede tener la arrogante sensación de que damos nuestro dinero a la Humanidad, a la abstracción
nefasta. Mientras tanto vemos al escarabajo y lo dejamos boca
arriba. Es sólo uno y no nos concierne, podría ser una trampa, hay
riesgo si nos acercamos. Y sin embargo es él quien cuenta y a quien
servimos, es él *nuestra* generación presente.

## NO LOS QUIERO

No cabe duda de que a medida que nos acercamos al vigésimo aniversario de la muerte de Franco la situación política de nuestro país parece más sombría y más sucia y más histérica, por no emplear adjetivos peores. Y esa putrefacción lenta a la que se la está sometiendo hace que cada vez haya más cronistas y periodistas que comparan este régimen con el antiguo, buscan similitudes entre el franquismo y la etapa socialista y, en el colmo de la desfachatez, llegan a asegurar que estamos aún más inermes y envilecidos que entonces.

La memoria no sólo es selectiva y parcial sino también engañosa y hasta falseadora. Han bastado algunos reportajes aparecidos en la televisión con imágenes de la transición o con otras más inocuas de la visita de los Beatles a Madrid y Barcelona en 1965 para que cualquier tentativa de asemejar ambos periodos se haya ido al traste estrepitosamente. No seré yo quien defienda a este Gobierno* al que nunca defendí ni apoyé. Debería haberse disuelto hace tiempo ante la evidencia de su carácter delictivo o de su absoluta incompetencia. Pero lo que sí defenderé es el sistema en el que este Gobierno está inscrito —le guste o no— y que lo protege, como por fortuna protegerá a los próximos. Al fin y al cabo, la situación puede pudrirse todavía más, pero llegará el día nunca muy lejano en que se convoquen elecciones generales y este Gobierno tan cínico quede arrumbado para dar paso a otro en el que desearía tener más esperanzas de las que tengo. (A Ruiz-Gallardón, simplemente por ser civilizado y no soltar veneno, ya se lo está amenazando —«Ojo,

* Se trataba del socialista, claro. *(N. del A.)*

o haces lo que te decimos o vamos por ti, nos lo debes»— desde la prensa que hasta anteayer lo adulaba.)

Es normal que los jóvenes no tengan conciencia de ello y el asunto les parezca tan remoto como nos parecía la Guerra Civil a los de mi edad cuando éramos estudiantes; pero es inadmisible que la gente con más de treinta y cinco años haya olvidado (o lo finja) que durante el franquismo lo único seguro era que *nunca* iba a haber elecciones y que aquel dictador se marcharía sólo cuando lo decidiera su apacible muerte, como así fue. No era cuestión de esperar uno o dos o tres años, sino indefinidamente, de algunas generaciones se llevó la vida entera. Los periódicos, tan importantes hoy para la democracia (a veces con métodos chantajistas y fraudulentos, todo hay que decirlo), contaban siempre lo que se les ordenaba desde el Gobierno y su censura sin ambages. Aquella prensa sí que estaba vendida al poder, y de qué servil manera. Cuando se afirma que este régimen es aún más corrupto que aquél se me ponen los pelos de punta por lo que la aseveración tiene en el fondo de defensa y apología del franquismo, que fue un sistema corrupto desde el primero hasta el último día y desde el Jefe del Estado hasta el más breve de sus ministros, gobernadores o alcaldes, independientemente de sus actuaciones personales. Corrupto de raíz desde el momento en que surgió de la sublevación delictiva contra un Gobierno elegido y legítimo, por muchos defectos que tuviera, y de una guerra que no buscó sólo la victoria, sino la aniquilación sistemática del adversario, al que además se siguió aniquilando una vez vencido y desarmado su ejército.

No viví los años cuarenta y en los cincuenta era un niño, pero en los últimos sesenta y primeros setenta, en mi época universitaria, recuerdo bien cómo uno podía ser detenido por cualquier motivo, esto es, sin motivo, porque a un guardia no le gustaba la pinta que uno llevaba o por pararse en la calle demasiado rato acompañado de otras cuatro personas. Recuerdo el temor con que hablábamos en cualquier sitio público, con la aprensión de que hubiera un «social» en la mesa de al lado, es decir, un miembro de la policía política. Recuerdo el miedo del único día que pasé interrogado en la Dirección General de Seguridad, con la sensación cierta de que aquel cuerpo represivo podía retenerme allí si quería, indefinidamente y sin rendir cuentas a nadie, tal era la impunidad y arbitrariedad con que actuaba. Recuerdo las arengas de los esbirros y del propio Franco, una mezcla espantosa de crueldad y cinismo, de vulgaridad y despotismo. Recuerdo las ciudades tomadas por la policía, el desprecio y la chulería de los burócratas hacia el ciudadano —más bien el súbdito—, la persecución de la alegría y de la diversión más inocente, el miedo perpetuo con el que vivíamos y dormíamos, la mirada hacia nuestro portal desde una esquina distante antes de entrar por la noche en casa, no fuera a haber estacionado un coche de policía que había venido a buscarnos de madrugada. Teníamos dieciocho años.

No me digan que estamos peor que entonces, no me digan que era más leve y honrado el franquismo, no me digan que nada de lo que hoy sucede es más corrupto o criminal que aquello, no me digan que vuelvo a tener dieciocho años. No es verdad, y no los quiero.

# EL SUPLEMENTO DE MIEDO

Lo único malo de hablar tanto de las mujeres es que a menudo se acaba hablando de La Mujer, y eso es una abstracción sin significado, en nombre de la cual se pueden decir y hacer los mayores disparates y tonterías. Como bien señalaba el vecino Vilallonga hace unas semanas,* las mujeres son entre sí tan variadas como cada una de ellas puede serlo respecto a cada hombre, y lo peor de esas abstracciones —los Jóvenes, el Pueblo Vasco, los Escritores, Europa, las que ustedes quieran— es que, además de simplistas e irreales, son excluyentes, por no emplear la palabra de moda, discriminatorias. El problema es que siempre hay algunos que se *apropian* del término y de la idea y que pretenden no sólo definirlos, sino repartir o denegar certificados y decidir quién forma parte de cada abstracción, quién es verdadero joven o europeo, verdadero escritor o vasco, verdadera mujer; y normalmente su resolución depende del grado de sumisión o acuerdo de los diferentes individuos a la esquemática imagen que ellos propugnan. Así, según ciertos jóvenes, erigidos en «dueños» de la juventud, no lo serán quienes no se comporten aborregadamente como ellos, por poca edad que tengan los disidentes. O no será vasco, según los «dueños» del vasquismo, quien no tenga el cráneo o la sangre con no sé qué formatos y componentes vampíricos y no se dedique a quemar autobuses y dar palizas y a ponerle velas todas las noches al sabio rabino Sabino.

* El autor se refiere a José Luis de Vilallonga, otro de los columnistas del suplemento dominical *El Semanal* en que se publicó este artículo. *(N. de la E.)*

Uno diría que privar de la condición de mujer a una mujer es algo más complicado, pero siempre hay modos: a unas les habrá sorbido el seso su hombre, a otras las habrán alienado desde el primer instante de su existencia, otras estarán reprimidas por la religión o su psique, otras serán lesbianas, otras carecerán de lo que tradicional y ridículamente se ha considerado un comportamiento femenino. Las reducciones y las exclusiones vienen de todas partes: las feministas acérrimas harán caso omiso de las mujeres que no suscriban sus dogmas, y a su vez las beatas más ñoñas y conservadoras negarán la feminidad a sus congéneres con mayores dosis de rebeldía y más deseos de cambio. Ambas actitudes son totalitarias, como lo son todas las que se inspiran en eso, en una abstracción, un esquema, un dogma, un retrato robot o un código, sea éste ético, religioso, político, social, nacionalista o racista (aunque no creo que haya diferencia entre las dos últimas cosas).

Lo que sí se puede afirmar en términos generales es que las mujeres lo han pasado muy mal a lo largo de la historia y que una enorme porción de la población mundial femenina lo sigue pasando igual de pésimo. No hablemos de Argelia: hace no muchos años, en España una mujer casada no podía tener pasaporte ni obtener un contrato de trabajo sin la autorización del marido, también podía ir a la cárcel si cometía adulterio mientras al hombre, por lo mismo, los compañeros de oficina le solían dar palmaditas en la espalda. Cuesta creerlo, pero esto ocurría hace sólo veinticinco años. Todavía hoy son numerosas las mujeres que perciben sueldos más bajos que los varones por hacer el mismo trabajo y con las mismas aptitudes; todavía hay más paro y analfabetismo entre ellas; todavía son violadas o sometidas a chantajes sexuales, y siempre tendrán las de perder en cuanto intervenga la fuerza física. A veces pienso que para los hombres lo más inconcebible de ser mujer no son los pensamientos o sentimientos supuestamente distintos, ni tan siquiera esos famosos orgasmos encadenados de que al parecer disfrutan, sino la sensación de indefensión y desvalimiento, de fragilidad extrema con que deben de ir por el mundo, sabedoras de que en un mal encuentro con uno o más hombres no podrán oponer resistencia apenas. Yo supongo que si fuera mujer iría por la vida con un suplemento de miedo que me resulta difícil imaginar y que debe de ser insoportable. Por eso creo que una de las mayores vilezas es pegar a una mujer, materializar y confirmar ese intolerable miedo.

Por desgracia esto ocurre todo el tiempo, y es más: si uno se fija en las crónicas de sucesos, verá que lo más frecuente en los asesinatos y homicidios es que un hombre mate a otro; luego, que un hombre mate a una mujer; después, y ya muy raro, que una mujer mate a un hombre; y lo que no se da casi nunca es que una mujer mate a otra. Esto lleva indefectiblemente a pensar que en un mundo regido por mujeres apenas si habría violencia. Lo malo de ese pensamiento es que las escasas mujeres que han tenido poder decisorio se han conducido casi siempre como si no lo fueran: la única guerra de Gran Bretaña desde 1945 la declaró Margaret Thatcher con alegría, y uno de los periodos más sanguinarios de la historia de Rumanía fueron los años cuarenta y tantos, que tuvieron como Secretaria General del Partido Comunista a la cruel Anna Pauker. Así que, como en la política, lo menos malo será que ningún género ejerza el poder absoluto y que ambos se contrarresten, se vigilen y se amortigüen. Aunque los muelles para frenar al hombre hayan de ser aún incomparablemente más resistentes.

## VENGAN AGRAVIOS

Buena parte de la historia de la humanidad, buena parte de las iniciativas y reacciones de los hombres han respondido al padecimiento insoportable de algún agravio y a la necesidad de lavarlo o resarcirse de él cuanto antes. Una afrenta, individual o colectiva, escocía de tal manera que no se encontraba descanso hasta verla reparada o devuelta. La venganza, la represalia, el desafío, el duelo, todo ello —aunque muy salvaje— obedecía a un deseo de restablecer un equilibrio, si se me apura una paz tras la sangre, en todo caso a un espíritu proclive a saldar las cuentas, a zanjar las disputas aunque fuera a lo bestia y a vivir después con la apaciguada conciencia de no ser acreedor ni estar en deuda. No siempre se conseguía, a buen seguro, o sólo durante un tiempo, que sin embargo bastaba a veces para que las cosas siguieran su curso, no se emponzoñaran en exceso los odios y pudiera haber avances, y por lo tanto una posibilidad de paulatino olvido y *tabula rasa*. Es decir, había treguas, honores momentáneamente salvados, desmanes enderezados, situaciones sentidas como equitativas, lo que en tiempos lejanos se llamaba «satisfacciones». Alguien podía decir tras la afrenta y la compensación: «Con esto me doy por satisfecho».

El espíritu mercantil de nuestro tiempo ha descubierto una ley o regla abominable y ruin en este campo: vale mucho más tener al prójimo en permanente deuda, y lo último que interesa es saldar las cuentas. Es más, nada hay tan rentable y beneficioso como padecer agravios, y si no se padecen hay que inventarlos. La humillación, que antes resultaba una carga intolerable para quien la había recibido, goza ahora de prestigio y es un bien deseable, y ay de aquel individuo, comunidad o pueblo que no tenga nada que reprochar a otros, que no sea víctima pasada o presente, que no se sienta sojuzgado y avasallado, violado y atropellado, y así hasta siempre. No hay interés por remediar esa situación o ese sentimiento, sino todo lo contrario: lo que se busca es eternizarlos, y si es posible aumentarlos. Nada puede limpiar una ofensa, real o imaginaria, documentada o ficticia, porque el ofendido no está dispuesto a verla limpiada jamás por nada, o mejor dicho, porque en el fondo cree que no tendría identidad ni entidad sin ese baldón que lo justifica y lo explica y le da poder y voz, siempre la voz gimiente, la de la acusación y el lamento. El orgullo ha pasado a mejor vida, también la entereza de no quejarse, la dignidad del disimulo, la elegancia de la conformidad, la idea de magnanimidad o grandeza asociada a levantar las deudas o a exonerar de una culpa.

Nadie quiere ya eso, sino la preferible y fraudulenta explotación continua del ofensor y su ofensa, la cual se extiende hacia el futuro y asimismo hacia el pasado, y, lo que es más grave, hacia los congéneres y compatriotas y herederos y sucesores y antecesores y legatarios y antepasados y descendientes de quien agravia o agravió una vez, en la noche de los tiempos. Es esta una perversión mayúscula y la mejor manera de perpetuar los conflictos y enquistar los rencores: atribuir, por simpatía o delegación, los crímenes de un sujeto o una institución o un país o una época a quienes no los cometieron. En realidad he dicho mal, contagiado de esa tendencia, pues es falacia que las instituciones o los países o las épocas cometan crímenes: siempre son de los individuos, que a menudo los invocan o se amparan en ellos, lo cual es muy distinto.

Bien es verdad que el éxito de semejante actitud de culpabilización sin fin ni límites ni expiración depende en buena medida de su aceptación por parte de los culpabilizados, y en nuestro tiempo asistimos sin cesar a presuntuosos y grotescos actos de contrición llevados a cabo por quienes no han hecho nada. El Papa pide perdón a Galileo, que murió hace siglos y a quien, de estar en alguna parte, de poco le servirían las palabras de arrepentimiento de un individuo polaco que no tuvo arte ni parte en su condena. Unos indios de no sé qué tribu exigen al actual Rey de España que presente sus disculpas por lo que en nombre de un vago antepasado suyo hicieron unos soldados que en medio de la jungla no debían de obedecer órdenes de nadie ni recordar a quién servían, hace siglos. Es de todos sabido cómo muchos hispanoamericanos, sobre todo en México, reprochan a cualquier español de ahora las tropelías cometidas por quienes fueron los tatarabuelos de ellos, no los nuestros, que ni siquiera se movieron de sus malas tierras ibéricas. Algunos vascos invocan remotas afrentas inventadas por curas para hacer saltar por los aires a cualquier español, dando así carta trascendental de naturaleza a la nación que según ellos sería sólo una entelequia. Hay mujeres que hacen responsable al primer hombre que encuentran del sometimiento y la brutalidad que *otras* mujeres sufrieron a manos de *otros* varones, todos muertos y enterrados, y a su vez el varón acusado se flagela y pide perdón en nombre de quienes no ha conocido y acaso habría detestado. Los alemanes de hoy aún se martirizan pensando en lo que hicieron gentes con la misma lengua y el mismo pasaporte, como si el pasaporte y la lengua fueran vehículos insoslayables de la crueldad y el crimen. Hace poco, una novelista pedía perdón en nombre de su región por lo que algunos de sus miembros hicieron a unos judíos en el siglo XVII. Hay demasiado de cristiano en todo esto, demasiada creencia en la transmisión del pecado y la redención imposible, en la mancha imborrable que se extiende a través del tiempo y el espacio y jamás se lava. Hay también mucho de engreimiento, de fatuidad, de arrogancia. Quién es nadie para pedir perdón por lo que hicieron o dijeron otros, quién para arrogarse la representación de un país o una institución o un pueblo, todos ellos —insisto— tan inocentes o culpables como una jarra o una azada. Quién es tan importante y vano para erigirse en abstracción: demasiado a menudo se oyen o leen esas fórmulas tan jactanciosas: «Yo, en tanto que catalán...», o «Yo, en mi calidad de mujer...», o «Yo, como representante de la raza negra...», o «Yo, en mi condición de católico...». Ni siquiera quien ocupa el mismo cargo que el antiguo ofensor, ni siquiera un Rey o un Papa tienen el menor derecho o potestad para desmentir o rectificar las palabras o actos de sus predecesores, y por lo tanto tampoco nadie tiene el menor derecho a reclamarles tal cosa. Las

decisiones son siempre de los individuos, como lo son las heroici-
dades y los asesinatos, las condenas y las hazañas, las injusticias
y las clemencias, porque aparte de los individuos en realidad no
hay nada.

Pero ese doble juego que intenta negar eso está cada vez más
extendido y prospera, y las dos figuras se complementan y se nu-
tren mutuamente, y no llevan sino a la perduración del resentimiento y el odio: el agraviado que no quiere desagraviarse y el inocente que asume las culpas de otros y con ello carga de razón al
primero. Parece que nadie se atreva ya a darse por satisfecho o a
declarar que ha recibido reparación por un mal causado. Tampoco
parece nadie atreverse a contestar «A mí qué me cuenta» cuando se
lo culpa de algo ocurrido antes de su nacimiento. Ya hay bastantes
querellas y afrentas reales en el presente para tener que pagar o reclamar también por las quiméricas del pasado, que no tiene vuelta
ni revés posibles. Una figura con otra llevan ya demasiados años
haciendo el mundo más invivible, justificando matanzas y asesinatos y guerras que en la mayoría de los casos deberían haberse quedado sólo en el territorio fantasmagórico y nunca efectivo por el
que tal vez transita lo que tuvo lugar y ya no existe.

# MELANCÓLICO FANTASMA

Yo dudo que el hombre contemporáneo de cualquier otra contemporaneidad haya sido tan vilipendiado como el de este fin de milenio, sobre todo el que suele llamarse «occidental». Se lo considera rapaz, cobarde, ruin, despiadado, insensible, explotador, insolidario y cruel. Se lo juzga responsable de todo lo repugnante y nocivo que ocurre no sólo en sus territorios, sino en el más remoto confín. No sólo es el culpable de la decadencia de Europa y de la progresiva brutalización de América, sino también de las matanzas de África, el esclavismo laboral de Asia y las catástrofes naturales de Oceanía. Para los periodistas y escritores más demagógicos, perezosos y facilones es un recurso fantástico a la hora de quedar bien ante sus perezosos y facilones lectores poco imaginativos: el hombre contemporáneo occidental es el responsable de todo, directa o indirectamente: del integrismo, por su incomprensión y hostigamiento del islam; de Ruanda y Somalia, antes por la colonización y ahora por la descolonización; de la situación cubana, de la situación chechena, del Perú y Nicaragua y el Ecuador y Chiapas, de Irak e Irán y Kuwait, del conflicto palestino-israelí, de la peste en la India y no digamos del conflicto serbio-bosnio-croata-macedonio-montenegrino. La legión de detractores furibundos aplacan así sus conciencias, pero no parecen darse cuenta de que su actitud delata un cierto complejo de superioridad por su parte y grandes dosis de paternalismo, al dar por descontado que ningún país pobre o semipobre puede tener nunca una iniciativa propia, aunque sea la más nefasta y suicida. Se presupone que todo está controlado, manipulado y casi predeterminado (un raro calvinismo imperante) por la omnipotencia occidental, la Gran Bestia, el 666 por fin advenido no en la forma de un solo individuo sino de una multitud.

Esta visión maniquea tan extendida acaba beneficiando, como suele suceder, al supuesto culpable: si el hombre contemporáneo es tan monstruoso y causa de todos los males, si su zarpa alcanza al último rincón del globo, la propia exageración del anatema deja a éste sin efecto. Puesto que ya se sabe quién es *siempre* el responsable máximo de las desdichas, se puede prescindir de él como de las instancias superiores y en cierto modo exonerarlo, cuando la verdad es que ese hombre contemporáneo occidental está lejos de ser inocente en demasiadas cuestiones. Satanizar algo o a alguien suele ser mal negocio, porque nadie acaba creyendo de veras las acusaciones, ni siquiera cuando son justas y serias. A la postre la demonización se convierte en una especie de salvoconducto para las tropelías: si se es culpable de todo —parece ser el argumento o sofisma provocado—, lo más probable es que no se sea de nada.

Es curioso que el procedimiento se esté también extendiendo en todos los órdenes y que de él estén sacando buen provecho tanto los gobernantes como la ciudadanía. En este fin de siglo lo principal, el mayor afán, parece ser zafarse de responsabilidades, bien por elevación, como acabo de mencionar, bien por superstición. La tendencia actual de los gobiernos es a presentar los reveses y la incompetencia como imponderables del destino, casi como si se tratara de catástrofes naturales. Desde luego sucede sobre todo con la economía, de la que se habla ya siempre como de los vientos, las mareas, los terremotos, las plagas y las inundaciones: algo impredecible e incontrolable, de cuyos vaivenes nadie tiene la culpa si son negativos; de pronto hay crisis y pánico y nadie sabe cómo ha sido; de repente la crisis se acaba, y en esta fase sí aparecen quienes quieren apuntarse el tanto, aunque más tímidamente que en otros tiempos. Pero esta cómoda manera de bregar con la economía ha contagiado al resto de las cosas: cuando se habla de los desastres de Ruanda, nadie parece acordarse de que no los causó un fenómeno natural ni fue una mera cuestión de mala suerte, sino que se trató de algo deliberado, brutal y sangriento que podría haberse evitado, que hubo matanzas sin fin llevadas a cabo por hombres concretos y no por la azarosa y vengativa mano de la Providencia: parece que sus malvados dados hubieran caído caprichosamente en contra de esa nación africana como podían haber perjudicado a cualquier otra. Es extraño que, a falta de Dios o dioses, cada vez más se acepte la intervención de oscuras fuerzas superiores a la hora de atribuir las calamidades.

Lo mismo ocurre entre los ciudadanos: hace ya algunos años la revista americana *Time* anunció en un reportaje cuáles serían las dos figuras predominantes de nuestro fin de siglo: los *crybabies* y los *busybodies*, términos que podrían traducirse más o menos como los *quejicas* y los *metomentodo*. Los primeros serían aquellos individuos puerilizados (la mayoría de la población hoy en día) que no asumen nunca la responsabilidad de lo que hacen u omiten, sino que siempre encontrarán a otros (otros individuos, o la sociedad, o el Estado, o los padres, o la ciudad en que nacieron, cualquier cosa vale) a quienes echar la culpa de sus decisiones y actos, también de sus indecisiones. Son los que reclaman invariablemente una minoría de edad mental y moral, los que no tienen reparo en mostrarse como peleles sin discernimiento con tal de exculparse. Recuerdo el ejemplo máximo que daba la revista *Time*: un ladrón se había introducido en un garaje y había robado un coche; al salir de él se había estrellado contra un árbol y el ilegal conductor había quedado muy maltrecho, debiendo pasar varios meses en un hospital para recuperarse de sus heridas. Su primera reacción (y la cosa fue admitida a trámite) fue querellarse contra los propietarios del garaje. El argumento no carecía de gracia: si hubieran tenido la suficiente vigilancia para impedirle robar aquel coche, él no lo habría robado y no habría sufrido tan oneroso y grave accidente. No se sabe si ganó o perdió el caso, pero ya es bastante asombroso, insisto, que fuera admitido a trámite. A tenor de semejante protección al quejica, un ladrón que al tratar de entrar en nuestra casa por la ventana resbalara y se rompiera la crisma podría denunciarnos por tener hiedra en el muro o por poseer objetos tentadores que lo incitaron al robo, todo sería posible en este mundo que busca la irresponsabilidad por encima de todo. El drogadicto siempre dice que la droga era más fuerte que él, el asesino que la sociedad lo impulsó, o su desgraciada infancia; el artista jamás admitirá el fracaso o que no estaba dotado, sino que achacará su falta de éxito a conspiraciones, a la televisión o al mercado infame. Y aunque pueda haber en todo ello parte de verdad, o verdad total en algunos casos, la aplicación sistemática de esta clase de excusas acaba por convertirlas en inverosímiles y grotescas: hace poco un antiguo fumador pudo demandar a las compañías de tabaco americanas por la publicidad que durante décadas habían hecho de sus cigarrillos, a la cual él no pudo resistirse. Empieza, así, a no parecer lamentable ni raro un mundo poblado por seres sin voluntad ni entendimiento propios, permanentemente expuestos a las tentaciones y los peligros, pasivos e inermes ante cualquier cosa, sea la televisión, el alcohol, la pornografía o los caramelos. Y hasta tal punto se va ya aceptando esta pusilanimidad confesa que muchos prefieren que se prohíba cualquier tentación antes que luchar (o no) contra ella, un peldaño más en el proceso de infantilización, pues en el fondo de todo ello está este deseo: «Quítenme la libertad, de decidir, elegir y obrar, díganme lo que debo hacer, díganme lo que me está permitido».

Y aquí es donde aparecen encantados los metomentodo, porque siempre hay gente bien dispuesta a complacer petición semejante y a dictar reglas y comportamientos. La otra figura que describía *Time* es la de esas personas que viven como policías o guardaespaldas, en perpetua alerta y en perpetua alarma, vigilando al prójimo y denunciándolo en cuanto dice u opina o hace algo que a su represor ojo observante le parece improcedente o escandaloso o molesto. Son los defensores a ultranza de lo políticamente correcto, son quienes tratan de coartar el habla de las personas y privarla de personalidad y matices, los paladines del eufemismo, la cursilería y la distorsión: los puritanos que ven lujuria por todas partes, las feministas —o más bien *hembristas*, serían distintas— que ven machismo, los virtuosos que sólo ven vicio, los de cualquier raza que verán racismo, los remilgados que por doquier encuentran sexo o sexismo (fea palabra), en una curiosa amalgama o coincidencia penosa de la mojigatería tradicional de todas las épocas y la exacerbación delirante de posturas que hace sólo una veintena de años parecían propias de sus enemigos. Han venido a confluir la más

rancia ortodoxia de derechas con la más estricta y aborregada ortodoxia de izquierdas, mezcla peligrosa y dictatorial donde las
haya, y no hace falta remontarse al pacto germano-soviético para
estremecerse. En todo caso es sorprendente que una de las cosas que
caracteriza a este fin de siglo y de milenio es el éxito inmediato de
todas las simplezas y las tonterías, de lo que simplifica, de lo que no
matiza, de lo que nivela hacia la ramplonería y de lo que sirve para
acusar. Una proliferación de acusicas o *busybodies* tal vez sea poco
tributo si logramos llegar al año 2000 sólo con eso, sin demasiado
desquiciamiento ni apocalipsis variados llamando a las puertas.

Porque en el fondo hay que pensar que lo lógico sería que el
hombre de nuestro tiempo estuviera aún mucho peor de lo que
está, convertido en un aterrado manojo de nervios y dando ciegos
sablazos a troche y moche, los que suele inspirar el miedo. No acostumbra a tenerse en cuenta algo que para mí resulta tan patente
como decisivo: el hombre actual ha sufrido en sus hábitos, en su
forma de vida y de estar instalado en la realidad, de relacionarse
con su entorno y con sus semejantes, en su comprensión del mundo
y de su propia biografía, un cambio mucho más radical y brutal
que el que había experimentado a lo largo de siglos. Entre un individuo del siglo v (por ejemplo) y uno del siglo xix, las diferencias
no eran tan grandes como las que han atravesado la sola existencia
de un hombre actual de —digamos— ochenta y cinco años. El del
siglo v y el del xix se desplazaban sólo por mar y tierra, ambos a
pie o sobre ruedas y tirados por cabalgaduras (no antes de la segunda mitad del pasado siglo empieza a usarse el ferrocarril); el uno y
el otro tardaban, por tanto, más o menos lo mismo en llegar de un
punto a otro, lo cual quiere decir que apenas si había variado su
concepto de las distancias, es decir, del tiempo y el espacio. Ambos
hombres se comunicaban exclusivamente por escrito o con mensajeros, las noticias tardaban en alcanzar su destino más o menos el
mismo tiempo y eran pocas las que se sabían, sólo las relativas a
lugares muy cercanos, esto es, a lo que en verdad configuraba «su
mundo». En el siglo xvii los habitantes de una ciudad podían no
enterarse de la matanza ocurrida en otro barrio, mientras que hoy
se sabe al instante del horror acaecido en lugares de cuya existencia

ni siquiera se tenía noticia hasta ese mismo momento. Los cambios habidos en la vida de nuestro octogenario son mucho mayores que los contemplados por el hombre desde que dejó de ser simio hasta 1850, por poner una fecha. Ni aviones, ni pantallas, ni teléfonos, ni tocadiscos, ni cine, ni fotografía, ni faxes, ni coches, ni ordenadores, la lista sería interminable y ociosa. Pero sí se debe mencionar que tampoco hubo nunca armas que mataran tanto y a tanta distancia, tan anónima y aséptica y selectiva o indiscriminadamente, según se prefiera. Y no sólo la manera de vivir, sino también la de matar, es determinante a la hora de instalarse en la realidad y convivir y percibir al otro. Con semejantes descomunales transformaciones, cuya asimilación habría llevado siglos a cualquier otro hombre de los que en el pasado han sido (si pensamos en cómo fueron de hecho, sin apenas cambios de generación en generación), lo sorprendente es que el contemporáneo todavía mantenga ciertos vínculos con el que fue y no haya hecho una absoluta *tabula rasa*; lo admirable es que el hilo de la continuidad no esté cortado —aunque sí debilitado— y que aún le quede memoria de nada —cada vez más frágil, amenazada y tal vez inútil, pero no fenecida.

Nada raro, por tanto, cuando se habla de su desconcierto, de su soledad, de su desamparo; tampoco cuando se lo acusa de insolidaridad, de indiferencia y flaqueza, qué menos. El hombre actual sigue a su mundo con la lengua fuera, se da el absurdo de que éste va mucho más rápido que él por primera vez en la historia. Pero no se trata sólo de los inventos y adelantos que incorpora de continuo a su casa y a su existencia preguntándose cada vez menos cómo son posibles o a qué se deben, con una falsa naturalidad que tiene mucho de rendición y entrega al saber mayor de la ciencia y la técnica, sino que tampoco sabe qué debe opinar sobre infinitas posibilidades nuevas, entre las que valga el solo ejemplo de la más llamativa, a saber: la de crear humanos artificialmente y desde el laboratorio. El hombre contemporáneo piensa cada vez menos por sí solo, entre otros motivos porque no le da tiempo: antes de poder decidir ya está haciendo uso de lo que aún no comprende. Esta situación es terreno abonado para los inquisidores y los vivales: de una parte, cada vez se acepta más el lugar común de quienes se atreven a regular, censurar, prohibir, perseguir, uno de los recursos más fáciles y veloces del pensamiento ínfimo; de otra, van proliferando los camelistas que han visto en la «ética» una mina de oro: hoy pasan por pensadores brillantes individuos elementales con un lenguaje florido que no sueltan sino obviedades (*platitudes*, el término francés es más preciso), y que habrían sido objeto de irrisión hace sólo cuarenta años, cuando el mundo era más adulto, más optimista y menos pusilánime y supersticioso. Una forma que empleo a menudo para referirme al presente es «los primitivos tiempos actuales», dominados por el miedo y la desconfianza del otro y la queja y la vigilancia y la culpa, una sociedad de la sospecha, la denuncia y el lamento.

Ese hilo suelto y a punto de romperse, ese hilo de la continuidad y la memoria es lo único que puede frenar e incluso invertir la tendencia, y hacer que el hombre de este fin de siglo y de milenio tenga algún interés más allá del de sus hallazgos científicos y tecnológicos. El ya vago recuerdo —que sólo unos cuantos individuos conservan y aún es más: encarnan— de que hubo un tiempo en que las opiniones y las ideas no valían todas por igual ni venían dadas; de que era posible y deseable pensar cosas distintas de las que ya pensaba por sí sola la época, de lo que otros más simples —puesto que son gregarios— procuran siempre pensar por uno; un tiempo que si bien buscaba el triunfo y el éxito como todos, no por ello negaba el fracaso como si fuera un estigma y aún es más, lo encajaba también como un logro, a veces más valioso que su contrario; un tiempo en el que la gente sabía responsabilizarse y elegir e intuir al menos qué *no* quería, y aceptar los reveses y golpes, en el que el lema principal no era ese «Yo no he sido» que hoy parece impregnar las actividades y los resultados, por voluntarios que fueran en sus orígenes; en que la diversidad era algo natural y por tanto secundario, que no se rechazaba pero tampoco se buscaba ni subrayaba de manera obsesiva, como hacen hoy los nacionalismos más fanáticos y ramplones, que no tienen otra cosa de la que ocuparse que su propio ser tan mohíno y recuerdan a aquel personaje femenino de una película de Joseph Mankiewicz que, perteneciente a una linajuda familia de Boston, decía: «Cada vez que estoy deprimida, pienso que soy una Apley»; un tiempo, en suma, en que también era común negarse a lo que viene impuesto y en el que la inercia no se había convertido en la potencia máxima, la débil pero invencible rueda que rige el mundo; en el que los hombres y las mujeres podían decirse: «He tenido este tiempo y he jugado mis cartas mal o bien, como mejor he podido, pero de él me voy satisfecho». A la vista de cómo están las cosas, la aparición de un individuo así, unido a la mayor quietud y rugosidad del pasado y a la vez nuevo y rápido y expectante, no deja de ser un desiderátum, quizá una mera ilusión. Pero también sería propio de este individuo saber que éstas son lo último que debe perderse, incluso que debe fingir conservarlas cuando ya estén perdidas y él, más que un vivo, sea sólo un prestigioso y melancólico fantasma que se resiste a abandonar el campo.

# ¿CUÁNTOS?

Los últimos atentados de ETA han sido tan bestiales que casi lo único que sale como respuesta es el dolor y la indignación. Y la brutalidad de los miembros de Jarrai es tan continua y creciente que la única reacción es una ominosa mezcla de miedo y perplejidad. Sin embargo se hacen análisis políticos y sociológicos, se especula con la «estrategia» de ambas organizaciones o del colectivo KAS, se aguarda el siguiente golpe y se teme el número de votos que el partido Herri Batasuna pueda obtener en las inminentes elecciones generales. Se concede una buena dosis de «inteligencia» a todos ellos porque actúan de manera traicionera y cínica, y por lo tanto con premeditación. Se discuten sus «argumentos» como si fueran en verdad argumentos, y una parte de la población vasca tolera o alienta sus medios intimidatorios y chantajistas porqu consideran que los justifica el fin. Pero en realidad hace tiempo que se ha perdido de vista ese fin, incluso cabe preguntarse si lo hay. Y si no lo hubiera habría que concluir que los terroristas no sólo son asesinos fanáticos y crueles, y quienes los jalean y apoyan asesinos por delegación y dictadores de espíritu, sino que además todos ellos son idiotas y carecen de imaginación.

La imaginación permite ver lo que no existe aún o no existió en el pasado o incluso no va a existir jamás. Es una facultad tan retrospectiva como anticipatoria, y conviene cultivarla al máximo, porque gracias a ella se evitan no sólo muchos crímenes que acaso cometeríamos sin su concurso, sino muchos errores. Yo puedo odiar a alguien y desear matarlo en un momento dado, con frialdad o pasión, pero imaginar el hecho me ayuda a no cometerlo, precisamente porque cuando uno imagina de veras lo que se siente tentado a hacer, alcanza a ver también el después. No es verdadera imaginación la que no es de largo alcance, y así veo al hombre muerto a mis manos y me veo a mí mismo escondiendo el cadáver y borrando huellas y buscando coartadas y callando hasta el fin; veo la irreversibilidad de mi acto y también lo que sería mi vida futura sin mi enemigo, a quien yo habría sentido como verdugo en su vida y no tendría más remedio que ver como víctima tras su muerte. No estoy hablando ahora de principios morales, sino de mi propio interés. Si llego al extremo de matar a alguien tiene que ser en mi beneficio, esto es, para vivir luego mejor por ello, y la imaginación me dice que eso no sería necesariamente así, aunque de inmediato sintiera que me había quitado una amenaza o un peso de encima.

El fin de ETA y Jarrai, el de Herri Batasuna y el de sus votantes sería la independencia del País Vasco, amén de algunas fruslerías que se meterían en el saco. Pero eso no es un verdadero fin, porque lo malo de la vida respecto a las novelas y las películas es que no se acaba nunca sino que continúa siempre. La imaginación de largo alcance no puede sino preguntarse: ¿y luego qué? Hasta los más ceporros miembros de ETA han de saber que a un país no se lo somete nunca por la fuerza y el terror, o sólo durante poco tiempo. Hay que persuadirlo, convencerlo, lavarle el cerebro o hipnotizarlo, subyugarlo con encantamientos, como sin duda logró Hitler con la Alemania de su tiempo, por inverosímil que hoy parezca. Sin duda la violencia es capaz de subyugar a los miembros más pusilánimes de una sociedad, sobre todo si actúan en grupo, pero no a quienes no son manipulables y tienen el ánimo entero. Pero además los fascinados por esa violencia —y sólo por ella— reclamarán siempre más, o por lo menos seguir ejerciendo su matonería como un derecho que habrán adquirido. ¿Cree alguien medianamente inteligente que en un País Vasco independiente iban a terminar los atentados de ETA, las palizas de Jarrai y las exigencias de Herri Batasuna? ¿Cree alguien en su sano juicio que en un País Vasco no sólo independiente, sino controlado por esas fuerzas, los ciudadanos iban a volver a votar en su vida? Los primeros en no creerlo son, por supuesto, los propios miembros de Herri Batasuna, ETA y Jarrai.

Dentro de un mes habrá elecciones y se prevé que unas ciento cincuenta mil personas votarán a quienes representan todo esto. Me pregunto cuántas de esas personas los votarán con la cínica tranquilidad de saber que en ningún caso van a ganar. Ya se sabe que existe lo que se llama el voto estratégico o útil, pero ese juego tiene sus límites, y el límite se ve claro cuando se recupera la imaginación y se vuelve a votar en serio. Y la cuestión surge sola: con esa imaginación de largo alcance, ¿cuántos de esos votantes apoyarían a esos grupos? ¿Cuántos si pensaran que el país podía quedar efectivamente en sus manos, que en verdad podían gobernar y regir sus destinos, recaudar sus impuestos y mandar sobre su policía y sus jueces, y prohibir y detener y condenar y encarcelar según sus criterios criminales e idiotas? ¿Cuántos?

# UNA PROPOSICIÓN MUY RAZONABLE

No creo ser el único que, ante las próximas elecciones generales del 3 de marzo,* todavía no sabe qué demonios hacer. No pude votar hasta los veinticinco años, por la mera razón de que en este país —se acuerdan— estuvo prohibido hacerlo desde mucho antes de que yo naciera y hasta que cumplí esa edad. Lo eché en falta durante suficiente tiempo para que ahora me parezca bien abstenerme, lo vería como una especie de repudio al sistema por el que suspiramos muchos españoles, aunque no tantos como luego se han aprovechado de él.

La verdad es que, si hago memoria, no creo haber votado nunca con entusiasmo, ni siquiera con convencimiento. No quiero atribular a ustedes confesando a qué partidos he votado, pero sí puedo decir que *nunca* he depositado en las urnas una papeleta que favoreciera a ninguno de los tres principales partidos que dentro de poco se van a disputar la mayoría de nuestros escaños. Como hace ya años que son los únicos tres con cierto peso, es fácil imaginar que mi voto ha sido testimonial casi siempre, y quizá tenga que serlo también ahora. Pero esa clase de voto, por lo que sé, acaba beneficiando a los partidos mayoritarios, o al ganador. Las papeletas en blanco, que indicarían una aceptación del sistema y un rechazo de los aspirantes a gobernar, no se computan según ese índice, que podría servir de aviso a esos aspirantes, como si se les enviara un mensaje: «Nos gusta el sistema pero no ustedes. Hagan el favor de cambiar». Así que tiene uno la sensación de desperdiciar

* De 1996. *(N. del A.)*

en exceso su voto. Cabe optar por lo que se considere el mal menor, lo que desagrade u horrorice menos, lo que le resulte a uno menos grave o desdichado, y me temo que así elige casi todo el mundo. Pero lo malo de eso es que uno no puede especificar su sentimiento en la papeleta, no puede explicar que no brinda apoyo ni confianza a tal partido, sino que más bien se los retira en mayor grado a los demás. El voto reacio será leído e interpretado exactamente igual que el más exaltado, no se diferenciará en nada, será siempre un voto afirmativo y militante que equivaldrá a decir: «Deseo que gobierne tal partido», y eso está tan lejos de la realidad...

Cada vez se exigen más las listas abiertas, y hasta el Presidente del Gobierno, en un rasgo más de cinismo, se ha apuntado a ellas recientemente en una entrevista, él que ha sido su enemigo máximo y ha aplicado en su partido la más estricta disciplina. Si alguna vez los políticos abren esas listas y permiten que elijamos a individuos de diferentes facciones según nos parezcan competentes o rectos o sinceros o simplemente civilizados, será una excelente noticia. Pero mientras esto no ocurra, creo que los electores deberíamos tener la posibilidad de votar también negativamente. Es decir, cada ciudadano podría optar por emitir con su papeleta uno de estos dos mensajes: el ya mencionado «Deseo que gobierne tal partido», y su contrario, «Por nada del mundo quiero que gobierne tal partido». Me opongo, lo rechazo, lo veto, estoy en contra, lo considero una calamidad. Es muy probable que, si se nos diera esta alternativa, la mayoría de los españoles nos inclináramos por ella y más que nuestra preferencia expresáramos nuestra aversión. Pero, ¿acaso no se correspondería mejor eso con la realidad? ¿Y no votaríamos todos con mejor ánimo y mayor tranquilidad de conciencia? No pensaríamos que va a computarse como afirmativo lo que de hecho es resignación tantas veces, o incluso asco superado sólo por la repugnancia aún mayor que nos inspiraría votar a otros. La expresión «votar tapándose la nariz» es demasiado frecuente y es lástima que así sea, pero sobre todo supone una perversión de la acción misma de votar. Si en vez de eso pudiéramos decir quiénes *no* queremos que en modo alguno ganen las elecciones, nuestra democracia sería mucho más verdadera y representativa.

El recuento sería sencillo: se sumarían los votos afirmativos obtenidos por cada formación política y se les restarían los negativos, y el vencedor de las elecciones sería el partido que saliera mejor parado de tales sumas y restas. Es muy posible que ninguno alcanzara un saldo positivo, es decir, que los ciudadanos en masa se acogieran a esta posibilidad de votar sólo en contra de sus *bêtes noires* más que a favor de ningún paladín. Pero eso nada importaría; no veo inconveniente en que el ganador lo fuera con un resultado global de, por ejemplo, «menos un millón», frente a otros que habrían sacado «menos dos millones» o «menos seis». Y es más: de ser así, todos sabrían que la población no estaba contenta con ellos, ni siquiera con el vencedor, y en algo saldríamos beneficiados: sería difícil la prepotencia de ningún gobierno, y se andarían con mucho más ojo nuestros responsables de la cosa pública.

## EL NOMBRE DE EUSKAL HERRIA

Entre las muchas cosas justas que se han dicho o escrito tras los últimos asesinatos de ETA, ha habido una viñeta que me ha parecido especialmente —máximamente— irritante e injusta. La publicaba un periódico al día siguiente de que un sicario se llegara hasta la Facultad de Derecho de la Universidad Autónoma de Madrid, subiera al tercer piso, aguardara unos minutos en un pasillo confundido con los estudiantes y después entrara en el despacho de un catedrático para dispararle en la cara tres veces, sin darle siquiera tiempo a levantarse ni a entender por qué moría ni a saber quién lo mataba.

Si el asesinato de Francisco Tomás y Valiente ha parecido aún más siniestro que ningún otro, es seguramente porque todos somos sensibles a la escenificación y el detalle, y este crimen —siendo igual de repugnante que los demás— implica un grado de vileza difícilmente superable. El muerto es un civil; está en su casa, en su cotidianidad, preparando exámenes en un lugar de civilización y saber, destinado precisamente a hacer a la gente menos bárbara; ha sido durante años presidente del Tribunal Constitucional, y se lo mata por eso, no por quién es ni por lo que ha hecho —opinar, grave afrenta—, sino por lo que simboliza; en cierto sentido, por tanto, su muerte no es ni siquiera su propia muerte, sino la de un antiguo alto cargo. El hombre que lo asesina no tiene nada personal contra él, no lo conoce, considera su vida algo abstracto y sin importancia, cuando no hay ninguna vida abstracta, ni siquiera la del propio verdugo: todas son concretas, son únicas e irrepetibles, nunca son intercambiables. Cada una está llena de contenido concreto, de historia y biografía y recuerdos intransferibles. La mayor aberración es no distinguirlas, pensar que son conmutables, que no significan nada o que son sólo un número, olvidando que cuando mueren tres o siete o veinte en unos grandes almacenes a los que se ha puesto una bomba, cada uno de esos tres o siete o veinte es una historia única e irreemplazable.

Este asesinato es tan nauseabundo y sombrío que por eso hay que tener mucho cuidado con mezclar en él a nadie que no esté mezclado: a quienes no lo hayan cometido ni instigado ni propiciado, ni lo defiendan ni justifiquen, ni lo pasen por alto o celebren, a quienes no lo apoyen. Y por eso la viñeta del dibujante me pareció irritante e injusta. En ella se veía un mapa del País Vasco y sobre él una leyenda: «Pedimos perdón a España». Como si todo el País Vasco fuera culpable o responsable de nada. En primer lugar, los países son sólo la suma de sus individuos, los países sí son una abstracción, un mero nombre que empleamos para abreviar y entendernos, nada más, como los títulos de los libros o nuestros propios nombres —que podían haber sido otros y desde luego no somos nosotros—. Pero además hay que tener en cuenta que el País Vasco en su conjunto o mayoría es la primera y mayor víctima de los asesinos y los fanáticos. Menos un 12 % aproximadamente.

Yo sé bien lo que es sentirse culpabilizado injustamente. Soy de Madrid, y durante toda mi vida —pero sobre todo durante el franquismo— he oído hablar de «Madrid» como del lugar despótico y dictatorial y abusivo que sometía y sojuzgaba a otros, incluido el País Vasco, cuando era precisamente Madrid la ciudad que más padecía la dictadura y el despotismo y el abuso, porque los teníamos aquí, bien cerca, a los responsables máximos de su ejercicio. Cuando catalanes o vascos hablan de las represalias del bando vencedor contra ellos por haber apoyado a la República, olvidan deliberadamente que la mayor represalia fue contra los madrileños, que apoyaron a la República hasta mucho más lejos que el País Vasco y Cataluña; que resistieron hasta el final y fueron por ello más castigados que nadie.

Sin duda en Madrid hubo mucha gente —sobre todo después— que se entregó a la dictadura, el oportunismo y el miedo hacen estragos. Como también hay mucha gente en el País Vasco que apoya a esa otra dictadura de hecho, que amenaza con secuestros y tiros, la cárcel y el paredón, como cualquier otra. Pero lo último que debe hacerse es incriminar a las víctimas principales, hablar de «los vascos» como si ellos fueran un problema en sí mismos y no quienes sufren el mayor problema. No es fácil resolverlo, no lo es para ellos, como los madrileños no pudimos sacudirnos durante cuarenta años aquel régimen sin libertades. El País Vasco no tiene por qué pedir perdón de nada, y ya sabemos que los individuos que tendrían motivos para pedirlo nunca lo hacen. Al contrario, se jactan y siguen, usurpando asimismo ese pobre y maltratado nombre, Euskal Herria.

# NI TRABAJO NI TIEMPO

La mayoría de los lectores de este suplemento\* viven en ciudades de menos de un millón de habitantes, y yo no sé si en esas poblaciones las cosas serán distintas, pero me temo que no. La verdad es que cada vez que hablo con alguien de Zaragoza, Sevilla, Valencia, Cádiz, San Sebastián o Santiago, mis amistades de esos lugares me presentan el mismo panorama que las de Madrid o Barcelona: no paran, no tienen tiempo de nada, trabajan sin cesar y cada vez les cunde menos, amplían sus jornadas no para ganar más dinero sino para dar abasto a lo que diariamente les cae encima, apenas disponen de ratos de ocio y están perennemente agotadas. No importa a qué se dediquen, que sean psiquiatras o profesores, empleados de una editorial o periodistas, guionistas de televisión o gestores, fotógrafos o bomberos o pintores, tanto da que deban cumplir un horario o que vayan por libre: su lamento es el exceso de actividad y tarea, su afán conseguir algo de tiempo para sí mismos o sus familias. Cuando hablo con amigos de otros países oigo la misma queja: en ciudades pequeñas y supuestamente tranquilas y lentas como Oxford o Venecia, la gente va siempre con la lengua fuera, y además con la sensación de no estarse dedicando siquiera a sus principales quehaceres, a menudo descuidados, sino precisamente a lo secundario, a saber: convocar y celebrar reuniones para decidir otras reuniones, hacer llamadas, responder a cartas y faxes, despachar nimiedades burocráticas, archivar información inútil.

Debo decir que a mí me ocurre lo mismo, y eso que por la índo-

\* *El Semanal. (N. de la E.)*

le de mis actividades trabajo sobre todo en casa y yo mismo establezco mis horarios. Gran trampa, eso de carecer de horarios impuestos, porque a la postre acaba uno trabajando siempre, los fines de semana y los puentes y las Semanas Santas y los meses de agosto. Hace no muchos años yo solía cerrar la tienda hacia las ocho de la tarde, y entonces me preparaba para salir, o escuchaba música, o incluso veía la televisión o miraba las musarañas con complacencia. Ahora no es raro que me pillen las once de la noche contestando todavía a alguna llamada o poniendo un fax para que el destinatario disponga de mi respuesta por la mañana temprano. Tengo la desagradable sensación de que nunca se me despeja el horizonte, de que por mucho que haga —y soy diligente, se lo aseguro a ustedes— siempre queda aún más por hacer. Hace meses que intento centrarme en un nuevo libro, y lo voy logrando muy lentamente y a duras penas, distraído y ocupado como estoy por lo secundario, por lo más lateral y burocrático de mis quehaceres.

Mientras esto sucede, cada vez hay más gente sin empleo: da escalofríos leer esas noticias según las cuales se han presentado veinte mil individuos para cubrir cien puestos que además no parecen a menudo muy envidiables. La mayor parte de los licenciados que encuentran trabajo al acabar sus estudios lo encuentran en un campo que nada tiene que ver con su especialidad ni sus intereses. Pero la mayoría ni siquiera lo consigue, como es sabido, sobre todo si provienen de carreras humanísticas. Los jóvenes ya no prestan mucha atención a sus inclinaciones o deseos, a lo que *quieren* ser, sino a lo que mejor puede garantizarles que no irán derechos a la cola del paro cuando sean mayores. Los políticos hablan continuamente de repartir el trabajo, de que renuncien a parte de él los que lo tienen para que otros se hagan cargo de esa porción dejada libre por ellos. También se estudia la reducción de las jornadas y de la semana laboral, parece como si la idea dominante fuera trabajar menos horas para que trabajen más personas.

Y sin embargo los hechos desmienten cada vez más esa supuesta política. Casi todos mis conocidos —incluso los que no tienen desahogo económico— estarían dispuestos a ganar menos con tal de no sentirse tan agobiados y esclavizados por el trabajo. Si hubiera alguien que pudiera cumplir con exactitud mis funciones, le cedería con gusto parte de ellas, aunque en el caso de los escritores la cosa es difícil, ya que nos pagan por inventar y para eso hay mala sustitución. No sé nada de economía, pero me parece incomprensible que quienes trabajan trabajen cada vez más y quienes no lo hacen tengan cada vez menos posibilidades de hacerlo. Es injusto para todos: una parte siempre menor de la ciudadanía carga con la responsabilidad de sacar adelante el país, de producir y crear y servir, de pagar los impuestos y sostener a un número siempre creciente de personas improductivas a su pesar. Y éstas languidecen y se desesperan deseando ser útiles, colaborar en la empresa común y ganarse el sustento sin que se lo den como una limosna, eso si tienen suerte y algo les cae en forma de pensión o subsidio. Nada sé de economía, pero sólo me cabe pensar que cuando se habla del desempleo y la redistribución del trabajo, alguien miente siempre, sistemáticamente.

## PROYECTO DE TOMADURA DE PELO

Poco ha tardado el nuevo Gobierno en incumplir sus promesas y su programa electorales y con eso ya se contaba. Sin embargo era de esperar que, con la pésima y bien ganada fama de la derecha en este país, disimulara algo más de tiempo antes de quitarse la careta y mostrar a las claras su escasa vocación o convencimiento democráticos. Y además ya se ha visto que sus políticos son malos, pues mal político es sobre todo el que no sabe medir, y a ellos habría que regalarles reglas y cintas métricas a mansalva tras su proyecto de Ley de Secretos Oficiales puesto en marcha. Ante el aluvión de críticas se han apresurado a anunciar que la Ley será rectificada, matizada, adornada o engalanada, no sé, pero que en todo caso resultará «antipática», como si las leyes pudieran ser eso o lo contrario. Las leyes han de ser justas, adecuadas, convenientes, neutras, no han de llevar consigo ceños ni sonrisas.

Yo no soy un fanático de la información ni de la transparencia en todos los órdenes de la vida. Es ridículo pedirle al Estado que cuente absolutamente todos los entresijos y detalles de su política. Eso no se le puede pedir a ninguna institución, como tampoco lo exigimos ni lo esperamos en la vida privada: sería inaceptable que las personas que nos rodean estuvieran obligadas a relatárnoslo todo, o nosotros a ellas, se trataría de una pretensión excesiva. Pero lo contrario también resultaría impasable, como lo resulta ese proyecto de Ley, y ya se han encargado muchos otros de señalarlo. Es desfachatez que el Gobierno sea juez y parte, esto es, que sea él quien decida en exclusiva cuáles de sus propias actuaciones son secretas. A eso debe llamárselo, sin más, impunidad garantizada; y la cosa es aún más flagrante cuando además se anuncia que también será secreto qué esferas, hechos, asuntos o circunstancias son secretos. Pongamos un ejemplo exagerado, casi grotesco: un ministro suele ir de putas (no sería la primera vez) y una noche mata a la mujer que ha contratado. El Gobierno puede haber decidido previamente que las andanzas de sus miembros son por definición secretos de Estado, y por lo tanto ese homicidio estaría inscrito en una esfera de por sí vedada al conocimiento y a la divulgación y a la denuncia y en consecuencia sería automáticamente secreto, no habría sucedido, no existiría, no estaría permitido investigar, ni que un juez interviniese, ni que un periódico publicase información del caso bajo multa —creo— de cien millones de pesetas. Cómodo y tranquilizador, ¿no es cierto? Quiero decir para el ministro homicida.

Pero no se trata solamente de este despropósito inadmisible, sino que hay dos cuestiones relacionadas con esta Ley que son aún más demenciales. La primera atañe a la pretensión gubernamental de castigar no sólo a quienes revelen secretos de Estado, sino también a los depositarios de tales revelaciones. Por supuesto, si a su vez las hacen públicas —estaría por ver si un periodista no está en su derecho a utilizar lo que ha *recibido* y no buscado ni robado— e incluso si no; es decir, se penaría el mero conocimiento de tales secretos, como si nadie pudiera evitar el conocimiento (en una de mis novelas se dice justamente que los oídos no tienen párpados y están inermes). La idea de castigar por eso es tan aberrante como convertir en delincuente a la víctima o al testigo de un crimen por haberse dejado atracar o acuchillar o por haber asistido impotente a ello; como culpar a una mujer de haber sido violada como si hubiera estado en su mano impedirlo. Subyace a esa idea otra en verdad repugnante y peligrosa: involucrar en los delitos a todos los que hayan tenido parte en ellos, sin diferenciar entre las diferentes u opuestas condiciones de verdugo, víctima, cómplice, instigador y mero testigo.

El segundo rasgo disparatado es el siguiente: va contra la propia esencia del secreto anunciar que va a haber secretos, no digamos legitimarlos. Imaginen que en un matrimonio o en cualquier contrato se advirtiera desde el principio que iban a ocultarse una serie de cosas, y además no se especificaran cuáles o de qué índole. ¿Ustedes creen que nadie firmaría un acta matrimonial o un acuerdo bajo tales auspicios? Si uno va a tener secretos debe empezar por mantener en secreto que va a tenerlos y luego arriesgarse. Es lo mínimo. El Gobierno del PP debe darse cuenta de que la relación entre gobernantes y gobernados se parece cada vez más, justamente, a una relación contractual, y lo único que a esta luz merece su proyecto de Ley o Tomadura de Pelo es ser rasgado en pedazos y arrojado a la papelera por los ciudadanos, que son siempre los únicos firmantes verdaderos.

## SOBERBIA Y AZAR

Lo más aproximado que nos queda al concepto griego de *hybris* o *hubris* es el de soberbia, quizá también los de fatuidad y arrogancia. Se trataba del pecado que cometían los hombres cuando se creían dueños de sus destinos hasta el punto de rebelarse y desafiar a los dioses, la tragedia griega está llena de ejemplos. No es raro que ese concepto haya mal pervivido, menos aún que en nuestra época esté desaparecido, incluso en su rebajada forma cristiana de la soberbia. Se supone que los hombres libres son dueños de sus destinos desde hace ya bastante tiempo, o al menos que éstos no están al arbitrio de designios y fuerzas sobrenaturales, sino acaso demasiado naturales: las de banqueros, médicos, científicos, economistas, políticos y periodistas, por este orden de influencia seguramente.

Creer que nuestra suerte no depende de intervenciones y caprichos divinos es sin duda un logro de la razón y un enaltecimiento de la voluntad como potencia decisoria; creer que sólo dependemos de nosotros mismos es una ingenuidad y una filfa. Pero además lleva muy fácilmente a incurrir en *hybris*, aunque ya no haya deidades con nombre ni rostro para sentirse ofendidas y aplicar castigos.

Hay una tendencia actual que parece sumamente peligrosa e injusta, y que sin embargo se extiende y crece día a día con el beneplácito de todos y la oposición de ninguno: se trata de la negación del accidente y de lo accidental, y con ello de unas cuantas cosas más, poco definibles pero que han venido acompañando a la humanidad desde que tenemos memoria y que por lo tanto no deberían borrarse tan alegremente. Sus nombres son varios y hasta parecen en ocasiones contrarios: azar, fatalidad, suerte, destino, providencia son los más conocidos, a ninguno se le concede ya el menor crédito. Cada vez que ocurre una catástrofe, lo primero que se hace hoy en día es buscar responsabilidades, si es que no «culpabilidades». No es que no pueda haber muchas veces lo uno o lo otro, y si un conductor se subió a su coche haciendo eses y además no le dio la gana de ponerse sus gafas de diez dioptrías, es casi seguro que será el culpable de que su automóvil atropelle a tres ancianas; y si el asistente de un vuelo olvida cerrar la puerta del avión distraído con su móvil, es muy probable que pudiera achacársele la desgracia. Pero lo que es indudable es que no siempre sobrevienen catástrofes por el fallo o la negligencia de alguien, y sin embargo eso es lo que se presupone hoy sin vacilaciones cuando algo malo sucede. Si descarrila un tren, se sospechará del estado de sobriedad y vigilia del conductor, se comprobará la velocidad alcanzada, la señalización en regla a su paso y hasta el carácter de los pasajeros; si hay una riada que se lleva por delante a los inquilinos de un camping, se acusará a los que decidieron su emplazamiento, y dentro de nada se hará responsables a los meteorólogos oficiales y a las televisiones con hombres y mujeres del tiempo; si es un volcán el que entra en erupción arrasando poblaciones y campos, se echará en cara su falta de previsión a los vulcanólogos, o a los labriegos que sembraron sus suelos —resulta— de una clase de abono que recalentaba las faldas de la montaña, quién sabe. Y si los cataclismos o calamidades no tienen que ver con la naturaleza ni por asomo, entonces ya se pueden preparar los implicados remotos: si una niña se rompe la crisma en un tobogán, el dueño del parque y el constructor del artefacto serán probablemente empapelados; si se tira a una piscina un idiota por la parte donde no cubre y se deja la cabellera en su bravo salto, la imprudencia no será suya, sino de la deficiente advertencia de los cambios de nivel del agua; ya en los años cincuenta, en los Estados Unidos, si un transeúnte resbalaba en la nieve delante de una casa, el vecino recibía una demanda si no había limpiado adecuadamente ese tramo de la calle. La tendencia viene de aquel país, y ha tocado techo —o no, me temo— con los actuales y demenciales fallos en contra de las tabacaleras por haber puesto anuncios «incompletos» a lo largo de décadas. Habría que exigir también que los de los coches avisaran del riesgo alto de morir a bordo, o de quedar tullido. Y hace unas semanas se admitió a trámite la denuncia de una señora contra Disneylandia porque sus nietos habían visto por azar a unos empleados quitarse los disfraces de Mickey y Goofy y habían padecido una «frustración emocional». No sé a qué esperamos los españoles, tenemos un filón a mano, ya va siendo hora de que nuestros padres nos indemnicen por habernos hablado de los Reyes Magos.

El hombre contemporáneo es tan soberbio que ha llegado a creer que si algo va o sale mal es siempre porque alguien, en todo el infinito proceso de encadenamientos precisos para la mera existencia de lo más trivial o menudo, no ha hecho las cosas como debía. La idea subyacente es lo más preocupante, a saber: que todo es previsible y está controlado, que la seguridad teórica es plena, que la vida no tiene por qué estar sujeta a accidentes ni a peligros ni a zozobras, a golpes de suerte ni de infortunio, a imprevistos ni a contratiempos. Y si algo sobrevive de todo esto tan antiguo, también se cree controlarlo: las empresas prevén en sus presupuestos las pérdidas debidas a reveses inesperados; los grandes almacenes las debidas a robos; todo el mundo las ocasionadas por incendios, en la supersticiosa ilusión de que hasta lo imponderable y caótico sigue pautas y se ajusta a una cantidad y a un orden.

Se ha abolido el azar, y aún más grave: se ha abolido la involuntariedad. Si un invitado rompe un jarrón chino en una casa, esa visita se sentirá desolada y quizá se ofrezca a pagar el daño, como si estuviera en una tienda. Pero todavía hoy sería inadmisible, y un atentado a la convivencia, que el anfitrión, además de disgustarse, le exigiera de inmediato ese pago acusándolo de descuido y de haber hecho un movimiento que entrañaba riesgo para la pieza. Es cuestión de tiempo, hacia eso vamos; hacia el día en que todos tengamos culpa de cuanto ocurre en el mundo, y vayamos por él como si estuviéramos en un museo, o aún peor, exactamente en una tienda.

O no todos. Lo más gracioso del asunto es que, junto a esta negación de lo accidental y azaroso, cada vez es mayor la tendencia de los poderosos a tratar lo que sí es responsabilidad suya como si poco pudiera hacerse al respecto y el conjunto fuera un fenómeno de la naturaleza. El ejemplo más claro es la economía, que se presenta tan antojadiza y voluble como el sol y la lluvia, una fuerza insondable ante la que los pobres políticos y economistas poca intervención pueden tener, más allá de las oscuras predicciones. A diario leemos en los periódicos titulares tan grotescos y primitivos como «El buen comportamiento de los precios hará bajar la inflación», como si tal cosa como los precios (nada menos) gozaran de comportamiento, autonomía y voluntad. Esta burda manera de quitarse responsabilidades tiene el porvenir asegurado en una época cada vez más milenarista en efecto, pero del último milenio y no del próximo, en lo que se refiere a creencias y entendimiento. Las guerras, los asesinatos, el terrorismo, los exterminios y las persecuciones, esto es, lo que en verdad depende sólo del hombre, acabarán teniendo «buenos o malos comportamientos», y así los responsables de todo ello se podrán lavar las manos. Parece increíble que en no más de cincuenta años la humanidad se haya infantilizado tanto como para que engañarla resulte tan fácil como eso, como engañar a un niño.

# NO LO PUEDEN REMEDIAR

Este país es cada vez más chistoso, pero hay algún chiste preocupante, sobre todo porque empieza a reírselo no sólo en la esfera privada o en la periodística y social, sino también en la política y aun en la bélica. Disculpen ustedes que comience por lo particular, esto es, por lo más leve e insignificante. Con mayores o menores razón y fortuna, soy de esos individuos con nefasto espíritu justiciero que no se dejan mucho atropellar; si me considero objeto de un abuso o un engaño, no me callo, lo señalo y procuro enmendarlos ya que no supe evitarlos. Eso me ha llevado en los últimos años a mantener algunas polémicas en los diarios, a menudo con gente más poderosa que yo; asimismo a llevar a los tribunales a un empresario que según mi criterio incumplió un contrato y además no quiso un arreglo amistoso y no me dejó otra opción («¡Al juzgado, Marías, al juzgado!», me chilló desde estas mismas páginas).* Pues bien, voy notando cada vez más que un buen número de espectado-

---

* El empresario en cuestión era Elías Querejeta, que había contratado los derechos cinematográficos de la novela *Todas las almas*. Para la polémica con los Querejeta, véanse los artículos de Javier Marías «El novelista va al cine» y «El novelista se sale del cine», publicados respectivamente en *El País* los días 3 y 17 de noviembre de 1996 y recogidos en *Vida del fantasma* (Alfaguara, Madrid, 2001). En efecto, Javier Marías demandó a la productora Elías Querejeta PC SL por incumplimiento de contrato. El escritor ganó el pleito en 1998, que fue confirmado por la Audiencia Provincial de Madrid en 2002 y por el Tribunal Supremo en 2006. La sentencia dictó la disolución del contrato, devolviendo al autor los derechos de adaptación cinematográfica de *Todas las almas*, y condenó a la productora a suprimir de la película, en sus títulos de crédito, cualquier referencia

res en principio imparciales, que no pueden conocer este atropello
o aquel contrato que motivaron mi actitud, fruncen el ceño o la
pluma por mis protestas y mi rebelión. Se me tilda de conflictivo,
de áspero, de pendenciero, de grosero; se me riñe por levantar la
voz, por no acatar las decisiones unilaterales que me han perjudicado; por no bajar la cabeza y aguantarme, por no tragarme los abusos como hacen la mayoría de las personas educadas en circunstancias semejantes, unas por pereza, otras por temor a las represalias
del más fuerte atropellador o de todo su corporativista gremio.
Oigo las voces que me dicen con amonestación: «Oye, tampoco es
para ponerse así», cuando ni siquiera esas voces saben qué ha habido para que me ponga «así». Entre mis propios colegas escritores
ha habido reacciones que recordaban a las de los obreros medrosos
frente a los pioneros del sindicalismo: «No reclaméis tanto, que
podemos salir todos perdiendo, y si cabreamos demasiado a los
patronos nos quedaremos sin empleo».

Quizá no es extraño que la actual precariedad de los puestos de
trabajo, la asunción del despido fácil, el miedo a perder el sitio y
demás maravillas del capitalismo sin trabas, estén permeando calladamente a la sociedad entera, incluso a gente, como los escritores, que en principio va por libre. Sea cual sea la causa, den ustedes
dos pasos más y nos encontraremos exactamente en una especie de
régimen de terror incruento y solapado, laboral y social.

Pero por desgracia lo tenemos ya también cruento y desfachata-
do. De un tiempo a esta parte hay un puñado de políticos conser-
vadores, de intelectuales que ya no saben dónde olfatear algo digno
de su izquierdismo de feria, de aprovechados en río revuelto, que
no sólo reclaman el más o menos disimulado entreguismo a los
Txikos —en abierta contradicción con su mohoso carnet de «resistentes» o «rebeldes»—, sino que además hacen a los irreductibles el
mismo reproche que los obreros medrosos a los sindicalistas: «Hay
que ver, qué intransigentes; y cómo os ponéis, total porque os ame-
nazan con pegaros un tiro y a alguno que otro se lo acaban pegan-

---

al autor y al título de la novela, así como a indemnizar a Javier Marías con treinta y seis mil euros por los daños morales ocasionados. *(N. de la E.)*

do; tampoco es para tanto. Venga, no protestéis tan alto, que es peor. Vamos a hablar con los Chicos». Lo chistoso del caso es que todos estos «resistentes» de supuesta izquierda —extraños compañeros de viaje de una derecha tan católico-beata como la del PNV— dan por sentado que los Chicos arden en deseos de hablar, cuando, o bien yo leo muy mal la prensa, o no se sabe aún de ningún Jefe de Chicos que haya manifestado sus vehementes anhelos de dialogar, lo cual no sería del todo superfluo para que el tal diálogo pudiera tener lugar. También es chistoso que la peña derechista-izquierdista exija que se hable con los Chicos, pero espere siempre que lo hagan otros, los Gobiernos y partidos, que para eso están. Pero tal vez, y dadas las dificultades de encontrar a los Chicos —por ejemplo para el Ministro del Interior o el Jefe de la Ertzaintza—, no sería mala idea que la peña mediara y, como heroica prueba de su tolerancia y su buenísima voluntad, se fuera de merienda un día con Ellos a ver qué se les ofrece exactamente, y vinieran con el interesante recado, que escucharíamos todos, sin duda, con gran atención. Claro, vaya usted a saber de qué humor podrían estar los Chicos la tarde de la merienda, y como no siempre dialogan, e incluso a veces incendian, secuestran o tiran de pistola, quizá no valga la pena el riesgo de enojarlos por cualquier tontería, un panecillo.

A la peña siniestro-católica no le toca, por lo demás, ese papel. Ya hacen ellos bastante erigiéndose en conciencia «disidente» (no será del PNV, que forma coalición parlamentaria con el Gobierno de la nación) y señalando con clarividencia lo que los otros deben hacer. Pero la cosa no acaba aquí. Quienes se oponen a sus dicterios tan lúcidos y valerosos (como los de Chamberlain ante el nazismo en su día, más o menos) resultan ser unos intransigentes, obcecados, exagerados, aguafiestas, y los culpables últimos de que los Chicos sigan tan de pésimo humor. Los Chicos, ya se sabe, son así, no lo pueden remediar, igual que antaño los Patronos eran así (¿antaño?), sin poderlo remediar: por menos de nada te enviaban los sables, las carabinas y los caballos.

El chiste lleva camino de convertirse en una grave perversión. Los verdugos, los difamadores, los atropelladores ajustician, difaman y atropellan, y además pretenden que sus víctimas no se lo tomen a mal. Por no aceptarse, ya ni siquiera se acepta el esperable intercambio de golpes entre enemigos, sino que unos tienen bula para doscientos seguidos y otros son fieras, hay que ver, si protestan por el centésimo nonagésimo nono: «No se pongan así, que va a ser peor». Una sociedad que asiste a la usurpación del papel de víctimas por parte de los verdugos o la fomenta, que pide mansedumbre y sumisión ante las injusticias, los abusos y los crímenes, que tacha de conflictivos, paranoicos y camorristas a quienes no se dejan pisotear por los más poderosos (y se es más poderoso por tener mando, dinero, influencia, una empresa o armas), es una sociedad no ya cobarde, que poco importaría puesto que todas lo son, sino directamente corrompida y servil. Una sociedad a la que no parece faltarle mucho, de seguir por este camino, para pedir a las verdaderas víctimas que hagan el favor de no ponerse bordes mientras les disparan y de sonreír un poquito a sus verdugos. Porque total, pobres verdugos, ellos no lo pueden remediar.

## PÁNICO Y EXPLOTACIÓN

El euro, la macroeconomía, la coyuntura favorable, los momentáneos vientos de prosperidad, la reducción del déficit, el freno de la inflación... A nuestros políticos y a no pocos periodistas se les llena la boca con estas palabras, un día sí y otro también. Mientras, las calles de las ciudades están cada vez más sembradas de indigentes, muchos ni siquiera serían mendigos, porque no piden: sólo dormitan, esperan sin esperanza. Bueno, dirá el capitalista optimista, en todas partes hay «bolsas de pobreza, en todas una población marginal que quizá lo es por su elección o su mala cabeza, el Estado no puede hacer de niñera de todos».

Vale. El optimista puede asomarse un rato a la calle y constatar lo bien que vive la gente al ver cómo tantos viajan en vacaciones o en puentes, no queda un solo billete de avión para ningún sitio, sobre todo para los más caros y lejanos, y las carreteras hierven de motores, gasolina y muertos, es innegable la prosperidad general.

Y sin embargo, ¿cómo vive esa misma gente en sus puestos de trabajo en sus repetidos días? ¿Cuánto les cuesta exactamente poder tomar el billete de avión a los que lo toman, que por muchos que sean constituyen siempre una porción escasa de la ciudadanía? La mayoría de las personas que conozco y que están a sueldo de una empresa se desloman como no se veía desde hace por lo menos cuarenta años. Mientras se piden por ahí las treinta y cinco horas semanales, resulta que, oficiosamente, cuantos dependen de la empresa privada pasan en sus oficinas unas cincuenta y cinco o cincuenta. Las jornadas son de ocho horas en teoría, pero en la práctica vienen a ser de diez, once o doce, y a veces hay que arrimar el hombro algún fin de semana especial, o hay que acompañar a algún superior en viaje de imagen, representación o acoso, o hay que llevarse tarea a casa. Todas esas personas amigas mías, en muy variados empleos, están últimamente medio enfermas y psicológicamente desquiciadas. Algunas ganan un muy buen sueldo, que de poco les sirve a la hora de «vivir bien». El trabajo ha pasado de serles algo estimulante —en el mejor de los casos— o meramente utilitario —en el peor— a invadirlo y contaminarlo todo, a convertirse en una pesadilla y una obsesión. Otras ganan una miseria, en las mismas condiciones de explotación salvaje, lo que los empresarios llaman «rentabilidad del personal». Llegan mis conocidos a sus casas pasadas las nueve, reventados, derrotados, deshechos, sin fuerza más que para meterse en la cama o estragarse mirando el programa basura que exija menos esfuerzo de atención. La mañana siguiente se presenta en seguida, y otra vez para allá, la larga jornada hasta las ocho o las nueve sin apenas interrupción.

Hay tanto paro que los empresarios saben que si un empleado se rompe lo sustituirán al instante por otro, y que habrá cola, y que son por tanto gente para usar, exprimir, estrujar y tirar. El despido es tan fácil y les resulta tan barato con los beneficios que obtienen, que prescindir de un individuo renqueante o exhausto (que ya no es tan «rentable») no supone la menor contrariedad. Así, se saca todo el jugo a los empleados, se los aprieta bien para economizar, reducir plantillas, no tener que ampliarlas, y cuando no dan más de sí, fuera, la baja, a la calle o al hospital, con la propina de la indemnización. Los trabajadores son cada día más vistos como instrumentos o máquinas, como en el siglo XIX o casi. Yo le doy buenos tutes a mi máquina de escribir, y cuando se me casca, fuera, otra y a proseguir. Así deben de ver los patronos a sus empleados.

Pero lo más grave es el miedo con que viven esas amistades mías asalariadas. Tanto temen perder el sitio que no es ya que no luchen, como hacían hasta hace poco, por obtener mejoras y condiciones más humanas, sino que a la menor insinuación o petición, renuncian a sus derechos legales. Ay de aquel que a las seis en punto se levante y se marche, porque lo acordado era eso. Poco durará en la empresa. Ay de aquel que pretenda sus vacaciones enteras si los jefes lo quieren allí de retén. Ay de aquel que reclame algo (algo debido u obligatorio, qué más da). Lo más grave es la autocensura o autolimitación, la interiorización y asunción de los deseos e intereses de los patronos, no se vayan a mosquear conmigo. Y así, de qué sirve sacar un pasaje para el Caribe dos veces al año si los días que cuentan de verdad en las vidas, los que mucho se parecen por fuerza entre sí, son días sólo de pánico y explotación.

# HARAKIRI CON DECAPITACIÓN

La semana pasada hablaba del proceder lunático del alcalde de Madrid, el sevillano Manzano que tan mal quiere a la ciudad que representa.* Si sólo fuera él... En verdad es alarmante que tantos políticos parezcan más incontinentes y desquiciados que la mayoría de los ciudadanos. Se esperaría de los «padres de la patria» (antes se los llamaba así, santo cielo; ¿se imaginan que pudiéramos ver de ese modo a Arzallus o a Ibarra, a Cascos o a Anguita? Más bien se los percibe como tíos no tanto díscolos cuanto algo zumbados) que tuvieran, por el contrario, más control, equilibrio y mesura que el individuo común, no en balde cobran por tomar decisiones.

El último espectáculo chaveta lo están dando algunos socialistas bienconspicuos, tras la sentencia del Tribunal Supremo sobre el caso Marey. Si recordamos que aún están pendientes otros veintitantos procesos relacionados con el GAL, entre ellos el de Lasa y Zabala, es para echarse a temblar. No porque la grotesca y artificiosa cólera de esos dirigentes haga mucho efecto en nadie ni resulte de temer, sino porque si a la primera han soltado ya la lengua loca y catastrofista, es de suponer que al vigesimosexto caso tengan que recurrir, como mínimo, a pasajes del Apocalipsis. Más les valdría leer el Libro de Job.

Lo más llamativo es que da la impresión de que esa sentencia los ha pillado por sorpresa, como si a ninguno se le hubiera pasado

* Véase el artículo «Vengan a rescatarnos», publicado el 23 de agosto de 1998 en el suplemento *El Semanal* y recogido en Javier Marías, *Seré amado cuando falte*, Alfaguara, Madrid, 1999. *(N. de la E.)*

por la cabeza la posibilidad de que fuera a ser desfavorable para su ex-ministro del Interior Barrionuevo. También pareció asombrarlos el triunfo de Borrell sobre Almunia en sus improvisadas primarias. Todo apunta a que el PSOE se ha convertido en un partido no ya ciego e imprevisor, sino sin sentido táctico. Un político, como un militar, no puede permitirse no prever *todos* los supuestos, por contrarios a sus intereses e improbables que sean. Pero es que además aquí, en el caso Marey, lo sucedido era cualquier cosa menos improbable. Un buen novelista sabe que la realidad es a menudo inverosímil, y que no cuanto ocurre de veras es susceptible de ser contado, al menos no en una novela o relato. En su terreno, hechos ciertos resultarán increíbles e inaceptables; su plausibilidad ha de tenerse siempre en cuenta. También en la vida hay relatos, sobre todo cuando aún están incompletos o se ven sujetos a incertidumbre y a versiones contradictorias. Los socialistas deberían haber partido de un conocimiento: aunque en verdad Barrionuevo y Vera no hubieran estado al tanto de las actividades delictivas de sus subordinados y aliados, esa ignorancia no la iba a creer nadie. Ni sus propios partidarios la creen: lo son porque consideran que hicieron bien, no porque descarten su participación, su connivencia o su encubrimiento. Lo mismo vale para Felipe González, con su desempolvada toga y todo. Es tan inverosímil que no estuvieran enterados que, si fue así sin embargo, todos sus esfuerzos deberían haberse encaminado a convencer de la posibilidad real de tal disparate, o bien a asumir las apariencias, por falsas que fueran, y a bandearse mejor con ellas.

Sea como sea, la reacción de estos dirigentes sólo se entiende como pérdida del juicio (mental). ¿Cómo pueden escandalizarse de que el fallo haya sido de culpabilidad? ¿Cómo pueden no ver que todo indicio razonable apuntaba en esa dirección? Y por tanto, ¿cómo pueden tener el descaro de poner por eso en la picota a la Justicia y al Tribunal Supremo? No les pareció mal esa Justicia cuando condenaba a otros, como Mario Conde. ¿Y ahora sí? La actitud es tan grave e irresponsable, tan desfachatada además (sólo confiamos en los tribunales cuando nos son favorables), que uno se pregunta si lo que pretende el PSOE es ponerle la rúbrica a su harakiri:

esto es, que un sirviente le corte la cabeza de un tajo, pues el harakiri no queda completo tras rajarse el vientre de lado a lado quien se harakiriza, sino que ha de ser decapitado.

El presidente de Extremadura Rodríguez Ibarra, que no se distingue por sus luces, las ha apagado del todo al bramar: «Al día siguiente de nuestra vuelta al poder, Barrionuevo y Vera estarán en la calle». No sólo se trata de una afrenta al sistema judicial y a la ciudadanía, ya que indica que Ibarra se los saltaría a la torera, sino de una implícita autoacusación: ¿o es que podemos creer que él y los suyos no se los saltaron, en trece años?

La gente que teme y no soporta al PP está de luto, pues lo que más descarta a un partido para recuperar el poder es que se comporte como si aún lo tuviera. No sólo porque eso delate un fondo de espíritu dictatorial. Es sobre todo porque señala el paso que separa la soberbia del trastorno. Y a los trastornados, ya se sabe: como mucho, piedad. Pero a distancia, porque casi todo el mundo se aparta de ellos, para no contagiarse.*

---

* En efecto el PSOE se decapitó poco después del todo, al bailar varias veces sus dirigentes al corro de la patata (o eran acaso sardanas) ante la cárcel de Guadalajara. Se avisó a los loqueros, pero éstos no disponían de las suficientes camisas de fuerza, y se abstuvieron. (N. del A.)

# TORTURA Y ASEDIO

Los problemas de las ciudades se ven como asuntos menores. En los periódicos van a parar a las tristes secciones locales, en las que toda noticia se difumina y angosta. Y esa inercia hace que apenas encuentre reflejo en la prensa lo que sin embargo constituye la mayor obsesión de los madrileños y una situación tan grave que debería figurar a diario en primera página. Es ridículo que se considere «local» algo que atañe a unos cuatro millones de personas —un diez por ciento de la población de España y en realidad a todo el país, ya que por la capital pasa y sufre de continuo gente de todas las zonas.

En este mismo diario hay que contentarse con algún excelente chiste de Forges —nunca los bastantes— y unas pocas menciones ocasionales. La ciudadanía, con una mortal combinación de fatalismo, resignación y desesperación paralizante, parece en verdad cautiva, sin voluntad, narcotizada. Madrid es famosa por el levantamiento del 2 de mayo, qué se habrá hecho de aquel espíritu. También lo es por el doloroso y sañudo asedio que aguantó durante la Guerra Civil. En aquello hubo al menos grandeza, o así lo dijo la poesía. No hay ninguna en el actual y mucho más largo asedio a que la somete desde dentro su propio alcalde, un sevillano llamado Manzano.

Tampoco se ocupa mucho la prensa de este destructor individuo, cuando es seguramente el político más dañino de la historia de la democracia, incluidos Anguita y Felipe González, no sé si Arzallus. El sistemático arrasamiento de una gran ciudad y la permanente tortura de cuatro millones de personas no dejan mucho lugar a dudas. Su aspecto blando, sus actitudes delicuescentes y su ostentosa beatería hacen que a primera vista parezca inofensivo, o sólo blando, delicuescente, beato y con espantoso gusto para las fuentes, estatuas y otros adefesios con que nos afrenta (su última hazaña: un grotesco busto de Goya inspirado en los premios de cine Goya). Dijo hace poco Haro Tecglen que el hombre ha perdido el juicio. No lo niego, pero tal posibilidad no le restaría un ápice de su capacidad destructiva ni de su crueldad moral. O es más; que este pollo no esté en sus cabales —y de ello no faltan indicios—, lo torna aún más peligroso y dañino, pues es bien sabido que casi todos los locos enloquecen de sí mismos, esto es, se limitan a exacerbar sus propios ser y carácter.

Lo cierto es que desde hace unos ocho años, Madrid es un perpetuo tormento y un lugar invivible por culpa de quien tendría la misión de proteger y servir a los ciudadanos; de procurar su seguridad, su comodidad y por supuesto su paz y descanso. Y sin embargo es el Ayuntamiento el principal causante de nuestra inseguridad, incomodidad, desquiciamiento, ineficacia e insomnio. Hace ocho años que *todas* las calles (permítaseme la hipérbole, apenas exagerada) están *siempre* en obras, *todas al mismo tiempo*. Las más de las veces esas obras se perciben como superfluas al emprenderse, y no lucen nada cuando concluyen. Da la impresión de que un altísimo porcentaje de ellas son del todo gratuitas e innecesarias. En otras capitales europeas se lo piensan bastante antes de montar un aquelarre de perforadoras, grúas, taladradoras, hormigoneras, zanjas, apisonadoras, picos, vallas, cortes de tráfico, cascotes, retumbantes planchas, arenillas y demás amores de Manzano. Se juzga que no se puede molestar y perturbar así como así a la población. Aquí se diría más bien que, si no hay por qué reventar una calle, se inventa la causa, acaso para satisfacer compromisos con empresas, acaso sólo para fastidiar a los madrileños y volverlos tan lunáticos como dicen que está este alcalde (y yo lo creo). Hay esquinas que son abiertas seis y siete veces en un año. Hay barrios enteros que no duermen desde hace meses, porque la furia demoledora prosigue a la noche (lo asombroso es que fuera «noticia» la reciente salida a la calle, por fin, de un vecindario insomne; indica el grado de rendición generalizada). Jamás se respetan los plazos, y cada obra se eterniza. El pretexto es a veces un ensanchamiento de las aceras, tarea iniciada el 1 de agosto cerca de mi casa para un tramo corto y cuyo término no se vislumbra. Cabe recordar que Manzano estrechó primero nuestras aceras al plantarles sus horrendos chirimbolos —ya se ve— muy «culturales», según la probable idea de la cultura del regidor o munícipe, que habrá de ver mucha en los anuncios publicitarios. También las llenó de contenedores gigantescos y de pivotes sin cuento. Si no las hubiera estrechado tanto no tendría que ensancharlas... Pero qué digo, ya caigo: sin duda lo hace tan sólo para poder hincarles más chirimbolos comerciales. Todo es una tomadura de pelo, tan exagerada que no puede ser obra de un desaprensivo en su sano juicio (será de un desaprensivo trastornado, en todo caso). Durante tres años padecimos la malfamada remodelación de la Plaza de Oriente, que no estaba mal como estaba ni está ahora mejor tras el faraónico esfuerzo, a menos que se considere mejora un aparcamiento subterráneo. El sujeto municipal siente devoción por los túneles, así que excava y excava destruyendo a su paso. Es discutible una política ciudadana encaminada sólo a facilitar el tráfico, pues está demostrado en otros sitios que lo único que lo modera son las medidas restrictivas, no las fomentadoras (el alcalde parece en esto un vendedor de coches). Pero es que además, si esa ha sido su gran política, estamos ante un conspicuo ejemplo de individuo fracasado, ya que la circulación va siempre a peor, demencial e insoportable, en buena medida gracias a las zanjas y las vallas que anulan los túneles.

Con todo, lo más grave no son las indecibles torturas y el estruendo incansable. Lo más grave es matar la *vida* de una ciudad. En ella no hay quien se concentre, quien piense, quien lea, quien escuche, quien pasee, quien pueda sentarse al aire libre, quien oiga música, quien trabaje eficazmente, quien descanse. Lo comentaba Félix de Azúa en estas páginas: el ruido no ataca el cuerpo (estaría por ver), y por ello los políticos no le ponen remedio; pero sí ataca el espíritu y el pensamiento, de modo que a los políticos les es muy útil, y lo favorecen. Se dice, y es cierto, que Madrid está crispada y fuera de sus casillas. ¿Y cómo podría ser de otro modo? Hace un rato, según comentaba con un taxista el panorama devastado por el que *no* transitábamos, le hice la comparación: «Imagínese que tuviera usted su casa *siempre* en obras. Ahora cocina, luego cuarto de baño, luego salón, luego alcoba; y otra vez cocina, pasillo, salón, sin cesación ni término. Porque esto es el equivalente, sólo que a mayor escala». Rió el hombre y dijo: «Me iría de mi casa». Y eso es lo que el sevillano Manzano seguramente pretende, expulsarnos de nuestra ciudad a todos.

Lo increíble, ya digo, es que no se hable constantemente —en la calle sí se hace— del asedio y tortura de Madrid. Los periódicos son muy tibios. Claro que el responsable de la sección local de uno de los tres principales madrileños es algo así como el cronista oficial del Ayuntamiento, muy puro ese diario, cómo denuncia. El segundo aplaude tan invariablemente al feligrés Manzano que hasta llevó a cabo en su día, bajo la égida de Ansón el conspiratorio, una brutal campaña a favor del entonces proyecto para la Plaza de Oriente: a tanto llegó su incomprensible interés que no tuvo empacho en atacar vitriólicamente al venerable arquitecto don Fernando Chueca (colaborador de ese diario y no sé si senador del PP a la sazón) por haberse mostrado contrario a aquella reforma. Y los tan sagaces periodistas de nuestros días, ¿nada tienen que investigar sobre esta gestión municipal interminable? ¿Qué porcentaje lleva el alcalde sobre cada obra, si lo lleva? ¿Cuál los concejales? ¿Por qué interesa abrir ocho veces una esquina —el gas, la electricidad, el teléfono, el agua, la fibra óptica— en vez de coordinar un poco y ahorrar padecimientos a los vecinos? ¿Hay algo de cierto en lo que le cuentan a uno todos los taxistas, a saber, que se abre y se cierra cuantas más veces mejor porque existe una empresa encargada siempre del cierre, en la que participa el Ayuntamiento? ¿Hasta qué punto el alcalde se compromete a proporcionar trabajo a las empresas, y así ha de procurárselo a costa de los ciudadanos, aunque no lo haya o no haga falta? ¿Por qué un solo individuo puede atormentar a cuatro millones? ¿Quién controla a los alcaldes (véase el reciente caso de Gil e Ídem en Marbella)? ¿Es su poder absoluto? ¿Qué pinta Ruiz-Gallardón en todo esto? ¿Por qué la oposición apenas protesta, o no se hace oír (quizá porque harían lo mismo)? ¿Por qué Morán, el flamante candidato del PSOE a la alcaldía, sestea y no clama al cielo a diario? ¿Cuál es el estado de cuentas? ¿Sigue siendo la fortuna personal del alcalde la razonable, al cabo de estos ocho años? ¿Por qué tanta pasividad ante este ininterrumpido atropello urbanístico, escultórico, arquitectónico, circulatorio, vital en suma?

Que los madrileños están adocenados resulta palmario, una de las reacciones clásicas de la desesperación y el derrotismo. Hasta serían capaces de votar al Torturador de nuevo, el año próximo, también hubo un tiempo en que los alemanes votaban a sus verdugos. Bien, una de las mayores perversiones de la vida pública de un país es el consentimiento de la siguiente falacia refleja: que cuando alguien critica a un político o a un partido, el político, el partido o sus secuaces de prensa digan impune e invariablemente que se trata de una crítica «partidista», si no «electoralista». Con la siguiente propuesta quiero dejar muy claro que no sólo no es éste mi caso, sino que ni siquiera podría aplicárseme la falacia: si para las municipales del 99 el Partido Popular elige a otro candidato a la alcaldía de Madrid que no sea Terminátor Beátor, me comprometo ahora mismo a votarlo, sea quien sea, y hasta a escribir algún artículo recomendándolo. No me digan que la cosa no va en serio y no tiene mérito. Y ahora que lo pienso: si el propio Aznar ha anunciado que no seguirá más allá de ocho años en su cargo, ¿por qué se le consiente más tiempo a su subordinado?

Mientras escribo esto, las perforadoras siguen horadándonos, como han hecho con los millones de madrileños que han pasado agosto o parte de él en Madrid. Ese mes durante el que, por si no le basta su saña del resto del año, el alcalde nos deja cada vez montada una Noche de Walpurgis inolvidable. Mientras la población carecía de vacaciones y descanso por su furibundo capricho, él, este verano —he visto la foto en este periódico, escuela de Antonio Gala—, se achuchaba con su chucho *Genaro* en una playa de Almería, en traje de baño y con un cadenón al cuello. Porque la verdad —y es raro—, no me pareció un escapulario.

# EL SOBERBIO ESTUPEFACTO

A lo largo de la vida uno va conociendo, irremediablemente, a una buena cantidad de soberbios. No siempre en persona; a veces sólo a través de sus escritos, o de sus apariciones en televisión y prensa, de sus dichos y sus hechos. Lo que sobre todo distingue al soberbio del meramente orgulloso (hay lenguas que ni establecen la diferencia) es que, así como el segundo puede ser desafiante y no rebajarse a pedir nada pero sabe que por ello puede pagar un altísimo precio, el primero se cree invulnerable, impune, inmune en toda circunstancia, y para él no existen facturas. O dicho de otra forma: si el orgulloso se siente superior a sus enemigos o a sus verdugos pero no espera que éstos se lo reconozcan, el soberbio siente lo mismo pero además lo juzga una verdad manifiesta y aspira a la general reverencia. El orgulloso suele ser subjetivo en exceso, y decide prescindir de lo externo que quizá le es hostil —ponerse el mundo por montera, se decía antiguamente—, pero no se equivoca respecto a esa hostilidad que él reta. El soberbio, en cambio, suele negar todo entorno desfavorable, rechaza la existencia de lo hostil o minimiza su importancia, para no ponerse en duda a sí mismo ni a su jerarquía. El orgulloso conoce y arrostra las consecuencias de su orgullo; al soberbio ni se le ocurre que su soberbia pueda tener consecuencias, menos aún desagradables.

Cada uno ha visto a los suyos. Yo me he cruzado con individuos que se quedaban más perplejos que indignados al ver que les decía No o les respondía; más atónitos que agraviados al comprobar que no los temía; más desconcertados que compungidos al descubrir que los llevaba a juicio y que el juez los condenaba. Son personas tan convencidas de su grandeza —huelga decir que casi siempre carecen de ella— que ni siquiera son prudentes, ni estratégicas, ni precavidas, ni por supuesto imaginativas. Están tan seguras de que nadie se les enfrentará, y de que si alguno se atreve será fulminado al instante por su propia osadía, que a veces ni se protegen lo mínimo en la comisión de sus felonías. Son esos sujetos que aún espetan: «Usted no sabe con quién está hablando»; o que piensan: «A ver quién es el guapo que se mete conmigo, saldrá escaldado». Muchas veces hemos visto ese estupor en nuestra vida pública reciente: en banqueros, en ministros, en militares, en empresarios, en gente tan poderosa ayer que no alcanza a comprender cómo puede haber llegado hasta el banquillo o el calabozo, cómo haber perdido el puesto.

No es difícil imaginar, por tanto, la soberbia de un dictador. La de Pinochet, por ejemplo. Escribo estas líneas al día siguiente de su inesperada y esperanzadora detención en Londres a instancias de dos jueces españoles, y quién sabe qué habrá ocurrido cuando ustedes las lean. Pero aunque mañana mismo presiones políticas y diplomáticas lo liberaran, esta sola detención sería una de las pocas gratificaciones que nos dan las noticias. Ese hombre que durante años dispuso de la vida y la muerte de sus compatriotas; de quien bastaba una orden para que un ciudadano pudiera ser sacado a culatazos de su casa en mitad de la noche para ya no volver; que decidía torturas y «desapariciones»; que confinó a miles de personas en estadios convertidos de golpe en campos de concentración; que se levantó en armas contra su presidente legítimo; que arrebató todo derecho a sus sojuzgados; que aún sigue hablando de sus víctimas con sorna y se jacta de sus hazañas y no se arrepiente; que ejerció un poder arbitrario y omnímodo sostenido por las armas... No cuesta apenas imaginarse la soberbia de ese hombre. Y así tampoco su estupefacción cuando viera entrar a unos inspectores o *bobbies* de Scotland Yard que venían a detenerlo. En el peor de los casos para él, tendrá un juicio. Nadie lo torturará ni lo «desaparecerá». Pero aunque sólo permaneciera detenido una noche, pensar en esa noche de su incomprensión y asombro es no escasa recompensa. Es algo.

Sólo una cosa ensombrece la serena alegría: el mismo día Fidel Castro recibía sonrisas y apretones de manos del Rey en Oporto, y el homenaje del flamante Premio Nobel portugués (¿cuándo aprenderán los intelectuales que adular a un político es *siempre* una bajeza y untarse con el poder, por muy de izquierdas que sea?), quien sin rubor declamaba: «Castro encarna las mejores virtudes del pueblo cubano». En vez de todo eso, y ya que el Comandante pisaba territorio europeo, podía habérselo también detenido, por su dictadura. Menos sangrienta que la del otro, pero no menos férrea. La prueba es que la suya todavía dura.

# ARDAN BANDERAS

Se han cumplido dos meses desde que, al día siguiente de su detención, escribí aquí una pieza, «El soberbio estupefacto»,* en la que daba por buena una sola noche que Pinochet pasara sin libertad, así que es fácil imaginarse mi actual conformidad. Ha habido mucho en el entretanto, quizá valga la pena hacer recuento de algunos detalles.

Por ejemplo, se nos informó de que el dictador, parece, vertió lágrimas cuando supo la decisión de los Lores Judiciales de no reconocerle la inmunidad que previa y disparatadamente le había otorgado otro tribunal inglés. Debieron de ser —si las hubo— las primeras que Pinochet derramara en mucho tiempo, pues nada indica que jamás haya tenido remordimientos por los asesinatos y torturas que ordenó durante años, más bien al contrario: se ha sabido que cuando el actual embajador chileno en Gran Bretaña le comunicó que por causa suya había padecido muy largo exilio en los Estados Unidos, Pinochet, dando a entender que lo juzgaba un hombre con suerte que habría gozado de una extensa beca en un próspero país, le contestó con sorna: «Hay que ver, y todavía hay gente que no me está agradecida». Lágrimas por sí mismo, cómo gusta a los verdugos usurpar además el papel de víctimas.

Vimos a un hijo suyo, llamado también Augusto. Un tipo desaforado y desencajado, con los dientes separados de Ernest Borgnine (famosa su sonrisa de alarmante loco) y los ojos azules, saltones y acuosos de Victor Buono (memorable su interpretación siniestra

* Artículo incluido en esta recopilación. *(N. de la E.)*

en *¿Qué fue de Baby Jane?*). En referencia al fallo de los Lores se permitió hablar de sadismo y de crueldad, imagínense, por haberse tomado la decisión desfavorable el día del cumpleaños de su progenitor. Basta para ilustrar el mundo irreal en que vive esa gente, según la cual, obviamente, el planeta entero habría de tener en cuenta *sus* detalles, como habrá debido tenerlos Chile durante veinticinco años. Luego, en una radio, afirmó el vástago ufano que su padre no había matado a nadie, sus víctimas eran ratas. Dos posibilidades se barajan para el inmediato futuro de Augusto el hijo: que lo contrate la acusación para que siga hablando (cada vez que lo hace acerca más a su padre al cadalso), o que se convierta en figura asidua de los histriónicos programas nocturnos de nuestras televisiones, como en su día Mario Conde, Amedo, La Veneno, El Dioni o Ruiz-Mateos.

Hemos visto también a una hija, la del legítimo presidente de Chile a quien Pinochet traicionó y derrocó en 1973. Salvador Allende se suicidó antes que caer en sus manos. Su hija, Isabel, que no es la novelista sino su prima, es hoy diputada socialista. Se la ve inteligente y serena, sin ánimo de revancha (y motivos tendría), insistiendo en que no desea ver al dictador entre rejas, sino sólo que se reconozca su culpa y se haga justicia, le basta con la nominal. Tiene una curiosa mirada, algo opaca y a la vez calmada y sagaz, una mirada que da la impresión de entender. Tal vez la opacidad se deba tan sólo a lo mucho que habrá tenido que guardarse muy adentro, esta mujer.

Hemos visto cómo a dos importantísimos fiscales nombrados por el Gobierno español les reventaba lo que ocurría, y cómo se esforzaban en impedirlo aduciendo incompetencias que no han reconocido ni la Audiencia Nacional, ni los Lores, ni el Ministerio británico del Interior. Aun así continúan en sus destacados puestos, Fungairiño y Cardenal, qué pareja. Deben de ser también ellos soberbios, hoy bastante estupefactos.

Y también hemos notado cómo les reventaba todo a algunos articulistas: «Vaya por delante», soltaban por si acaso, «que Pinochet es un criminal, bla bla bla». Pero era inequívoco lo que venía por detrás. Campmany engaña a pocos, no a quienes lo recordamos como jefe de un sindicato vertical franquista y director del periódico más servil, *Arriba*; además no ha cambiado su estilo chusco, chulesco y rancio, legionario, una cosa ajada. Jiménez Losantos es más joven, pero capaz de decir que estas medidas se toman sólo «contra dictadores de derechas que no se pueden defender». No está mal el chiste, cuando aún es patente cómo Pinochet sigue mandando sobre el Ejército de su país, el cual lleva dos meses lanzando amenazas poco veladas... ¿de qué, sino de tomar como rehenes a sus propios ciudadanos a cambio de la liberación del patrón, el que «no se puede defender»?

Hemos visto, por último, la bandera española ardiendo, a veces hecha un nudo con la Union Jack; y a muchos nos ha parecido bien. No se me mal entienda: según quién queme una bandera, le puede rendir gran honor. Para mí que, al convertirla los pinochetistas en tea, le han limpiado unas cuantas ofensas, de algunos otros que demasiadas veces se empeñaron en mancharla a besos.

## EL BARATO SILENCIO

Pocos conceptos como los de *perdón* y *arrepentimiento* para ilustrar la galopante degradación, trivialización y caricaturización a que demasiados de ellos están siendo sometidos en nuestro tiempo. La mayoría de los afectados no son, además, conceptos baladíes, y los dos que he mencionado, independientemente de sus versiones o manifestaciones religiosas, han sido fundamentales a lo largo de la historia, o es más, lo han sido para que la historia no haya consistido únicamente en una ininterrumpida sucesión de desmanes y atrocidades, venganzas y aniquilaciones. También han sido decisivos para las relaciones personales.

Hace ya unos años escribí aquí contra la ridícula, demagógica y muy hueca moda de que las instituciones, los Estados o los países anden pidiendo perdón por las injusticias, atropellos y salvajadas cometidos hace años y aun hace siglos por los hoy pretéritos individuos que en su día los «encarnaron» o representaron.* No sólo me parecía inadmisible y perjudicial la idea de una infinita herencia de las culpas a través de entes abstractos como instituciones, Estados e incluso países, sino que además encontraba presuntuoso e impropio que el actual Papa, por muy anulado que esté el ciudadano Wojtyla en el altar de su cargo, se permitiera enmendarle la plana retrospectivamente a un antecesor suyo en dicho cargo, y sentirse facultado para pedir perdón en su nombre o en el de nadie; y lo mismo valdría para el actual Canciller alemán respecto a Hitler y el

* El autor se refiere al artículo titulado «Vengan agravios», publicado en *El País* el 30 de diciembre de 1995 e incluido en esta recopilación. *(N. de la E.)*

nazismo, para el Rey de España respecto a Cortés, Colón o Isabel la Católica, para Clinton respecto al Truman que arrasó Hiroshima y Nagasaki, o para los actuales jueces británicos respecto al que condenó a Oscar Wilde. Al arrogarse ese dudosísimo derecho, todos esos individuos o cargos estarían, por otra parte y para mayor torpeza, alfombrando la vía para que futuros Papas, cancilleres, reyes, presidentes o jueces transitasen por ella con aún más desparpajo y desautorizasen sus palabras y perdones de ahora... cuando para ellos no hubiera ya ahora y se hubiesen reunido con sus hoy reprobados y refutados antecesores en el territorio de los silenciosos fantasmas.

Y sin embargo esa moda o tendencia no ha amainado, sino que va en aumento, y como en esta época toda necedad siempre prospera y es imitada, se ha llegado al punto en que los herederos o descendientes de cualesquiera víctimas del pasado *exigen* a menudo, a su vez, estas hueras escenificaciones del arrepentimiento por delegación (anacrónica y en realidad imposible), como si la farsa propagandística instaurada por estos «pideperdones» vicarios tuviera en efecto algún valor o pudiera reparar en algo —casi revocar— barbaridades remotas. (No resarcen desde luego a quienes las padecieron.) No es la primera ni la única vez en que el fulgor de una baratija acaba por persuadir a los por ella estafados de que es eso lo que ansían, y los lleva a rechazar cualquier sustitutivo, incluida la joya auténtica si la hay o aparece. Y nadie, ni los descendientes de los ofendidos ni los herederos de los ofensores, parecen tener en cuenta hoy en día que el arrepentimiento es algo estrictamente personal, tanto como el enamoramiento; algo intransferible y subjetivo que jamas podría ser objeto de transacción ni de transferencia ni de representación («Esto hazlo tú por mí»), en todavía menor medida que la expiación. Pues así como no faltan algunos precedentes conspicuos y no poco influyentes, de abnegados que se sacrificaron para purgar las culpas de otros y aun de la humanidad entera, ni es desconocida en casi ninguna cultura la figura del chivo expiatorio, no recuerdo casos en los que haya valido el arrepentimiento de uno o muchos malhechores por persona interpuesta —esto es, el de quienes no lo sentían, ofrecido sin embargo por otro, así se llamara Jesús de Nazaret o Judas Iscariote Jr, si es que alguna vez existió tal vástago—. Quien no ha obrado daño puede lamentar, deplorar, hasta avergonzarse del mal hecho por su allegado o su antepasado. Pero no puede arrepentirse, ese sentimiento no le cabe, es un absurdo; y tampoco puede pedir perdón, aunque hoy lo haga cómoda y aparatosamente todo oportunista ocurrente, porque nadie es quién para semejante iniciativa en el nombre de nadie, ni cuenta con el consentimiento de quien cometió el agravio.

Quizá nada de esto sea muy dañino en sí mismo, como no suelen serlo en exceso los embelecos y las pantomimas, a menos que ocupen todo el lugar y ya no existan sino ellos. Y una vez degradados y adelgazados los conceptos, se los manipula, se los manosea sin freno, se los estruja y vacía de contenido, hasta convertirlos en mera etiqueta o, como dijo Quevedo, en «cosas que, pareciendo que existen y tienen ser, ya no son nada, sino un vocablo y una figura». Y así, hace ya tiempo que se dignifica con el nombre de «arrepentidos» a los mafiosos y terroristas que antes eran llamados desertores, delatores, traidores, soplones, chivatos, confidentes o como mucho tránsfugas, gente cuyo arrepentimiento casi nunca consta y que más bien trafica con sus informaciones para obtener inmunidad y ventajas, ver reducidas sus penas o vengarse de sus antiguos compañeros. Esta figura —el que *canta de plano* (expresión ya anticuada), rara vez por verdadero arrepentimiento, ni siquiera a menudo por convencimiento o iluminación repentina «a la San Pablo»— ha existido siempre, pero no como ahora, buscada, fomentada y enaltecida por los Estados y los Gobiernos mediante la atribución de ese concepto, el de «arrepentido», que así devalúan y ensucian rápidamente. Tanto que ya nadie se molesta ni en mantener las apariencias y mostrarse farisaicamente compungido o contrito. ¿Se han tomado el trabajo de fingir pesadumbre reos como Amedo o Damborenea? No desde luego Barrionuevo ni Vera, habría estado en disonancia con el papel de inocentes que han asumido, tan resueltos. Pero es que ni siquiera se los ha visto *lamentar*, estar *desolados*, o *destrozados* por el hecho —es su versión— de que funcionarios a sus órdenes y cuyas acciones eran en teoría responsabilidad de ellos, establecieran «por su cuenta», engañándolos, un reinado del terror discriminado, pero paralelo al que combatían. ¿Y acaso se vio algún gesto de remordimiento o pesar en aquel joven, Otegi, que tras apiolar a dos *ertzainas* una noche alegre fue absuelto por un jurado que comprendió que el hombre, cuando cometió los crímenes, estaba un tanto achispado? Si «no saber lo que hacía» entonces lo exoneró, ¿cómo se explica que cuando estuvo sobrio y lo supo no quedara horrorizado, y exhibiera en cambio una sonrisa de oreja a oreja? Creo que por ahí sigue libre, fugado desde su libertad, de hecho.

Ya es tarde, me temo. Las palabras *perdón* y *arrepentimiento* ya las hemos perdido, vacías de significado, objeto de mil trasiegos, pura convención, moneda para engañar a bobos. Hoy vemos cómo la mayoría de quienes piden o exigen muestras de arrepentimiento por parte de ETA y de sus báculos de HB, antes de otorgar a cambio un perdón no solicitado por los interesados, piden o exigen exactamente lo que he dicho: tan sólo *muestras*, sin que les importe mucho que haya alguna realidad tras ellas y no sean un mero formulismo o trámite, fachada. La dimensión del engaño es tan grande que se trata ya de un engaño asumido por los engañados. No resulta difícil imaginar a nuestros políticos dirigiéndose a los criminales y a sus jaleadores con el espíritu de la farsa bien interiorizado, diciéndoles sin rodeos: «Venga, ¿qué os cuesta hacer una declaracioncita que apacigüe a las víctimas? No seáis tan tiquismiquis» (por lo menos yo veo fácilmente a Arzallus). Y a su vez las víctimas, arrastradas y desalentadas por la liviandad ambiente, parecerían contentarse tan sólo con eso, con unos pocos vocablos hueros cuya falsedad conocerían todos, los que los pronuncian y los que los escuchan. Hemos visto a chilenos que se darían por satisfechos con una hipócrita declaración de un Pinochet pesaroso, a sabiendas de que, de darse, sería sólo falaz y oportunista.

Nuestras mayores víctimas de todo esto son las mal llamadas Víctimas del Terrorismo (que de aquí a poco lo serán nada más que «de la Violencia»), porque su grueso no puede ya protestar ni reclamar nada. Sus familias, los supervivientes maltrechos, han sido orillados por casi todos de manera ignominiosa, hasta el punto de que casi se los percibe como un latoso colectivo más de los que la naturaleza ha castigado, sean los ciegos, los sordos, los minusválidos o los de la colza, asimilados estos últimos a aquéllos aunque fueran manos del hombre las que los desgraciaran; y hasta el punto de que su «causa» —utilizo la palabra con pinzas— parece estar impregnada de derechismo recalcitrante, con el consiguiente desprestigio a ojos de muchos, o connotaciones poco atractivas. Es una bajeza de la que deberían responder sobre todo las mal llamadas izquierdas parlamentarias, la de haber añadido con su desdén, a esas víctimas, un halo engorroso y retrógrado; y la de haber logrado, con la colaboración del actual Gobierno, que pedir reparación por los asesinatos de ETA o exigir su arrepentimiento —del de verdad o del de mentira, a estas alturas del embaucamiento— como condición para «perdonar» —de verdad o de mentira—, parezca una caprichosa salida de pata de banco de algún grupúsculo residual del nacional-catolicismo. Haber arrojado tácitamente —o permitido por omisión, da lo mismo— semejante baldón sobre esas víctimas es una de las mayores vergüenzas de esta democracia más bien ufana, y alcanza a todos los políticos sin exclusión y a los periodistas (me incluyo) con poquísimas exclusiones.

Y de ahí que asistamos a lo que asistimos ahora: hoy, cuando la famosa Tregua es presentada más cada día como un gesto de magnanimidad al que —fíjense— ETA no estaba en absoluto obligada; cuando vemos a dirigentes del PNV convertidos en sus turiferarios segundos y cuchicheando al oído de los turiferarios primeros en los desfiles (ay, ¿no saben aquéllos que caerían como moscas si tuvieran éxito unidos?); cuando algunos columnistas aerostáticos (se elevan invariablemente por encima del bien y del mal) ya afilan sus lápices para componer *te deums* a los magnánimos que han sacrificado su mayor pasión, el tiro al blanco, y aún se les reprocha (qué injusto) que jueguen los sábados con sus flechas incendiarias por que los dedos no se les entumezcan; cuando ocurre todo esto, se culmina la labor infame y empieza a decirse a esas Víctimas de la Violencia —equiparada ésta al fin con las catástrofes naturales y por tanto impersonales y sin culpables— que no sean intolerantes y se muestren generosas, pese a que se les esté negando hasta la baratija del «arrepentimiento» que tanto va de mano en mano en estos tiempos. Es como si se les dijera: «Oigan, no molesten, no den la lata. ¿Qué más les da obtener o no la baratija si saben —pues esta vez nos conviene admitirlo— que es sólo eso, una baratija?». Y agitan ante sus ojos, en cambio, suculentos cheques de nuestra Indemnización, ese vocablo que cada vez más se parece, acaso porque lo sustituye, a aquel otro más antiguo de «Soborno», y a la expresión «Comprar silencio».

Llevamos años gastando esas monedas del perdón y del arrepentimiento, aquí y en todas partes. No quiero ni pensar en un posible e indeseable día en que todos los agravios y crímenes jamás reparados y nunca paliados ni consolados, tan sólo ocultos bajo la alfombra de esos menguados conceptos, enterrados a muy poca hondura y con prisa y sin palabras reconfortantes, surjan bajo la tierra y vuelvan a un mundo que quizá ya no conozca siquiera el remedo actual o mueca del perdón y del arrepentimiento. Porque conviene temer que el proceso no haya aún concluido, y que el destino final de lo degradado sin pausa no sea otro nunca que su desaparición y olvido.

## SOSTENES MUY REPARTIDOS

Uno de los motivos por los que nuestra época ofrece en conjunto un muy bajo nivel de razonamiento, capacidad argumentativa, intelección más allá de lemas o *slogans* y sobre todo interpretación de la realidad, es a mi parecer la santificación de esa dudosa ciencia conocida como Estadística. Cada vez más se guía el mundo por eso, por estadísticas, sondeos, porcentajes y cuestionarios, lo cual equivale a decir que se guía más por datos y números que por análisis o pensamiento. No son pocos los escritores y articulistas que de hecho han renunciado a pensar por ello: se limitan a consignar esos resultados como si fueran la verdad suprema y a sacar simplistas y reduccionistas conclusiones a partir de monosílabos y cifras.

También para los políticos y su crónica falta de ideas es la Estadística el gran asidero. No hay intervención, declaración o debate en que el ministro, diputado o alcalde de turno no esgrima un papelito con una ristra de datos y números —casi nunca comprobables en el instante— con los que cree apabullar a sus críticos o contrincantes. Y resulta casi imposible afirmar algo si no viene avalado por ellos. La estadística, ya digo, ha suplantado a la interpretación, y por tanto ha desterrado los matices, las sutilezas, las complejidades de todo lo humano, hasta la sensatez ha suplantado. Nadie se extraña ya, ni se ríe, cuando lee idioteces y absurdos del tipo: «Los españoles tienen 1,34 hijos por pareja», como si los hijos pudieran en verdad ser troceables y fuera posible que alguien tuviera efectivamente 1,34 vástagos.

Parece haberse olvidado que para elaborar una de esas sacrosantas estadísticas es preciso, por principio, reducir y simplificar la realidad al máximo, y por tanto falsearla; de modo que la Estadística sería, en el mejor de los casos, algo vagamente orientativo y —en contra de lo que se cree— obligadamente inexacto. Si se trata de computar cuántos fumadores hay en un país, los responsables del estudio decidirán que lo es cualquiera que se lleve algún cigarrillo a los labios, sea alguien —como por ejemplo mi señor padre— que se fuma uno diario después del almuerzo, o alguien —como yo mismo— que se ventila más de un paquete por jornada. Es decir, las estadísticas suelen estar viciadas desde su origen, porque los resultados variarán enormemente según los criterios de inclusión y exclusión que adopte quien las propone. Así, a menudo leemos que mueren «por culpa del tabaco» fosfaticientas mil personas al año; con eso quiere decirse, las más de las veces, que los fosfaticientos mil han perecido por enfermedad que el tabaco *puede* propiciar o agravar. Pero no todo el mundo con cáncer de pulmón o con infarto los ha sufrido sólo «por el tabaco». Algo puede haber tenido que ver en el asunto su organismo, su configuración genética, su inhalación de humos automovilísticos o su demencial ritmo de trabajo. Lo más probable es que el mismo muerto sirva para varias estadísticas, a saber, la del tabaco, la del estrés, la de las herencias genéticas y la de la contaminación ciudadana; y que sea incluido y «aprovechado» en todas ellas. No sé si lo más desagradable y tramposo es hacer así que los muertos mueran varias veces y por diferentes causas, según convenga.

Recuerdo haber leído en una ocasión que en España había unos once millones de alcohólicos. Es de suponer que los autores del cálculo habían considerado «alcohólico» a cualquiera que ingiriese un determinado mínimo de alcohol diario, acaso el contenido en un vaso de vino o en un par de cañas. Porque de otro modo había que concluir que los españoles eran un pueblo de muy serenos e incomparables bebedores, ya que semejante número de alcohólicos nos haría ver por las calles verdaderos ejércitos de individuos en estado lamentablemente curda, y no es el caso.

En realidad, a mi modo de ver, no hay un solo dato enteramente fiable que venga de una estadística o un sondeo, no al menos en lo referente a intenciones, opiniones y hábitos. Porque, para empezar, todos sabemos que un alto porcentaje (¿será el 52,4 o el 46,7?) de los encuestados miente. Aunque uno sepa que no va a figurar su nombre, alguien escucha siempre nuestra respuesta. Y si a uno le preguntan cuántas veces hace el amor a la semana o cuánto gasta al año en calzoncillos, es muy probable que mienta. Y yo, como anticuado que soy, aún no he perdido de vista el lado hilarante de esos titulares tan frecuentes, según los cuales cada española compra 3,26 sostenes cada doce meses o tal futbolista marca 0,79 goles por partido. Lo siento, pero no consigo convencerme de que un gol sea divisible ni dejar de imaginar lo contenta que iba a quedar la usuaria cuando en la tienda le dieran tan sólo el 26 % de un sostén muy repartido.

# LO ESCRITO EN EL TIEMPO

He recibido una carta de un señor londinense de la que acaso no debería hablar para no resultar presuntuoso. Pero su preámbulo es tan sintomático de lo que ocurre en nuestra distorsionada época que no me queda sino arriesgarme a parecer lo que por otra parte acaso sea. Empezaba este caballero diciendo: «Ya sé que los superlativos no gozan de buena reputación hoy en día, y que no está bien visto considerar, sobre todo en materia artística, que nada sea superior a nada, una obra a otra, o adjudicar a un libro mayor valía que a otro. Pero aun así uno no puede evitar atender a su gusto...». Debo aquí detenerme, para no tentar más la suerte.

Lo cierto es que este señor, cortés y respetuoso —quizá por eso—, se sentía tan condicionado por una de las mayores falacias de... ¿cómo llamarlo, para no parecer «antidemocrático»?... del *igualitarismo fanático*, se disculpaba antes de nada por disponerse a hacer unas afirmaciones para mí halagüeñas, que implicaban sin embargo una preferencia, una jerarquía, un más y un menos, una superioridad y la inferioridad consiguiente. Todo lo cual, decía, «no está bien visto». Por fortuna, en los países meridionales, proclives a la exageración y la contundencia, el rechazo a todo eso no ha calado demasiado, aunque se advierten indicios; y es de temer, en todo caso, que si esa condenación o censura se va aposentando en el mundo anglosajón, no pasará mucho tiempo sin que nos contamine.

Si la democracia es la menos mala de las formas de gobierno conocidas, la democratización de las costumbres y de la vida diaria será deseable siempre. Pero, como todo, también la democracia está expuesta a su tergiversación y a su parodia, y a su manifestación injusta. Partimos de la base de que todos los hombres son iguales, no sólo ante la ley (no lo son desde luego en España: qué pronto salen del trullo socialistas, Giles y etarras), sino en sí mismos. Pero hemos llegado a un punto en la exacerbación de esta idea en que se hace preciso recordar una obviedad: los actos, las obras, los hechos de los hombres no son en cambio iguales, no valen lo mismo, no son equiparables, no se equivalen. Y sin embargo cada vez se difumina más esta distinción, y de la misma manera que la tendencia fanáticamente igualitarista sostiene que toda creación artística es valiosa y que ninguna tiene por qué ser mejor o peor que ninguna otra; o predica la engañosa doctrina de que toda opinión es respetable; o defiende que todo el mundo tiene derecho a cualquier cosa, o ningún sujeto más que otro; así también va instalándose la creencia de que no sólo todos los hombres son iguales en principio, sino que lo siguen siendo en cada tramo o fase de sus respectivas historias, independientemente de lo que cada uno vaya haciendo con la suya. Y esta noción supone en el fondo la negación de lo que antiguamente se llamaba libre albedrío, y hoy, tal vez, libertad individual. Porque si todos seguiremos siendo iguales, igual de respetables y creativos, de dignos y de meritorios, sin que importe qué realicemos o cómo nos conduzcamos, entonces estamos devaluando o negando la responsabilidad de haber elegido, y por tanto también la libertad de elegir.

La democratización verdadera no consiste en abolir las consecuencias, en hacer que nada las tenga; tampoco en que el contenido dado a las diferentes vidas resulte a la postre secundario o indiferente frente a la idea de una igualdad suprema, inamovible, invariable, tanto que una y otra vez volvería a «igualar» a las personas con enorme injusticia, restituyendo méritos a quienes no los hicieron o cancelando —relativizando— los de quienes sí los tienen. En una comparación simple y gráfica, sería como si a mitad de un partido de fútbol se decidiera que los dos equipos iban empatados a uno sin hacer caso de los goles que hubieran marcado. Y eso, ¿no es cierto?, sería convertir la competición en una farsa, en algo sin trascendencia, en algo que en realidad *no cuenta*.

No, lo mejor y peor no están bien vistos; y sin embargo hay obras de arte y hay obras a secas; no toda opinión es respetable, sino que las hay despreciables e inmundas, siendo lo respetable más bien que se expresen; todo el mundo tiene derecho a unas cuantas cosas fundamentales, pero no a todas las imaginables, porque hay derechos que se ganan; y no todos los actos y decisiones son sin sustancia: no son simulacros de pronto borrados para que así siempre, siempre, en su principio, desarrollo y fin, todos los hombres sigan siendo iguales. El tiempo cuenta, y así cuenta por tanto lo que en él cada uno escribamos. Y será quizá sólo cuando ya no haya tiempo, al término del recorrido, cuando tal vez sí, tal vez entonces, volvamos todos a ser iguales.

# TIRANÍAS LABORALES

Pues bien, mientras sin cesar se habla en la prensa del politiqueo español, la cuestación vasca, el pactismo catalán, el frotamiento de los «famosos» y el empeine de los futbolistas, aquí no se oye ni lee una palabra sobre lo que está ocurriendo *de veras* al conjunto de la población, y en lo que más la afecta, a saber: la tiranía del trabajo.

De este asunto me he ocupado otras veces, y, como no soy economista, mi percepción es la de cualquier ciudadano, sólo que la mayoría de éstos carecen de voz para explicar sus repetitivos y modestos casos, y cada vez más de representantes políticos y sindicales que los defiendan. Y no se trata ya del paro, ni de los contratos basura, ni de los despidos masivos que traen las fusiones, ni de la explotación clandestina o legal —da lo mismo— de los inmigrantes que llegan con el agua al cuello (a otros les cubrió boca, nariz y ojos al ahogarse en el Estrecho), sino de lo que está pasando con quienes tienen un empleo teóricamente aceptable o digno, esto es, con usted y usted y usted, pacientes lectores dominicales.

No sé si saben que en 1888, hace más de un siglo, algunos obreros de Chicago murieron en su lucha por conseguir las ocho horas diarias de trabajo. Antes, hacia 1845, en algún país, se había logrado con enorme esfuerzo que los menores de dieciocho años no sobrepasaran las diez diarias de deslomarse. Y hasta 1810 más o menos, no hubo tope horario alguno para los trabajadores de ningún sitio, fueran cuales fuesen su edad, estado de salud y sexo. La jornada de ocho horas no fue oficial, en los países más avanzados como Gran Bretaña y Bélgica, hasta los años setenta de nuestro siglo, no hasta 1982 en España. Esto significa que la aspiración a trabajar «sólo» un tercio del día, iniciada en Chicago, se vio coronada por el éxito, en Occidente, casi cien años más tarde.

Ahora acaba de aprobarse en Francia (aunque no para los ejecutivos, que mandan como los sargentos sobre la tropa) la jornada de treinta y cinco horas semanales, de la que en nuestro «homologado» país no quieren ni oír hablar ese personaje de cera llamado Cuevas y su séquito engominado. Pero es de temer que tal aprobación resulte indiferente, o una medalla más que se cuelguen al cuello los empresarios («Vean cómo somos de humanitarios»). Porque hablar de treinta y cinco horas teóricas carece de todo sentido cuando las cuarenta, en la práctica, no se respetan en casi ninguna oficina, empresa, taller o fábrica.

A ver, prueben ustedes, usted y usted y usted, a levantarse de su mesa e irse a las seis de la tarde en punto tras haberse sentado a ella a las nueve de la mañana en punto y haber dispuesto, entre dos y tres, de una hora justa para mal comer en la cantina o aún peor, zamparse ante el ordenador un bocadillo. Lo más probable es que, si ustedes se ponen firmes, su jefecillo o jefe no les discuta su derecho a largarse a las seis a casa, pero más probable es todavía que no les ahorre el comentario-amenaza clásico: «Así no vas a ir tú muy bien en este sitio». Sé de lugares en los que cumplir escrupulosamente el horario pactado —esto es, trabajar por lo que a uno le pagan y no en parte gratis— está pésimamente visto, y no sólo por los jefezuelos, sino por los compañeros más serviles o sojuzgados o asustadizos. Sé de lugares en los que quien pretende cobrar aparte sus horas extra (como es obligado según ley y lógica) puede irse ya buscando otro empleo. Y ay de quien crea que sus fines de semana son sagrados, lo menos que puede hacer es llevarse tarea a casa. Así, de una manera solapada, hipócrita, tácita, aquellos arduos logros de casi un siglo se están evaporando *de hecho* en unos pocos años de capitalismo sin trabas. Y conviene saber que los norteamericanos, que en todo marcan su despiadada pauta, en la actualidad trabajan una media de cuarenta y nueve horas semanales, y, de seguirse esta tendencia, hacia el 2002 dedicarán al tajo tanto tiempo de su vida como los casi esclavizados obreros de los años veinte. De golpe un retroceso de ocho décadas.

El despido es cada vez más fácil, y menos costoso —lo que le vale a usted una caña— para las empresas fuertes, y cuál no lo es entre absorciones y fusiones. Así que lo que pasa es esto, y pasa aquí a diario: que la gente vuelve a padecer condiciones laborales inhumanas, sólo que encima no se reconoce, tales condiciones «no existen» oficialmente. Mientras, Felipe González intercede por Pinochet y Anguita se dedica a rellenar la bolsa de un juez multado por su prevaricación continuada. De plomo —figurado, figurado— habría que llenarles otra cosa a esos señoritos limosneros, que desde luego no piden por los trabajadores.

# UN EJERCICIO DE IMAGINACIÓN

Ya que falto a mi palabra de nuevo (la «cuestión vasca» sí anuncié hace tres meses que probablemente no volvería a abordarla),* hagamos un ejercicio de imaginación, para compensar: así tal vez no incumpla tanto, si no hablo de lo que existe, sino de lo aún ficticio. Imaginemos una Euskal Herria independiente, como la quieren los prebostes del Partido Nacionalista Vasco, de Eusko Alkartasuna y de Herri Batasuna o como se apoden ahora. Por fin lo han dicho a las claras todos, eso hemos ganado: ya no hay la famosa ambigüedad, ya no hay caretas de quita y pon, el objetivo de Arzallus, Garaikoetxea, Otegi y por supuesto ETA es el mismo. Difieren respecto a los medios para alcanzarlo, pero el fin es uno solo en esencia. Bien está, las cartas boca arriba.

Pero, ¿pueden los medios en verdad ser diferentes siempre y nunca cruzarse? Imaginemos un referéndum circunscrito al «ámbito vasco», en principio Álava, Guipúzcoa, Vizcaya. Imaginemos incluso otro referéndum simultáneo en el resto de España (la idea es de un pariente con quien discutí hace días; no es el único en concebirla) y en el que, a la vez que el «ámbito vasco» votase si quería o no permanecer unido al actual Estado, los «ámbitos» catalán, gallego, canario, andaluz, madrileño, castellano, aragonés, etc., votasen, por su parte, si querían o no que el País Vasco permaneciese unido a ellos. ¿Acaso no se abandonó el Sáhara sin más ni más?,

* Véase el artículo «Saturaciones», publicado el 17 de octubre de 1999 en *El Semanal* y recogido en Javier Marías, *A veces un caballero*, Alfaguara, Madrid, 2001. *(N. de la E.)*

argüía ese pariente mío. ¿Acaso no se echa a alguien de su trabajo, a los hijos de casa? ¿No se les abre la puerta cuando están tan descontentos y se les dice: Buscaos la vida, nadie os obliga a seguir aquí, y además ya no os quiero? Imaginemos que coincidieran ambas consultas: según el frívolo Arzallus, bastaría un cincuenta y uno por ciento a favor de la independencia para que ésta se consumara; en buena ley debería bastar igual porcentaje en el resto de España a favor de su «autodeterminación» respecto a los vascos para que éstos dejaran de pertenecer al Estado y a la nación. Y si todos de acuerdo —ni los unos quieren seguir siendo lo otro ni los otros desean que los unos lo sigan siendo *a ningún efecto*—, ¿se habría acabado el problema? No parece plausible. Quedaría Navarra, comunidad en la que el voto nacionalista vasco —que además no equivale por definición a «independentista»: en unos casos sí, pero en otros no— ronda tan sólo el veinte por ciento una y otra vez. Al PNV, a EA, a HB, no digamos a ETA, el detalle les trae sin cuidado. Pero, ¿qué harían? ¿Invadir con gudaris desde su Euskal Herria? ¿Aplicarle otros treinta años de terrorismo a la provincia rebelde? Y luego, ¿treinta más para convencer, amedrentar y doblegar a las aún más rebeldes de Francia, en las que ese voto nacionalista nunca llega ni al diez por ciento? Larga tarea, en verdad, y sangrienta. Pero dejemos eso, pensemos con optimismo que la secesión de Vizcaya, Guipúzcoa y Álava traería buen contento para rato, quizá un decenio.

Imaginemos, así, ese País Vasco independiente, lo más parecido posible al que aparece en algunas películas del cantante irunés Luis Mariano, según otro pariente mío probable fuente de inspiración y ensueño para muchos abertzales algo cursis y pirados. En esta Euskal Herria de Luis Mariano (mucho más que de Sabino Arana) no hay más objetivo, más presente ni futuro que ser cada día más vasco. Cuantos no estén por la labor (ya hoy señalados por Arzallus, Anasagasti, Egibar: los no «verdaderos vascos») serán sometidos al proceso de vasquización pertinente, no muy distinto de los ya existentes; y si falla, serán seguramente desterrados, poco a poco o en masa. No quiero ponerme dramático y pensar en «limpiezas étnicas», caza y captura de apellidos no vascos, rastreo de antepasados, inspecciones de RH y mediciones de nariz y cráneo. Bien; no habrá mucha prosperidad allí, pues cualquier transacción comercial con España habrá sido abolida por ambas partes (si nada se quería con ella, que el deseo se cumpla de veras y en serio), es de temer que también con Francia. Pero eso no importa en el país de Mariano & Arana: es un lugar austero e idílico, en el que se cortan árboles y se levantan piedras, se bebe txakolí y se toca el txistu, poco más hace falta. ¿Y quién lo gobernaría? Cree el PNV que el PNV, ETA sabe que no. Lo peor de Arzallus, Anasagasti, Egibar, es su cortedad. Para los demás, no para ellos. Hace cuatro días Arzallus dudaba que fueran de ETA las furgonetas-bomba con destino Madrid; Anasagasti creía, pobre hombre simple, que iban a hacerlas explotar «incruentamente». Fantástico, Dios los bendiga. En nuestro ejercicio de imaginación, al menos su felicidad está asegurada. Porque el día que vieran avanzar a un encapuchado con pistola hacia ellos —ojalá no ocurra nunca—, morirían convencidos de que era el mismísimo Ministro del Interior disfrazado y se sentirían mártires. Dentro de todo, una gran suerte. Que les aproveche.

# LA DILACIÓN INFAME

A la mayoría de los europeos de hoy nos escandaliza e indigna que en un país que nos resulta inevitablemente próximo —los Estados Unidos: más de lo que quisiéramos, tantas veces— se siga aplicando la pena de muerte, y además se la haya convertido en instrumento político de primera magnitud, mediante el cual los gobernantes o los aspirantes a serlo «prueban» su firmeza, su fuerte carácter, su devoción por la ley y su compromiso con ella, su dureza contra el crimen, e incluso —en una disparatada inversión de valores, muy elocuente sobre nuestra época— su «valentía». De tal manera que otras virtudes tradicionales o antiguas, como la magnanimidad, la clemencia, la buena fe, la duda razonable, la prudencia, el temor a errar en cuestiones de vida o muerte, parecen haber sido desterrados de esa sociedad, arrumbados en un desván de variadísimos contenidos mezclados, pero sobre cuya puerta figura un único y nivelador letrero que agrupa cuanto debe evitarse a toda costa: «Debilidades».

Ni el brutal mantenimiento de las penas máximas ni la indecente y más o menos descarada costumbre de traficar con ellas, de aprovecharlas para otros fines, de dotarlas de significados y mensajes ajenos al de mero castigo del crimen («Al hacer que se cumplan, muestro mi inconmovible pulso al electorado»), son, con todo, cosas desconocidas en Europa. Esas penas han existido en todos nuestros países, en algunos hasta hace poco, como España, y ninguno está libre de haber albergado a políticos o monarcas que no se limitaran con ellas a «escarmentar» ni a «dar ejemplo», sino que, al igual que muchos actuales gobernantes norteamericanos, les sacaran partido para moldear su carácter, su fama, su terribilidad o su leyenda. Tal vez nunca como ahora se hiciera de forma tan indisimulada ni tan sistemática —en el fondo tan «aceptada» ya por la ciudadanía—, pero ni la vigencia de las penas de muerte ni la personal extracción de sus beneficios, directos o laterales, nos son ajenas en el pasado. Por eso, supongo —y porque a los Estados Unidos casi nadie se atreve a chistarles—, esas continuas ejecuciones de que tenemos noticia, sobre todo en Texas —el candidato Bush Jr firma que te firma—, pero también en Florida y en demasiados Estados de la Unión (por fortuna no en todos), nos parecen a la mayoría de europeos una crueldad, una atrocidad, un error irreparable y gravísimo, una injusticia, un «asesinato legalizado» y cuanto ustedes quieran. Pero no, *stricto sensu*, una infamia. La etimología de esta palabra es clara y a la vez ambigua, y no es mi intención adentrarme en ella. Es también un término del que se ha abusado y que por lo tanto ya resulta difuso o confuso, a veces suena exagerado y a veces se nos queda corto, según a qué se aplique y en qué contexto. En lo que a mi entender respecta, no todas las crueldades, no todas las atrocidades, no todos los asesinatos son, además, infamias; y de ahí, tal vez, que podamos añadir el adjetivo correspondiente, «infame», a ciertos asesinatos, a ciertas atrocidades, a ciertas crueldades, no a todos indistintamente.

Según yo lo veo —según mi sentido de la lengua, tan personal e intransferible como mis huellas dactilares—, algo es además infame cuando no sólo se tiene conciencia de su carácter cruel, atroz, injusto y demás, sino que se lleva a cabo quitándole deliberadamente ese carácter suyo y se lo presenta a la sociedad adecuadamente privado de él. Cuando, en cierto sentido, se lo presenta «sin fama», es decir, sin su mala fama, desprovisto de ella, como si fuera algo quizá desagradable pero en modo alguno cruel ni atroz ni injusto, sólo el cumplimiento de un «deber amargo». Y tan «sin su fama» se aparece la pena de muerte en los actuales Estados Unidos que por eso sus políticos se permiten colgarse cada ejecución como una «amarga medalla», tanto más apreciable por la ciudadanía cuanto que el hipócrita lamento que acompaña a cada condecoración más la hace resaltar y le da más brillo. Qué emotivo siempre el gesto que nos murmura: «Con pesar y dolor la acepto...».

Pero con tener mucho de infamia ya esto, no es la mayor, sin duda. Lo es una modalidad concreta, particularmente farisaica, fraudulenta y calculadora, de la aplicación de la pena de muerte. Los Estados de la Unión que la practican deberían ser condenados a diario con mucho mayor rechazo y desprecio que la Austria posible de Haider en estos días: esos Estados norteamericanos que están ejecutando a reos por delitos que cometieron siendo menores de edad, siendo adolescentes o casi niños. Y me apresuro a decir que la mayor infamia no es (con serlo ya mucho) la ejecución de un adolescente o de un niño por sus barbaridades o canalladas de mortal consecuencia para sus víctimas, pues también hubo aquí tiempos en que las tuvimos: tiempos desde luego primitivos y expeditivos que hoy nos horrorizan, pero hay que partir de la base de que los Estados Unidos son también hoy, en su mantenimiento de la máxima pena y en otras medidas de castigo, un país primitivo y expeditivo, atroz, errado, cruel e injusto. Lo que de verdad hace infames a algunos de sus Estados es precisamente que en ellos no se lleven a cabo *nunca* las ejecuciones de los casi niños o adolescentes criminales, sino de los adultos en que los dejan convertirse *siempre*. O mejor dicho: en que los *obligan* a convertirse siempre.

Se trata de hipocresía del más grueso calibre. Una de las muchas razones contra la pena de muerte —pero no la principal siquiera— es que, con la actual e increíble «dilación de la justicia» que ya lamentara Hamlet en su monólogo, es frecuente que se ejecute finalmente a un hombre o a una mujer muy distintos de los que en su día mataron. Esto es algo posible, pero también dudoso. Lo que en cambio no ofrece dudas es que un niño o adolescente es siempre, necesariamente, distinto del adulto que llega a ser (sea éste peor o mejor), porque somos de la creencia de que el adolescente o niño «aún no está hecho», «aún no está formado», aún está incompleto, inacabado, y tal convicción se traduce en nuestra forma de tratarlos y considerarlos en todos los demás ámbitos. Se traza una línea en casi todas nuestras legislaciones (que sea arbitraria y variable es lo de menos, toda frontera o límite es una convención aproximativa), pasada la cual tan sólo alguien alcanza la «mayoría de edad». Con ser una convención, esa línea no es sólo retórica ni sólo simbólica; por el contrario, señala el momento en que un crío *aún* no puede o bien *ya* puede tomar decisiones sin que se lo impidan tutores ni padres; en que puede irse de casa, contraer matrimonio sin ningún permiso, trabajar en lo que desee, viajar libremente, por supuesto votar y pagar impuestos, por supuesto ser reclutado e ir a la guerra, establecer relaciones sexuales con quien le parezca, beber alcohol y fumar tabaco. Hay ciudades americanas, entre ellas Washington, en que se ha llegado a imponer toque de queda para quienes no han traspasado esa línea: se lleva a comisaría a los menores que ronden las calles tras la hora límite y se multa a sus padres. Es ese país, de hecho, el más obsesionado del mundo con sus menores, el más desmedidamente protector y también represor de ellos, el que encabeza esa «divinización de la infancia» que hoy padece Occidente con algunas buenas consecuencias y otras nefastas. Ese país, por eso mismo sin duda, no puede permitirse ser acusado de ajusticiar a adolescentes y niños, de ejecutar criaturas. Les pone grilletes y los encarcela, como vimos hace meses con aquel muchachito suizo denunciado por una vecina por «jugar a médicos» o ni siquiera eso; pero no los mata. Y esa es la infamia: no los mata *aún*, pero *ya* decide matarlos. Esto es, los condena a la pena máxima, pero aguarda hipócritamente y no le da cumplimiento hasta que el reo-niño ha cruzado la famosa línea y es reo-adulto. La maniobra es por lo demás tan zafia que no se comprende cómo cuela, salvo bajo uno de dos supuestos: o bien estamos ante una prueba más de la veracidad de esa idea según la cual cuanto mayores sean una mentira o un engaño más probabilidades tienen de ser creídos; o bien la sociedad norteamericana —y en parte la europea que no acosa diariamente a los Estados legalmente infanticidas— da por buena la infamia y se hace cómplice de ella.

Cuenta nos trae inclinarnos por lo primero y quizá acertemos, porque la coartada es tan burda que sólo así se explicaría su éxito. «Vean, nosotros no ajusticiamos a menores», están diciendo quienes deciden esas ejecuciones, «sino a mayores de edad, no somos monstruos», y con eso creen aplacar sus conciencias y ofrecer de sí mismos al mundo una imagen no desalmada, cuando la calculada y obligatoria espera es lo más desalmado del asunto entero. Porque al menor se le permite crecer y llegar a adulto, se lo obliga a convertirse en otro del que fue, a «completarse» (como a todos los efectos le reconocen nuestras legislaciones varias)..., sólo para matarlo entonces, quizá cuando comprende de veras y puede lamentar su lejano crimen. Se ejecuta al adulto, pero no por nada que haya hecho de adulto y tras cruzar la decisiva línea, sino precisamente por lo que hizo de niño antes de traspasarla, cuando era otro, sin lugar a dudas, del que es ahora. A la declaración implícita de esos Estados, «Nosotros no ejecutamos a niños, sino a adultos», debería seguirle siempre la respuesta: «Falso. Ejecutan ustedes a niños, por lo que hicieron de niños y sólo por eso. Que aguarden a que sean adultos para meterles descargas eléctricas e inyecciones envenenadas es sólo un agravante perverso, y la esencia de la verdadera infamia. Paga el adulto por lo que hizo el niño que fue, y aunque el reo tenga veinticinco años el día que muere, se ejecuta a quien delinquió, y el adulto ya no es ese, no sólo en consonancia con nuestras legislaciones, sino también con lo que sabemos todos». Pues todos sabemos y recordamos cómo es el tiempo en la infancia y cómo el que viene luego; cómo un año en la vida de un niño es interminable y en él cabe todo; y cómo se le aparece el siguiente como algo remoto, tanto que no puede imaginar cómo será entonces ni si será distinto siquiera, porque en realidad para él sólo hay presente y camino, y aún no ha llegado a ningún sitio ni todavía está terminado. No está hecho, y su consistencia es el cambio.

Si esos Estados norteamericanos ejecutaran sin más tardanza a los menores que condenan a muerte, estarían cometiendo una brutalidad, una atrocidad, una crueldad y una injusticia, y tendrían al mundo civilizado entero en su contra, habría un clamor contra ellos. Tal como de hecho aplican su pena máxima, con su preceptiva y calculada y deliberada espera que la adecente y los salvaguarde, a todo lo anterior —que permanece— añaden eso, la dilación infame. Y el acobardado mundo, en cambio, asiste a la pantomima y calla.

## PUCHEROS DE SUPERSTICIÓN

Cuanta mayor aceptación o mayor consenso, más prestigio, reverencia o mero respeto susciten una institución, un sistema político, unas momentáneas costumbres o creencias, un pasado real o imaginariamente agraviado, un tipo de sentimiento y hasta un determinado rasgo de carácter, mayor es el riesgo de que surjan supersticiones en torno a ellos; y mayor el riesgo de que se conviertan en envilecidas coartadas para los caprichos y desmanes y abusos, o en instrumentos y comodines para la justificación de conductas y reacciones poco justificables, hasta el punto de que si una «mala» conducta se ampara o se da en el seno de esa institución o ese sistema político, obedece a esas costumbres o creencias, se explica por ese pasado de agravios, se atiene a ese sentimiento o a ese rasgo de carácter tan prestigiados que a veces parecen casi sacralizados, entonces cuenta con grandes probabilidades de ni siquiera ser percibida como tal, como «mala». Hay, por así decirlo, envoltorios o recipientes que obran milagros en favor de sus contenidos, y se erigen en salvaguardias siempre «legitimadoras» para quienes se alojan o cobijan, simplemente caen o con astucia se deslizan e introducen en ellos.

Por el mismo motivo, pocas empresas resultarán tan impopulares como las que busquen no ya señalar o desenmascarar esos contenidos concretos cuya mala ley haya sido convertida en buena por el purificador y mirífico puchero de turno que los albergue, sino algo aún más grave y atentatorio contra las convicciones comunes, a saber: raspar la capa de superstición con que a menudo está bañado el mismísimo metal de esos pucheros.

En la actualidad, y en nuestras sociedades, yo creo detectar los suficientes para que enumerarlos y abordarlos todos equivaliera a labor tan desmesurada como establecer una *Pseudodoxia Epidemica* de nuestro tiempo, tarea para la que no me siento capacitado ni a la que estoy dispuesto; pero quizá no esté de más pasar brevemente una lija —o incluso con más modestia: una lima— por un par de ellos, quizá los más relucientes y llamativos y los más asentados desde mi punto de vista, o al menos los que más afectan a la cosa pública. (Me dejaré en el tintero unas cuantas supersticiones bien extendidas, como la *superstición amorosa*, la *superstición nacionalista*, la *superstición de la visceralidad* y la *superstición del sufrimiento*: otra vez será, acaso.) Y antes de nada me conviene —por la cuenta que me trae— hacer hincapié en que comparto el generalizado respeto por los recipientes en cuestión. Lo que en ningún caso podría es compartir la veneración excesiva, la santificación, la inmaculización, la adoración —la superstición que los torna «intocables», en suma— por ellos; y no tanto porque vea en el horizonte otros utensilios o representaciones o convencimientos o símbolos más merecedores de entronización y alabanza que los más deificados e idolatrados hoy por nuestras comunidades, sino más bien porque el ensalzamiento y la entrega incondicionales me parecen por principio desaconsejables, si es que no —y siempre— descartables y aun repudiables. No sería de extrañar que me viera obligado a suscribir aquí alguna que otra perogrullada, pero es que a eso suelen conducir, casi indefectiblemente, los combates contra las supersticiones, por modernas que sean.

a) *La superstición democrática*

Quizá porque en nuestro país —no digamos en los pocos latinoamericanos que la disfrutan— la tradición democrática es todavía breve y una apreciable rareza histórica, se ha creado en torno a este sistema político una tan vigorosa como barata beatería que lo mismo sirve para denigrar y excomulgar a quienes no lo defiendan con uñas y dientes que para blindar las actuaciones de sus más conspicuos e inequívocos beneficiarios, a saber, los políticos por él elegidos (en mucho mayor grado beneficiados que la ciudadanía). A menudo da la impresión de que esa elección fuera una especie de salvoconducto o patente de corso para las medidas y decisiones de los elegidos, también una ordenanza que exigiera acatamiento —en todo caso «respeto»— a esas decisiones, incluso a las opiniones sobre las que se sustentan. No son pocos, por ejemplo, los que hoy mismo exigen respeto a Hugo Chávez y a Alberto Fujimori por haber llegado al poder ambos a través de las urnas, sin que al parecer cuente mucho lo que están haciendo luego con ese poder democráticamente obtenido. «La gente así lo ha querido»; «Es la voluntad del pueblo»; «Los ciudadanos se han pronunciado»: son las huecas frases con que se tiende a acallar las críticas o a desautorizar el abierto enfrentamiento a esos dos dictadores democráticos totalitarios.

Lo que acabo de decir —y así oírlo es parte de la superstición democrática— puede sonar a paradoja o a disparate, pero no es necesariamente una contradicción en los términos. En primer lugar, porque la esencia misma de la democracia, más allá de las bonitas y con frecuencia hueras palabras sobre la pluralidad y complejidad deseables en todas las sociedades, reside en la ambición de ganar cuantas elecciones vengan, y por el margen mayor posible; en consecuencia, el afán, desiderátum o ideal de cualquier partido sería ganarlas una tras otra y por unanimidad todas. El sueño del político democrático sería que todos los votantes se sintieran representados por él, o más por él que por ningún otro adversario, y en ese sentido su anhelo coincide plenamente con el del dictador y el totalitario, sólo que el primero de los tres aspira a verlo cumplido mediante la persuasión, y el segundo —o el segundo y el tercero, aunque estos dos no siempre van juntos, sí a menudo— mediante la imposición, la invasión, el sometimiento, la ocupación, la fuerza; el primero por aclamación, el segundo con o sin ella; el primero está dispuesto a conformarse con una aproximación razonable al cumplimiento de su anhelo, el segundo no tolerará el incumplimiento parcial, no aceptará otra cosa que la cabal realización del sueño. La meta de ambos es sin embargo la misma: tener el poder, ejercerlo sin apenas trabas, dirigir y manipular a los gobernados a su criterio, independientemente de que tanto el uno como el otro crean o puedan creer estarlos favoreciendo, protegiendo, guiando y hasta tutelando. O salvando.

No debe olvidarse nunca que un político, de la clase que sea, es alguien que, para empezar, cree estar en lo cierto; cree saber lo que es mejor para sí mismo y para los demás, para la totalidad de sus conciudadanos; y quiere llevar a la práctica su proyecto o —más artísticamente— ver plasmadas en la realidad sus figuraciones. Es alguien que —tampoco se olvide— aspira siempre a regir sobre otros y a decidir por otros, aunque formalmente lo haga «en nombre» de esos otros. Que el uno utilice la persuasión y el otro la imposición no es diferencia baladí, al contrario: es *toda* la diferencia. Pero ésta no debe ni puede de hecho ocultar que dentro de la persuasión caben y también se inscriben el sofisma, la demagogia, la mentira, el engaño (hoy ya institucionalizado), las falsas promesas, tal vez la calumnia, sin duda las argumentaciones falaces, por supuesto la propaganda, no digamos el insulto, las acusaciones infundadas, la trapacería, la difamación, la emboscada, la hipocresía, lo taimado, el chantaje. Y sin embargo la superstición democrática, en su manifestación más extrema —que hemos alcanzado aquí rápidamente, con creces—, pretende y logra que todo esto sea normalmente excusado, pasado por alto, aceptado y aun acordado, rara vez es denunciado ni condenado. Se toma como «parte del juego», o como «gajes del oficio», o como «lógica de las alianzas, de la compensación y la represalia, lógica del cambalache». Todo esto se analiza con asombrosa asepsia, se cuenta y se especula con ello, se admite y aun se propicia. Parece normal que un político diga lo que no piensa, esconda sus intenciones, cambie de opinión en función de sus pactos, sin explicar tal cambio. Nunca es castigado por sus veleidades o inconsecuencias, no se le piden cuentas porque un día censure y al siguiente ensalce a un contrincante, a otro partido; siempre encuentra un comprensivo —en realidad resignadamente corrupto— «Ya se sabe, la política».

Pero cuando surge por ventura alguien que por todas o algunas de estas prácticas descalifica a un político o a un partido, entonces éstos sacan a relucir su reluciente puchero —o aquí, si se prefiere, urna— para que con su magia vuelva las acusaciones en contra de quien los acusa: «Somos una agrupación democrática, gozamos de inmunidad democrática»; «Hemos sido limpiamente elegidos en unas votaciones libres»; «Atacarnos equivale a insultar a tres millones de electores»; etc., etc. Estas protestas ni siquiera son ciertas, en su literalidad, al ciento por ciento. Un partido puede ser democrático en el sentido meramente técnico de estar registrado como tal y concurrir a las elecciones, pero puede perfectamente no serlo ni en su espíritu, ni en su funcionamiento interno (no lo es casi ninguno), ni en su defensa de ese sistema político, ni desde luego en su tolerancia de los demás partidos. Unos políticos pueden haber sido, en efecto, elegidos en unas votaciones libres, pero será difícil o más bien imposible que lo hayan sido «limpiamente»: no sólo por las habituales manipulaciones antes expuestas, sino porque, sobre todo, habrán sido elegidos en primer lugar —esto es, contratados, comprados, premiados o «fidelizados»— por el aparato de sus respectivos grupos que los colocara en las listas cerradas. Y, claro está, criticar, atacar o incluso descalificar a un político no equivaldrá *jamás* a insultar a un solo votante suyo: no ya porque un altísimo porcentaje de votantes opte siempre por una u otra lista sólo como mal menor, sin ningún entusiasmo ni desde luego incondicionalidad alguna, sino porque, por mucho que a los políticos y a los partidos les guste considerarse o estén formalmente considerados «representantes» de la ciudadanía, a la hora de los hechos lo son en grado mínimo, en nuestras democracias. Lo decisivo aquí es que son siempre, y en el mejor de los casos, representantes interinos, provisionales, azarosos si se me apura, y la prueba de ello es cómo ellos mismos, cada vez que hay nueva campaña, procuran atraerse precisamente el voto de quienes la vez anterior no se lo dieron ni los quisieron como representantes suyos. Digamos, en suma, que su grado de «representación» está tan rebajado, es tan pálido, tan «televisivo», su vínculo con los electores tan teórico, cambiante y superficial, que de ninguna manera cabe hallar veracidad en sus frecuentísimas pretensiones de trasvasar los ataques que reciben al cuerpo de sus votantes, la correa de transmisión es una entelequia.

No hace falta remontarse una vez más al clásico ejemplo del Hitler que fue elegido democráticamente la vez que lo fue, para recordar que, en un sistema democrático asentado, lo importante no es que tal o cual político haya sido «democráticamente elegido» —eso sería tan sólo lo descontado, la obvia exigencia mínima, y sin embargo cómo se les llena la boca a todos cada vez que lo subrayan enfáticamente—, sino lo que ese político haga y diga después de haber sido —faltaría más— elegido. Y en este sentido, para lo único que ha de servirle el milagroso puchero que tanto gustan todos de blandir con ufanía, es para recordar a sus enemigos, rivales o críticos que lo que no puede hacerse con él en modo alguno ni bajo ningún pretexto es derrocarlo por la fuerza y sin que medien unas elecciones nuevas. Sí puede hacerse, en cambio —y este es el conjuro de la superstición democrática—, casi cualquier otra cosa: se lo puede criticar y hasta denostar, se le pueden afear sus palabras, sus opiniones y sus comportamientos, se puede señalar su cinismo, su volubilidad, su chalaneo, su frivolidad o su irresponsabilidad, se pueden cuestionar sus principios, doctrinas y fines, se lo puede tildar de racista o clasista si se conduce como lo uno o lo otro, por supuesto se lo puede tachar de incompetente. Nunca, al hacerlo, se estará incluyendo en el paquete a sus electores, menos aún —como pretenden muchos con grosería inaudita— a la ciudad, región, nacionalidad o nación que le hayan otorgado su cargo. «Haber sido elegido democráticamente», «ser representante democrático de una parte de la población», «haber ganado un escaño en las urnas», todo eso, en una democracia, no es en sí nada ni hace a nadie acreedor a ningún especial respeto ni miramiento. Es tan sólo la condición indispensable para cobrar el correspondiente sueldo, y trabajárselo. Como puchero purificador, protector o mirífico debería servir de muy poco, o aún es más, de nada.

b) *La superstición legal*

Señalaba hace unos meses Fernando Savater, en un artículo sobre las chillonas *stock options* de Telefónica, que, como al parecer tal expediente para el velocísimo enriquecimiento de un centenar de directivos de dicha compañía es «legal», está mal visto censurarlo, y las objeciones que puedan ponérsele suelen ser silenciadas con estos dos muy contundentes argumentos: a) «Eso se hace en todas partes»; b) El ya mencionado «Es legal hacerlo». No es nada raro, en efecto, encontrarse con respuestas semejantes ante conflictos o situaciones peliagudos que crean cierto desconcierto: se recurre a expresiones como «Es conforme a la ley», o «Eso está previsto en la ley», para zanjar debates y acallar reparos a actuaciones y hechos dudosos o directamente repugnantes. Que se aplique cloroformo a la fuerza a unos inmigrantes ilegales y se los despache muy por las malas a su país de origen será presentado como algo impecable si «se ha obrado dentro de la legalidad», y quienes esto aduzcan se permitirán a continuación indignarse con los indignados por la brutalidad cometida. Que un joven sea condenado a unos meses de cárcel por robar dos coca-colas en un centro religioso se querrá hacer pasar por muy justa sentencia si ésta se ha dictado «con la ley en la mano». Los demenciales dispendios de ministros u otros funcionarios a cargo del erario público se justificarán siempre, por escandalosos y superfluos que sean, si «están contemplados en las partidas presupuestarias legalmente aprobadas», y así hasta el infinito. (El recurso a la legalidad ha sido empleado con la misma tranquilidad y desahogo por todos nuestros Gobiernos, incluidos los variadamente autonómicos.)

Aquí la superstición es quizá más dañina y peligrosa todavía, porque si hay algo siempre provisional, interino y hasta cierto punto arbitrario, eso es «la ley» o «lo legal», y la invocación permanente a la una o a lo otro como instancia superior justificatoria supone, entre otras cosas, abdicar de conceptos tan fronterizos que a veces se confunden con el de «legalidad» y que sin embargo, pese a ser más imprecisos, deben a menudo trascender este último y prevalecer o quedar por encima de él. Son conceptos como «lo lícito» o «lo legítimo», o incluso —si se me admite un vocablo anticuado— «lo recto». Las leyes son una tentativa de regular, de plasmar en un código lo que la sociedad percibe y siente en cada momento como «lícito», «legítimo», «recto», o bien como sus contrarios.

Vale decir que las leyes deben reflejar, representar, obedecer, guiarse por esa percepción y ese sentimiento, no a la inversa. Pretender lo contrario sería —por establecer una comparación aproximativa— como pretender que el pensamiento se acoplara y adecuara a la gramática y a la sintaxis de la lengua, en vez de esperar que sean éstas las que evolucionen de acuerdo con las necesidades o innovaciones expresivas del pensamiento (últimamente más bien inexpresivas, por desdicha, pero tanto da para el ejemplo).

Que una actuación policial, una sentencia judicial, un enriquecimiento «aprovechado», una maniobra política dudosa o abyecta se ciñan a la ley no basta para convertirlos ipso facto en «lícitos», «rectos» o «legítimos». Un ejemplo imaginario pero muy claro, que debo a mi señor padre, sería el siguiente: si el Gobierno vendiera a otro país o a un particular el Museo del Prado con todos sus contenidos, la venta podría tal vez ser «legal», pero jamás sería «lícita» ni «legítima». De similar manera, que Hugo Chávez en Venezuela o Alberto Fujimori en el Perú estén llevando a cabo sus reformas, ajustes, inventando sus prórrogas o Constituciones «conforme a la legalidad vigente» no opera como blindaje ante las objeciones, críticas o condenas a sus peculiares y estafadoras iniciativas, sobre todo porque en sus países la «vigencia» de la «legalidad» está sometida a un carrusel continuo, y la «legalidad» misma es un objeto de su diseño.

Cierto es que las leyes han de ser respetadas (principalmente por quienes las emiten y han de velar por ellas), y que si una es injusta o tramposa o trasnochada o sofística, la única manera de arreglar el asunto en un Estado de Derecho es procurar derogarla o cambiarla, no saltársela ni incumplirla (excepto en casos muy extremos que inviten a la desobediencia civil, no descartable). Pero una cosa es que la legalidad haya de ser respetada y otra muy distinta que se eche mano de ella y pueda esgrimírsela en toda ocasión como garantía de la decencia y justicia de cualesquiera medidas, comportamientos, transacciones, persecuciones, represiones o disoluciones. En España nos bastaría con un ejemplo extremo, pero también muy claro, para comprobar la escasa o nula validez de semejante salvaguardia: si un día el País Vasco —o más exactamente sus políticos «democráticamente elegidos»— se separara unilateralmente del resto del Estado, sería «legal» que el Ejército interviniera allí en defensa de la llamada «unidad territorial», según prevé la Constitución y de vez en cuando nos recuerda algún frívolo de escasas luces. Dudo muchísimo, sin embargo, que ese hipotético y «legal» *raid* militar pudiera ser visto o percibido como «legítimo», «lícito», «recto», por la ciudadanía, con la salvedad probable de algunos grupúsculos veterofranquistas, los miembros y votantes más asilvestrados del Partido Popular, los más montaraces del Partido Socialista, la porción «galindesca» del mismo Ejército y ocho o diez columnistas nostálgicos del periódico *Arriba* del que tan bien vivieron o de la Monarquía Invisible que les escamoteó Franco y que bien podría llamarse, con propiedad absoluta, el Interregno. Que algo sea «legal» significa, así pues, tan sólo que puede hacerse sin ser denunciado al instante ni ir a la cárcel de momento por ello quien se decida a hacerlo, nada más. Nunca, *per se*, que ese algo esté bien hecho. Y nunca garantiza *per se* que no sea una atrocidad lo cometido «en nombre de esa legalidad vigente», por muy «democráticamente elegidos» que estén los legisladores del país de su vigencia. Creer otra cosa es sólo eso, una creencia supersticiosa.

## MATAR AL MUERTO O LOS INCONVENIENTES
## DE HABERLO MATADO


Muchos se han escandalizado con razón, y algunos sólo con excesiva y ornamental retórica, al conocer la noticia de que, tras el asesinato por parte de ETA del concejal del Partido Popular Jesús María Pedrosa, el teléfono de su casa siguiera «en activo» para sus asesinos o para los simpatizantes de éstos, que lo hicieron sonar en numerosas ocasiones para soltarle a quien respondiera —la viuda, una hija— frases sañudas y crueles *dirigidas al muerto*: «Jesús Mari, jódete», «Pedrosa, ya estás muerto», «Y ahora qué, hijo de puta», vilezas por el estilo. Se ha recordado que no es la primera vez que esto sucede: ocurrió —aún ocurre— tras el asesinato de Gregorio Ordóñez y de otros. Asimismo llamadas, o bien pintadas callejeras del mismo tenor, incluso me parece que algunas tumbas de víctimas de ETA han sido profanadas en más de una ocasión.

Más allá de la indignación que causan estas muestras de inquina y de sadismo hacia las familias de los asesinados, convendría pararse un momento a ver también lo que significan, porque despacharlas con una furibunda condena («son inhumanos»; y no es verdad: son humanos) o con desprecio, y relegarlas al capítulo del anecdotario macabro y el recochineo, es una manera de restarles importancia, y a mi parecer tienen mucha, sobre todo por lo que revelan. Y que fueran «voces jóvenes», como se ha dicho, las que lanzaran esos insultos telefónicos póstumos no es razón suficiente para atribuirlos rutinariamente a un supuesto espíritu gamberro y a la irresponsabilidad absoluta. En primer lugar, porque esta vejación de un muerto no es la única ni un hecho aislado, como hemos visto; en segundo, porque es bien patente que ciertos jóvenes del País Vasco no se distinguen precisamente por actuar con espontaneidad irresponsable ni por impulsos imprevistos. Todo lo contrario, sus voces dan la impresión de estar no sólo muy previstas, sino adiestradas y «unanimizadas». En tercer lugar, tampoco hay ninguna certeza de que los autores de las llamadas no fueran los asesinos mismos o quienes les dan las órdenes; en el menor de los casos —y eso sí que es seguro—, se trataba de quienes los inducen, aplauden, espolean y jalean, sea con gritos, pintadas, acusaciones, votos o declaraciones.

¿Qué sentido tiene vejar a los muertos? ¿Qué se busca con ello? En principio parecería que las profanaciones de sus tumbas, la destrucción de sus lápidas, los insultos a sus memorias, el regodeo ante sus muertes violentas, fueran algo más bien dirigido contra los vivos o los todavía vivos, y que tuvieran como propósito echar sal en el dolor de los parientes y amigos de los asesinados más que sobre ellos mismos, que ya de nada enterarse pueden, ni añadirse padecimientos. Y sin embargo algo más hay: no puede ser del todo azaroso o «formulario» que esas llamadas al número del concejal Pedrosa fueran *para él* (nadie dijo, por ejemplo, claramente a su viuda: «Nos hemos cargado a tu marido, jódete», sino que el destinatario de las frases siempre fue el muerto), como asimismo significa algo que el vandalismo contra las sepulturas se lleve a cabo en mitad de la noche y sin testigos que sufran con su contemplación, tanto si son nazis contra muertos judíos, como serbios contra muertos bosnios, como filoetarras contra asesinados por sus ídolos. Los vivos verán tal vez el destrozo y las humillantes pintadas al día siguiente; o quizá no, y sean sólo informados; quizá sólo sepan pero no vean, y en todo caso, como mucho, asistirán a los resultados de la profanación, no al acto mismo. Este tipo de ensañamiento con los muertos va por tanto —por absurdo que parezca a finales del siglo XX, y en Occidente— principalmente contra ellos, y no equivale en modo alguno a la verbal, antes frecuente y hoy un poco anticuada ofensa que nuestra lengua alberga, consistente en decirle a alguien «¡Me cago en tus muertos!», aquí sí con el inequívoco ánimo de provocar y sacar al vivo de sus casillas, de afrentarlo en lo que antiguamente se consideraba «lo más sagrado». Es este, de hecho, un agravio abstracto y simbólico. La mayoría de quienes a lo largo de la historia hayan pronunciado esa frase no tendrían la menor idea de quiénes eran o habían sido los muertos en cuestión, los del otro, aquellos en los que se cagaban; y lo más probable es que no tuvieran nada personal contra tales difuntos, pues de ellos lo ignorarían todo, y si recurrían a la en el fondo vacía fórmula era sólo con la intención de causarle al otro el mayor daño y pena posibles, pues el otro sí sabría muy bien, uno a uno, a quiénes el injuriador se estaría refiriendo. Lo que para éste sería un conjunto abstracto sin rostros ni nombres, para el injuriado sería una serie de individualidades muy queridas, con nombres, rostros e historias.

No es a esto, así pues, a lo que se parecen las llamadas padecidas por la viuda del concejal Pedrosa. Lo que esas voces o esas pintadas están diciendo es en realidad dos cosas, o acaso sea la misma en dos formulaciones distintas. Dicen, por un lado, que no les basta con haber matado al muerto, que eso no es ni ha sido suficiente, y que lo «malo» de haberlo matado es no poder matarlo ya, o no poder matarlo otra vez, y quizá otra y otra y otra vez. Ese tipo de asesino o de asesino *in pectore*, atención, es de una índole especial, y desde luego no ofrece en modo alguno el perfil de lo que sería el asesino por motivos políticos. Los conniventes, los comprensivos con los crímenes de ETA, los que creen que «no sirve de nada» ni siquiera condenarlos, nos recuerdan continuamente que, ojo, en el País Vasco existe un «conflicto político», y esos mismos intentan presentar cada vez más los asesinatos, los secuestros, las palizas, las extorsiones, como «manifestaciones» de ese conflicto, equiparables a los accidentes de carretera o a las catástrofes naturales. Así, el conflicto «se manifestaría» él solo de estas variadas maneras, y se va inoculando la disparatada pero persistente idea de que nadie «comete» los crímenes, se trata sólo de «manifestaciones» de algo incontrolable y superior como los bramantes cielos, las riadas o los terremotos.

Nada es, sin embargo, tan contrario a esa pretendida asepsia o indeliberación como, justamente, el deseo de matar al muerto y la insatisfacción por haber logrado matarlo. En un conflicto en verdad político, como en una guerra (y eso es en parte el mayor horror de las guerras, pero también lo que no las convierte acaso en lo *más* horrible de todo), en teoría ni siquiera hay personas, sino tan sólo objetivos. Y una vez abatido un objetivo cualquiera, lo último que hará el soldado será pararse a escupir sobre su cadáver. No le interesa; es más, no puede permitírselo, porque equivale a distraerse, a perder el tiempo y la concentración, y en una guerra hay que ir en seguida por el siguiente objetivo. En un conflicto en verdad político, como en una guerra, los muertos son en principio tan abstractos como aquellos en los que el antiguo injuriador español tenía la mala costumbre de cagarse verbalmente.

No son así tratados los asesinados por ETA, excepto si son víctimas indiscriminadas, por la explosión de una bomba en un supermercado. Entonces sí son abstractas. Pero la segunda cosa que esas llamadas o pintadas a que vengo refiriéndome dicen (o la segunda formulación de una misma cosa), viene a ser el reconocimiento de no haber podido matar al muerto pese a haberlo hecho en efecto, físicamente. Las muertes «elegidas» de ETA no son ya estratégicas (como las de las guerras), ni tampoco son de las que, una vez cumplidas, aplacan el odio, la ira, la rabia. El odio y la ira permanecen tras los asesinatos. Como antes dije, quienes efectúan esas llamadas —o las comparten mentalmente— parecen admitir que el asesinato que celebran ofrece el inconveniente de que ya es pasado, de que ya no puede repetirse, de no pertenecer ya más al futuro, a la esfera de lo que se desea y se acaricia y se anhela. Creo que conviene no perder este dato de vista, aunque asumirlo suponga asumir también que la «solución» del llamado «conflicto vasco» es todavía más difícil e improbable que si este conflicto fuera en verdad de índole tan sólo política. El insaciable deseo de matar al muerto, y además al muerto conocido y concreto, con su rostro, su nombre y su historia, está más bien en la tradición de la *vendetta* mafiosa, de las escabechinas familiares o de clanes, de las cruzadas fanáticas, de los odios tribales (y me temo que de las guerras civiles, por la cercanía del enemigo). Los que participan en estos enfrentamientos no se sienten nunca aplacados —o sólo al cabo de los siglos— por las muertes que producen, o que «obtienen». Quizá no sea tan extraño si consideramos que a un escritor como el fundador Sabino Arana, los nacionalistas vascos lo tienen sólo «en la nevera» (¿lo tienen?), cuando su equivalente en cualquier otro sitio estaría sepultado bajo siete llaves y abochornaría a sus paisanos. Y ese escritor escribió, por ejemplo: «... el español no sabe andar, o si es apuesto, es de tipo femenil; ... es flojo y torpe; ... es corto de inteligencia y carece de maña para los trabajos más sencillos; ... es perezoso y vago; ... nada emprende, a nada se atreve, para nada vale; ... no ha nacido más que para ser vasallo y siervo; ... es avaro aun para sus hermanos; ... es bajo hasta el colmo, y aunque se encuentre sano, prefiere vivir a cuenta del prójimo antes que trabajar; ... apenas se lava una vez en su vida y se muda una vez al año; ... o no sabe una palabra de religión, o es fanático, o es impío; ... si sólo le oís rebuznar, podéis estar satisfechos, pues el asno no profiere voces indecentes ni blasfemias; ... entre ellos el adulterio es frecuente, así en las clases elevadas como en las humildes; ... el noventa y cinco por ciento de los crímenes que se perpetran en Bizkaya se deben a mano española, y de cuatro de los cinco restantes son autores bizkainos españolizados».

Me temo que esta última estadística debe de haber cambiado. Es más, en estos asesinatos de ahora, tan puros y bizkainos, hay un elemento que hace la situación distinta, asimismo, de la de las guerras mafiosas, familiares o de clanes, fanáticas, tribales, civiles, porque todas ellas se fundan y se alimentan de una espiral imparable de golpe por golpe, o aún peor, de diez por uno y así hasta la náusea. Pero aquí sólo golpea un lado, una banda, sin que por el otro haya la misma réplica (luego sólo como en otro tipo de guerras, ahora que caigo: las racistas de exterminación o expulsión). Quién sabe si no será eso lo que más irrite al verdugo, y lo lleve a querer matar de nuevo a los muertos que ya se ha cobrado. Quién sabe si lo que busca es que sus asesinatos sean tenidos más en cuenta y sean por fin «reales», al haber contrapartida, si fueran respondidos con otros tantos del enemigo. Cuanto más tiempo pasa y más uno lo piensa, cuánto debió de complacer el GAL a algunos dirigentes nacionalistas: a los más fríos, a los más políticos, a aquellos que han conseguido que al menos algunos muertos sí les resulten abstractos: los propios, esos que se hacen esperar demasiado y no acaban de llegar, maldita sea, a qué esperan los del otro bando para justificarnos de veras en nuestros asesinatos insatisfactorios.

## BAJO LA LUZ DE GAS

La gente está muy sumisa y bastante adocenada, trabaja demasiado y sobre todo teme excesivamente por su precario trabajo, tan fácil y barato es hoy el despido, tan aterrorizados viven los empleados, que hacen horas extras sin osar pedir retribución por ellas, que a menudo delatan o conspiran contra sus compañeros por miedo a que sean éstos quienes los delaten o conspiren antes, que adulan a sus jefes con servilismo aunque éstos les repugnen y sean permanentemente abusivos, inmorales o injustos, que renuncian sin rechistar apenas a logros laborales obtenidos con desmedida lentitud y esfuerzo a lo largo de todo un siglo, que cargan con las culpas de la incompetencia o descuido de sus superiores y les regalan —por supuesto, con aplauso incluido— sus propias ideas e iniciativas. No hace falta decir que hablo en términos generales y que por tanto habrá mil excepciones y que seré por fuerza impreciso. Pero la caída del muro de Berlín fue tal vez estupenda para quienes vivían del lado Este. Para los que habitaban este otro, el del Oeste, fue un desastre: la caída del simbólico muro de contención ante la propensión natural del capitalismo más bestia a aproximar sus modelos, lo más posible, al gran y viejo negocio del esclavismo, sin duda uno de los más rentables de la historia, desde las pirámides hasta la todavía añorada Dixieland.

Los que gobiernan, así, se confían, y como nadie los detiene ni frena —no con un mínimo de eficacia, qué se hizo de los sindicatos—, van siempre a más, y a más, y a más, hasta que un día algo estalle. No será, seguro, ni mañana ni pasado ni al otro, y esos gobernantes (por tales no entiendo sólo a los políticos, sino a cuantos rigen y mandan, a los poderosos, a los empresarios y a los obispos, a los banqueros y a los funcionarios, a los influyentes) aún están a tiempo, si no de rectificar el rumbo —sería mucho esperar milagros—, al menos sí de refrenarse un poco y amainar en su despotismo. O quizá la palabra más adecuada sea desprecio. Porque ya llevan tiempo incurriendo en algo que sin duda les parece moneda corriente, de tan gastado, pero que en mi opinión supone uno de los mayores desprecios que pueden hacerse a la gente, y en consecuencia uno de los más peligrosos. Consiste en lo que se conoce como *negar la evidencia*, así como en su figura complementaria o más bien equivalente, *afirmar lo notoriamente falso*, o sostener lo insostenible.

Es algo que las dictaduras, bien lo sabemos, llevan a cabo sistemática e impunemente; pero como ya se cuenta con ello y no hay afirmación pública posible de esas evidencias negadas, el efecto es menos irritante, menos exasperante que en una democracia (también porque la exasperación la provocan otras causas más graves). En una dictadura se sabe que la verdad ha de permanecer oculta o a lo sumo susurrada, y, en el fondo, la mentira oficial no aspira a ser creída ni aceptada, pues le basta con ser impuesta por las bravas, y con el fingimiento acordado. No hay, por tanto, verdadera tensión entre ambas —verdad y mentira—, y la negación de las evidencias se da tan por descontada que no enfurece; es otra cosa. En una democracia sí enfurece, porque la verdad aspira a no estar oculta, sino a manifestarse y a ser reconocida como tal, y, por así decir, existe la presuposición —tal vez errónea, pero existe— de que todas las «verdades» parten en principio en igualdad de condiciones, la del empresario y la de los obreros, la del político y la de los ciudadanos comunes, la del Estado y la de sus contribuyentes, la del jefe y la de sus empleados. Y la población necesita que sus quejas, problemas, carencias, protestas, aspiraciones o injusticias padecidas se reconozcan al menos, sobre todo cuando son *evidentes* y no caprichosas ni imaginarias. No importa tanto que se atiendan o arreglen o colmen o reparen —cosa que se promete a menudo y casi nunca se cumple, y a eso está acostumbrada la gente, pese a todo— cuanto que su existencia real sea admitida por parte de los gobernantes y poderosos.

No hacerlo, no admitir eso, supone ese enorme desprecio que mencioné antes, pero constituye además un insulto: equivale a tachar de locos al conjunto de los ciudadanos, de disparatados, de grillados, de idiotas. Cuantos hoy niegan las evidencias con gran aplomo y mayor cinismo deben de estar acostumbrados a hacer lo mismo en sus asuntos particulares. Es, más o menos, lo que en el lenguaje coloquial llamamos «hacer luz de gas» a alguien, como hacía Charles Boyer con Ingrid Bergman en la célebre película de George Cukor, *Gaslight*, de donde proviene la expresión ya consagrada en castellano. A saber, persuadir a una persona de que su percepción de la realidad, de los hechos y de las relaciones personales, está equivocada y es engañosa para ella misma. Negarle que lo ocurrido y presenciado haya ocurrido; convencerla de que en cambio hizo o dijo lo que no hizo ni dijo; acusarla de haber olvidado lo efectivamente acaecido; de inventarse problemas y sucumbir a sus suspicacias; de ser involuntariamente tergiversadora, de interpretar con error siempre, de deformar las palabras y las intenciones, de no llevar razón nunca, de imaginar enemigos y fantasmas inexistentes, de mentir —sin querer, pobre— constantemente. Para quien sabe persuadir a alguien de todo esto (y los casos no son nada raros, ni quedan confinados en modo alguno al de la película famosa), se trata de un eficacísimo método para manipular a antojo y anular voluntades, para hacerse dueño de la víctima y convertirla en su esclava.

Los dirigentes españoles actuales parecen olvidar, sin embargo, que la luz de gas resulta mucho más difícil de aplicar a un colectivo (aunque no sea imposible, y más de una prueba nos ofrecen tanto la historia como nuestro presente). Al menos, de aplicarla con éxito. Porque así como un solo individuo es relativamente fácil, a poco inseguro o humilde que sea, que dude de su entendimiento, de su juicio y de sus percepciones, resulta tarea enorme conseguir eso mismo de un montón de individuos, pues la correcta percepción de cada uno coincidirá en principio con la de los demás, y así se verán todas afianzadas, fortalecidas y sostenidas durante largo tiempo, y se hará arduo minar el compartido convencimiento. De tal manera que hoy por hoy, cuando los poderosos niegan tan frecuente como flagrantemente las evidencias, lo que consiguen es despreciar, insultar, irritar y exasperar a la ciudadanía, más que otra cosa. Y sin embargo la práctica está generalizada, lo hacen unos y otros con el mayor desparpajo y de modo absolutamente irresponsable, sin darse cuenta de lo que están sembrando... contra sí mismos.

Desde miembros del Gobierno hasta miembros de ETA, pasando por representantes de cualquier partido, de la Iglesia o de las empresas antes públicas y hoy ya no saben ni contestan (esto es, las más ricas), casi nadie se salva de la peligrosa costumbre. Es Arzallus negando que nadie sea perseguido y haya de marcharse del País Vasco, mientras tantos paisanos suyos hacen las maletas y se palpan la nuca (y ésa es la evidencia); es Anasagasti aseverando que Basta Ya y el Foro Ermua buscan la confrontación, cuando no es precisamente a sus miembros a quienes se ve con *cócteles mólotov* ni incendiando el autobús en que viajó su madre (y ésa es la evidencia); es el presidente de Iberia, Xabier de Irala, escribiendo hace un año que la sobreventa u *overbooking* «casi» no existe y que si la hay es para bien del pasajero, al que se compensa luego, mientras las víctimas de esa práctica rayana en la estafa se hacinan desesperadas en los aeropuertos españoles, aguardando (y ésa es la evidencia); es el desquiciado alcalde de Madrid, Manzano, asegurando en televisión que en la capital no hay atascos y que su tráfico es «fluido», cuando desplazarse de un punto a otro es, desde hace mucho, la más lenta y obstaculizada tarea de los madrileños gracias a la ineptitud desaforada de ese sujeto (y ésa es la evidencia); es el director de la Biblioteca Nacional sosteniendo que «intertextualiza», cuando no hay más que cotejar dos páginas para ver de qué se trata (y ésa es la evidencia); son los bancos aumentando el cobro de sus servicios, que no les «salen rentables», a la vez que cada año presentan un balance de beneficios de verdadero escándalo; son los obispos quejándose del escaso apoyo financiero a sus centros, a la vez que su Iglesia goza de inauditos favoritismos de toda índole en un Estado laico; es ETA proclamando defender al pueblo vasco mientras amenaza, extorsiona y asesina a la parte de ese pueblo que no le gusta (y ésa es la evidencia); la cosa viene ya de antiguo, porque es también Julio Anguita señalándose como último bastión de la izquierda mientras se desvivía por brindarle triunfos electorales a la indisimulada derecha; y también es el PSOE moralizando mientras se pudría por dentro con una corrupción desatada (y ésa era *su* evidencia); y hasta en lo más cotidiano y nimio nos lo encontramos: es una voz grabada de Telefónica diciéndonos que el número que hemos marcado «actualmente no existe», cuando es el de la novia o la madre con las que hablamos a diario...

No quiero alargarme más, sobre todo porque tal vez les sirva de distracción rememorar otros ejemplos recientes o viejos de negación de las evidencias o afirmación de lo notoriamente falso, tanto da, mientras sufren algún demencial atasco madrileño producto de su imaginación, o viajan en tren desde Donosti para regresar quién sabe cuándo (porque no se lo impide ni desaconseja nada), o se tiran días y noches en el acogedor Barajas porque les da la gana, pues no existe «casi» el *overbooking* que los haya podido dejar en tierra. La gente necesita que haya un mínimo de común acuerdo entre todos, una mínima aceptación de la realidad palpable (como se decía antiguamente), sobre todo por parte de quienes nos gobiernan o rigen y tienen más posibilidades de mejorarla. La gente admite que las cosas sigan mal, pero no que se le niegue que lo están si lo están. No que se le haga luz de gas, y se la tache de loca o idiota. Sigan así los poderosos y verán un día. No será ni mañana ni pasado ni al otro, seguro... Pero a lo largo de la historia, más de una cabeza rodó por menos.

# USTEDES

Usted, señor empleado de banca, pasó ayer mala noche y se hubiera quedado una hora más en la cama, tras conseguir dormirse por fin cuando ya amanecía, pero no puede poner en riesgo su puesto por tonterías, así que se ha levantado y ahí está, atendiendo a clientes con mucho cansancio. Usted, señor fontanero, se ha presentado temprano para la primera reparación del día, le esperan cuatro más por lo menos, si no le cuelan imprevistos o urgencias, qué lejos le queda la hora de volver a casa. Usted, señora de la limpieza, madrugó demasiado como cada mañana, siempre se pregunta si no sería mejor pasarse al turno de noche y hacer su tarea cuando las oficinas han concluido sus actividades, pero le parece más deprimente afanarse con oscuridad y con luz eléctrica, ahora sabe al menos que dentro de un rato llegarán los demás y le darán los buenos días, y asiste al fresco inicio de la jornada, no a su melancólica clausura. Usted, señora empresaria, pone todavía ilusión en sus despertares, al fin y al cabo está en pleno esfuerzo por asentarse en el mercado, y por vez primera en su vida es su propia jefa y puede tratar bien a sus empleados, no en balde fue una asalariada más hasta hace tan sólo un año, así que no le cuesta tanto darse sus madrugones para preparar a los niños y llevarlos hasta el colegio antes de abrir el despacho, le gusta estar allí antes que sus trabajadores. Usted, señor camarero, está en esta cafetería de paso, aunque ya lleve aquí dos años, y prefiere empezar temprano para poder asistir por la tarde a las clases de interpretación, sabe que en acarrear bandejas lo han precedido muchos de los más insignes y famosos actores, también le llegará su oportunidad un día. Usted, señora guionista de series de televisión, ha descubierto que el desempeño de este oficio que la entusiasma tiene poco de romántico y aún menos de bohemio, una vez que ha entrado en la industria, ya que debe cumplir horarios y entregar a diario un número invariable de páginas, aunque muchas no valgan, pero pese a todo llega de buen humor a los estudios siempre, hace lo que le gusta y a veces ve sus diálogos en las pantallas, y oye que la gente los ríe. Usted, señor gerente de un gran hotel, se desvive por su buena marcha desde primerísima hora, aunque este hotel que lo contrató hace tiempo sea impersonal y nada tenga que ver con el de sus sueños, casi mil habitaciones impiden cuidar el detalle y resultan indistinguibles, pero cuando pueda encargarse de uno con más solera, todo este entrenamiento le habrá servido, lo da por bien empleado. Usted, señora taquillera del metro, no puede en cambio con su alma, vive tan lejos del centro y su jornada es tan larga que tiene la sensación de no habitar apenas su modesta casa, en la que sólo duerme, y le parecen más propios los vagones en que se traslada y su taquilla angosta, y es su quehacer tan monótono que casi agradece los incidentes ocasionales, sacuden la rutina insoportable. Usted, señor jubilado, ha pasado una agradable semana en la ciudad en que vive su hija casada, y ahora ha cogido el avión de vuelta en compañía de su nieto, al que se lleva unos días para que la madre y el padre, su hija y su yerno, viajen a Londres, París y Roma, no habían podido ausentarse durante el verano. Usted, señora novelista, ha ido a su editorial muy de mañana, a entregar en mano su nuevo libro acabado, que le ha costado más tiempo y esfuerzo de los acostumbrados, por eso desea ver la alegría de su editor —también su avidez, eso la halaga— ante la perspectiva de contar con un título suyo esta temporada, ojalá guste más y se venda mejor que el último. Y usted, señora telefonista, salió anoche con un joven recién conocido y que parece encantador, terminó la velada demasiado tarde para un día laborable y está que se cae de sueño, pero la ensoñación lo combate y se pasará las horas esperando a ver si él la llama, así que el día se le presenta lleno, más que otros, porque nada los llena tanto como la espera de algo, y al despedirse se besaron.

Pero ustedes no saben que un avión comercial va a empotrarse contra el edificio que todos comparten, ese avión en que viaja usted con su nieto, señor jubilado. Ni que una hora más tarde se hundirá el rascacielos como si fuera arena, con todos ustedes dentro. Ya no madrugarán, no se harán ilusiones ni lanzarán más maldiciones, cada vida individual habrá cesado. ¿Qué tienen que ver ustedes con unos árabes fanatizados? Y sin embargo éstos se matan con tal de matarlos a ustedes y a millares más como ustedes, que no les han hecho nada ni han sabido de su existencia, que pone fin a la suya. Para ellos no hay vidas individuales, y así no dudan en acabar con todas, una, dos, tres, cuatro, cuánto tardamos en contar hasta cinco mil o diez mil, quizá veinte mil o más, de esas vidas.* A ellos sólo les lleva un segundo, porque todas les son abstractas y equivalen a un número, y mejor cuanto más alto. Nada justifica que usted, y usted, y usted, no vean el término de esta jornada ni el seguro amanecer de mañana, que ya no tendrá posibilidad alguna de ser alegre ni desesperanzado.

* Cuando escribí este artículo, aún se ignoraba el número total de víctimas en las Torres Gemelas. Que al final fueran alrededor de tres mil no dio ni siquiera alivio. O no era esa la palabra. *(N. del A.)*

# MISTERIOS DE LA IMBECILIDAD

Los más jóvenes no lo han conocido y los menos casi ni se acordarán, pero una de las cosas que más miedo daba de Franco era su patológica inexpresividad. Nadie que no fuera un convencido entusiasta o siervo de aquel individuo (y había millones, aunque hoy no haya apenas padre ni madre, abuelo ni abuela que lo reconozcan) le suponía un átomo de inteligencia, racionalidad, humor ni piedad. De él nunca se esperó mejora ni duda ni rectificación, ningún ánimo reconciliador, ninguna generosidad, ni siquiera curiosidad por aquellos que se le oponían o que no estaban dispuestos a ofrecérsele incondicionalmente como felpudos. Pero, con haber sido siempre ominoso su panorama, con no haber habido un solo resquicio de ilusión o esperanza a lo largo de treinta y seis años, lo más desasosegante, lo más intranquilizador y desalentador era la sensación que nos transmitía de ser poco humano: el único momento de emoción que se le recuerda fue cuando al parecer derramó unas lágrimas al saber que el Presidente de los Estados Unidos entonces, Eisenhower, de visita en España en los años cincuenta, se estaba perdiendo por ello el cumpleaños de una nietecita suya o algo así. Yo no lo recuerdo colérico ni desde luego compasivo; turbado ni entristecido, ni por supuesto divertido ni alegre. Mostraba acaso, de tarde en tarde, una sonrisita de astucia, nada más. Eso sí se le reconocía, cierta astucia previa a la implacabilidad. Por lo demás, parecía un pescado sin cocinar. No se sabía lo que pensaba, y siempre creí que en ello no había más misterio que este: pensaba poco o quizá nada, y en un vacío nada hay que leer ni que descifrar. Pero lo más asombroso es que tampoco sentía, carecía de emociones y por tanto de debilidades, en el mejor y más humano sentido de esta palabra.

Toda esta evocación viene a cuento del actual Presidente de los Estados Unidos, George Bush Jr, al que por desgracia hemos debido ver y oír a menudo, en directo y en su lengua, durante las últimas semanas. Como muchos no hemos olvidado aún, se ganó el puesto en unas elecciones fraudulentas, y en el anterior que ocupó, de Gobernador de Texas, batió el récord de condenas a muerte firmadas sin pestañear y dio el visto bueno a ejecuciones de menores de edad, retrasados mentales y reos con toda la pinta de ser inocentes o de no haber tenido un juicio con arreglo a la ley. Tampoco nadie lo supone piadoso ni inteligente, y su expresión habitual transmite, si algo, una sobresaliente imbecilidad en la acepción más técnica de este término. Pero no sé, todos conocemos a personas de escasas luces, incapaces de un razonamiento o dos, a gente muy bruta o elemental con la que no es posible ni discutir, más que nada por sus dificultades de intelección. Y sin embargo esas personas —piensen en el mayor melón que conozcan— no están incapacitadas por ello para la expresividad y la emotividad. La manifestación de sus sentimientos puede ser muy rudimentaria (también los sentimientos son a veces refinados o rudos, también en ellos hay «civilización»), pero en modo alguno se los impide la cortedad.

El pasado 11 de septiembre ya vimos a Bush Jr un par de veces. Yo pensé que lo habrían sedado, tan ido y sin turbación lo vi mientras aún sucedía lo que sucedía en Washington y en Nueva York. Le habrán dado ocho valiums, me dije, para que domine la histeria, es comprensible. Pero han ido pasando los días y he seguido viéndolo igual. Sin solemnidad, sin empaque, sin emoción, sin duelo, sin que se lo note *afectado* por la muerte sangrienta de miles de compatriotas suyos. Lo mismo daba que hablara a las cámaras (es decir, al país) que al Congreso que a los terroristas ignotos que a los bomberos y policías, o que asistiera al funeral por las víctimas en una catedral. Parece siempre el hombre del tiempo anunciando borrascas o anticiclones. Y no se trata de aplomo, serenidad, cautela ni diplomacia. Sus palabras han sido a veces todo menos prudentes y apaciguadoras. Pero su manera de decirlas parecía ir reñida

con ellas mismas, como si recitara o leyera sin creer lo que iba soltando, o más bien sin sentirlo. Otros políticos han resultado más
«reales»: el enfermo alcalde Giuliani, el enfermo vicepresidente
Cheney, el jubilado ex-general Powell. Ni Bush Jr ni su esposa
Laura (inverosímil su complacida sonrisa «de concierto» mientras
escuchaba a una soprano en el funeral) han sido capaces de mostrar... santo cielo, ni siquiera aflicción o pesar. Y no cabe hablar
aquí de dotes interpretativas, porque precisamente ahora no había
nada que interpretar. Si acaso la dificultad estribaba en contener el
horror, la tristeza que normalmente habrían aflorado en cualquiera, inteligente o no. Es preocupante ver (confiemos en el jubilado y
acaso en los dos enfermos) que los destinos del mundo están en
manos de alguien que no sólo parece no comprender muy bien,
sino tampoco padecer. Como una ameba. Tal vez existe un grado
supremo de la imbecilidad que no está al alcance de cualquier idiota normal. Un grado que impide hasta reír y llorar. Impenetrable
para los comunes mortales. Un verdadero enigma insondable.

# LA TRAICIÓN A HENRY ADAMS

Tengo la mala costumbre de no viajar, al menos «oficialmente», a los países con regímenes dictatoriales o de dudosa democracia. Al decir «oficialmente» no me refiero a excursiones pagadas por ninguna instancia u organismo estatal o gubernamental de España, pues esas no las acepto nunca, así sean al sitio más apetecible del mundo. Sino a viajes en los que no vaya a ser un mero particular anónimo y sí un escritor con actividades públicas. Por ese motivo no he ido nunca a Cuba ni a Chile (donde el caso Pinochet dejó claro que aún no se vive en una democracia plena). No iría hoy a Venezuela, y cuando el partido neonazi de Haider entró en el Gobierno de Austria, y desde allí se me preguntó si estaría dispuesto a visitarla mientras durase esa coalición vergonzosa, contesté que probablemente no. Si a eso añadimos que la actual gobernación del País Vasco es de lo más turbia; que en la de Italia figuran antiguos *misinos* (neofascistas) y miembros de la Liga Norte (racistas); y que hace ya tiempo que, por razones políticas o de simples sensatez y cordura, no es muy conveniente poner el pie en numerosos países árabes ni en numerosos africanos, lo de viajar, ya ven, se me está quedando de lo más reducido. Lo he dicho: es una mala costumbre, y ojalá fuera tan desahogado como la mayoría de mis colegas escritores, que se suelen llenar la boca condenando esto y aquello y lo otro, pero luego se plantan sin problemas en los lugares condenados por ellos en cuanto se los invita. Sin ningún remordimiento ni titubeo.

Aunque mucho de allí no me guste, con los Estados Unidos no tenía conflicto, o sólo los que sus funcionarios de Inmigración —a menudo histéricos— decidieran tener conmigo. Me había comprometido a ir a Nueva York en abril próximo, a unas lecturas y charlas públicas. Ya no voy, y en verdad lo lamento por el profesor que amablemente me había invitado, Joe Cuomo. No diré que el único motivo de mi cancelación haya sido aquel del que ahora pasaré a ocuparme. Los ha habido de tipo personal y laboral y burocrático, *además*. Porque en mi decisión ha contado que, por democrático que sea ese país en conjunto, las medidas tomadas por el Presidente Bush Jr para luchar contra el terrorismo resulten, a mi juicio, del todo ilegítimas (aunque legales, esos adjetivos no son sinónimos) y propias de sistemas dictatoriales. Porque verán: a un sospechoso extranjero —y yo sería allí lo segundo en todo caso— se lo puede detener según el criterio de un policía o un juez, y mantener incomunicado y sin cargos durante bastante tiempo, y sin embargo interrogado; se le puede impedir avisar a nadie, ni de su familia ni de su Embajada; y se lo puede conducir secretamente ante un tribunal militar o consejo de guerra en un barco de la Armada, y allí juzgarlo y condenarlo, a muerte incluso, sin más requisito que notificar, *a posteriori* (!) (es decir, tal vez cuando el reo haya sido ejecutado), el nombre de quien así fue acusado y sentenciado. Si esto no equivale a una especie de legalización de los *desaparecidos* (sí, como los millares habidos en las dictaduras argentina y chilena de los años setenta y ochenta), que venga Henry Adams y lo vea.

Sumen a esto el incremento enorme de los poderes policiales, de las escuchas y el control de los ciudadanos, la prohibición del secreto en las comunicaciones entre un reo y su abogado y no sé cuántas medidas más. Cuando salen anunciándolas Bush Jr o el brutal Fiscal General, Ashcroft, agregan que ningún inocente debe preocuparse. Pero no son estos señores de las alturas quienes en la práctica deciden quién es sospechoso de algo, sino los policías, *sheriffs*, *marshals* y soldados de a pie, nada difíciles de imaginar. Y uno queda, en suma, a expensas de la arbitrariedad u ojeriza de cualquier mando, por inferior que sea. Mis objeciones no son sólo teóricas o hipotéticas, sino de mi propia experiencia. Pues es así como vivimos todos en España hasta 1976. Se nos podía detener por nuestra pinta (la llamada Ley de Vagos y Maleantes era muy amplia), o porque a un poli se le cruzaran los cables, o por joder, o por si acaso. Después, apenas si existían garantías. Y eso se llama indefensión de la ciudadanía, y es lo que están implantando las autoridades americanas y en menor grado las británicas. Aquí sabemos que saltarse las leyes y los derechos para combatir el terrorismo es un crimen, pero además un *boomerang*. Pese a ello, muchos políticos y periodistas se han lanzado como fieras... contra el Director de la Guardia Civil (imagínense qué izquierdista) por haber alertado contra esta clase de medidas, según él peligrosas porque se presentan como provisionales y a menudo se quedan para siempre. Comparen lo dicho por Ashcroft —«No me importa detener a cien inocentes si encuentro a un culpable»— con lo que escribió Henry Adams, una gloria norteamericana, en 1907: «Quienes quitan libertad en aras de la seguridad, no se merecen tener ni lo uno ni lo otro, ni libertad ni seguridad». Quizá deban ponerse ustedes en contacto con Amnistía Internacional, que ya está manos a la obra, porque así ha solido ocurrir en la historia: que quienes dejaron de merecerlas, al final perdieron ambas.

## LO DESPRECIABLE QUE MANCHA

Cada vez que se produce un crimen horrendo y un sospechoso es detenido por él, aparecen brevemente en televisión imágenes de lo que quizá más desprecie, y por desgracia no son escasas las personas y cosas de esta época y de nuestro país que me inspiran ese sentimiento desagradable e inútil. Porque, más allá de tenerlo, uno no sabe qué hacer con él. Es en efecto un sentimiento algo frustrante: se da a menudo con fuerza e intensidad, pero la tendencia es —por fortuna— a no expresarlo, a guardarlo en nuestro interior, a dar media vuelta y apartarnos, sin más, de lo que nos lo ha provocado. Es más, para que el desprecio sea tal en verdad, casi parece requisito indispensable no hacérselo ver mucho a su objeto, no tomar medidas, ni siquiera molestarse muy visiblemente, hacer caso omiso del inspirador. Nada tiene que ver con otros impulsos asimismo ingratos de albergar, como el de venganza, o el afán justiciero, o el del orgullo herido, o el de la sublevación ante la calumnia padecida. Y justo por eso el desprecio nos viene con suma facilidad, es decir, *también* cuando el asunto o el hecho en cuestión no nos afectan personalmente, no nos involucran ni van con nosotros. Y así, la mayoría de las veces uno siente desprecio y basta, eso es todo, no hay consecuencias, ni siquiera manifestación.

Hace unas semanas volví a ver esas imágenes, con motivo del ingreso en prisión de la madre acusada de haber estrangulado a dos de sus hijos, de corta edad, en la vecindad de Murcia. Es un tipo de crimen especialmente estremecedor, las razones son obvias y no voy a insistir en ellas, ya se ha escrito demasiado, con referencias a Medea y demás. Pero en este caso y en tantos otros que nos repugnan o escandalizan sobremanera, siempre hay algo que me preocupa aún más que los crímenes, y que en cierto sentido me repugna más, y hacia lo que mi desprecio es inconmensurable. Ya sea un etarra sospechoso de atrocidades, un varón acusado de abuso sexual a menores, un presunto secuestrador, una posible asesina taimada y fría o un aparente narcotraficante con mando (por mencionar algunos de los delincuentes que más se aborrecen), cuando son introducidos en comisaría vemos siempre las mismas imágenes breves, da igual en qué pueblo o ciudad, aquí las diferencias entre las regiones son desde luego inexistentes. A la puerta de esa comisaría o juzgado hay invariablemente grupos de ciudadanos que insultan y escarnecen con extremadas violencia y exhibicionismo verbales a los reos conducidos por la policía, esposados, a menudo con el rostro cubierto por sus propias prendas de abrigo, empujados para que el trayecto entre coche y puerta dure lo menos posible. A veces los denigradores no se limitan a lo verbal: zarandean o intentan agredir al acusado, le lanzan alguna piedra, agitan un palo amenazador. No me cabe duda de que, si pudieran, se abalanzarían sobre él o ella y entre todos los lincharían, sintiéndose virtuosos por ello.

La fugaz visión de esas personas (por fortuna se logra agilizar esos trayectos, por lo general) casi me repugna aún más que el crimen cometido en cada ocasión. Porque por execrable que éste sea, por lo regular es obra de un solo individuo o dos, o de un grupo pequeño. Y ante él uno puede horrorizarse al máximo, pero también le es permitido verlo como anomalía y como excepción, como algo que —digamos— no pone necesariamente en cuestión nuestra entera condición humana. Y aunque nuestra idea de ésta se vea siempre afectada por la atrocidad de uno solo (hasta el punto de que, para alejarse del criminal horrendo, se recurre con frecuencia a expresiones como «es un animal» o «es un loco», a fin de tranquilizarnos un poco negándole su humanidad o su normalidad —y no, ningún asesino es un animal; y no, no están todos locos, sino algunos más cuerdos que usted y que yo—), nos queda el asidero de considerar que, por reiterativas que algunas de estas atrocidades sean, se trata siempre de casos aislados y de comportamientos individuales.

Cuando veo, en cambio, a esos linchadores *in pectore*, a esos ciudadanos que se tienen por el colmo de la rectitud y que con sus insultos y chillidos salvajes tratan de hacérselo ver a sus convecinos —ya lo he dicho: con exhibicionismo—, no me resta ni el leve consuelo que acabo de mencionar. Sino que, por el contrario, me veo obligado a aceptar que son muchos con ese espíritu tan cobarde como encarnizado como criminal. Son también quienes piden que se hagan públicos los nombres de según qué delincuentes con sus penas ya cumplidas. Insultan, pegarían a quien todavía no ha sido juzgado ni condenado (aunque se haya declarado culpable, hay quien miente también en eso, o confiesa por pavor). Y lo hacen cuando ese reo ya está reducido, atrapado, esposado, indefenso: a su merced. Si es culpable, habrá de caer sobre esa persona el peor castigo que le reserve la ley. Pero no el encarnizamiento de una multitud que sospechosamente necesita reafirmar sus supuestas rectitud o bondad o virtud actuando de la manera más malvada, cobarde, mezquina, abusiva y despreciable que todavía hoy nos toca ver.

# LAS TOLERANCIAS NECIAS

Si en países más dados a razonar se han soltado disparates, era de temer que aquí nos tocara oír y leer necedades sin cuento. Y eso que la disputa ha sido hasta ahora por una cuestión bastante inocente y nimia. No quiero ni pensar cuando empiecen a ocurrir casos más graves, como los ya habidos en Inglaterra, Francia o Alemania. En Inglaterra, por ejemplo, donde hay numerosos inmigrantes de Pakistán y de Bangladesh, ha sucedido que algún individuo originario de uno u otro lugar haya destrozado con ácido el rostro de una hija, una hermana, una novia o una esposa, siguiendo una práctica al parecer no desusada ni muy condenada en esas distantes naciones asiáticas, en las cuales —espero que sólo entre minorías— se considera delito o pecado o ambas cosas (nada fáciles de distinguir en según qué latitudes), que una mujer se niegue a casarse con quien se le asignó al nacer, o que se relacione con un «infiel» (es decir, un occidental), no digamos que cometa adulterio o algo que se le asemeje en las muy susceptibles mentes o imaginaciones de los dominantes varones.

Pues bien, hasta en Londres ha habido estúpidas y criminaloides voces que han disculpado a los lanzadores de ácido, o que incluso han argüido que éstos no debían ser detenidos ni juzgados por la ley británica, dados su origen, costumbres, creencias y «singularidad cultural». Esas voces, que para mayor sarcasmo suelen creerse el colmo de la tolerancia y del antirracismo, venían a sostener que lo que un inglés blanco de pura cepa no podría hacer sin que se le cayera el pelo, un inglés paquistaní o bengalí sí, e impunemente, porque la fechoría en cuestión sería legítima o estaría semiconsentida en sus culturas y países de origen. Y claro, añadían esas repugnantes voces: hay que respetar la diversidad, y las creencias de cada cual, y sus costumbres, y nosotros no podemos imponer las nuestras sin con ello caer en la intolerancia, el «colonialismo» y, por qué no, el racismo.

Aquí ha bastado el pañuelo de una niña magrebí para leer y escuchar toda suerte de majaderías, a menudo tan demagógicas como irresponsables. Menos mal que el asunto era en sí mismo inocente, y que resultaba posible pasar por alto que, por mucho que la niña afirmara querer su pañuelo en la cabeza, ese pañuelo resultaba ser *obligatorio* en su ámbito y que a él la obligaba el pertenecer a su sexo y nada más. Menos mal, digo. Porque en uno de los suplementos de este *Semanal* —es sólo un ejemplo entre cien, repartidos por la prensa entera— he tenido que leer frases como estas: «No estaría mal que nos dieran unos cursos acelerados por televisión sobre la vida y costumbres de los inmigrantes. Si hemos de vivir juntos, tratemos de que ellos respeten nuestras leyes y costumbres, y nosotros, las suyas». Es difícil decir más sandeces y barbaridades en tan poco espacio. No tengo inconveniente en que se respeten las costumbres de cada grupo étnico, religioso o nacional, *siempre y cuando* esas costumbres sean inocuas, no discriminatorias, no impositivas ni humillantes y, sobre todo, no impliquen delito alguno según las leyes de nuestro país. Pero, ¿qué es esa locura de que nosotros debamos «respetar sus leyes»? ¿*Sus* leyes? La insensatez es de tal calibre que no sé ni cómo sigue escribiendo quien la escribió. Uno de los fundamentos de cualquier justicia digna del nombre es que la ley sea la misma para todos y obligue a todos por igual. Cierto que esto rara vez se cumple en la práctica, y que los ricos y poderosos disponen de medios para evitar ser como los demás, incluso ante la ley. Pero el punto de partida ha de ser inamovible, al menos en la teoría, y en el *desideratum* de su cumplimiento. ¿Qué quería decir la señora que soltó estas frases? ¿Tal vez que debíamos respetar que los musulmanes aquí instalados y regidos por el código religioso-penal llamado *sharia* —el que ha estado a punto de lapidar a una acusada de adulterio en Nigeria, el que corta la mano al ladrón, decapita a homosexuales y no sé cuántas salvajadas más— lo apliquen libremente y sin consecuencias en nuestro territorio, porque al fin y al cabo, oiga, es parte de su cultura y por tanto algo intocable? ¿Quería decir tal vez eso? ¿Pretendía que no todos los que aquí vivamos seamos iguales ante la ley, sino que cada grupo mantenga y aplique la propia a su gusto? Sería extraordinario, y además muy cómodo: varón español católico que quisiera cargarse a su ex-novia o ex-mujer no tendría más que convertirse al islam en su vertiente *sharía* para conseguir que sus vecinos la lapidaran y nadie fuera a la cárcel por ello, o para arrojarle un buen ácido al rostro sin que nadie se atreviera más que a toserle un poquito como regañina. Como es *su* ley, y hay que respetarla... No me queda espacio para proseguir, pero los «tolerantes» demagógicos y criminaloides olvidan, cuando argumentan sus estúpidas atrocidades, que la única ley es la del lugar de destino, y que a ella han de atenerse cuantos se instalen aquí. Y si tenemos la suerte —no siempre fue así— de que nuestras leyes son hoy democráticas, y condenan la discriminación, y no las dictan los sacerdotes, y no admiten la pena de muerte, ¿qué es lo que quieren esas voces necias, que pongamos excepciones a lo que nos costó no poco y además nos parece bien? Ojalá supieran pensar dos minutos, antes de hablar.

## LO PEOR TODAVÍA

La semana pasada, y también otras muchas, a nuestros políticos les tocó sufrir aquí un buen meneo.* A ellos sin duda les da lo mismo. Les resbala literalmente lo que podamos opinar quienes escribimos en los periódicos, más aún si no somos «politólogos» (anda que el término), sino excéntricos novelistas a los que nadie, suponen, se tomará muy en serio. Hace ya mucho tiempo que dejaron de estar pendientes de los denuestos y de los infrecuentes elogios. De los últimos, porque ya se sobran ellos mismos para hacérselos sin la menor elegancia ni la menor vergüenza. Y si algún día están cansados hasta para el autobombo, tienen a su disposición columnistas devotos o más o menos a sueldo que se encargan de la tarea. De los primeros, de las críticas, no se cuidan: decidieron hacer oídos sordos, y como si no existieran. Hace siglos que ningún político cambia de actitud ni se enmienda porque se lo censure desde la prensa. Mi ejemplo más a mano, ya saben, es el alcalde Manzano, de mi ciudad natal por él destrozada. Miren que le he dedicado letras, y no sólo en estas páginas, y desde luego no he sido el único. Pues nada, hace tres noches, sin ir más lejos, mantuvo en vela a todo un barrio con sus brutales camionetas de limpieza recorriendo calles y plazas y haciendo un ruido hipermegadecibélico... porque a la mañana siguiente se casaba su hija en una iglesia de la zona, y lo quería todo tan limpio como el vestido de novia. De paso, impidió es-

* Véase el artículo «Las jetas nuestras de cada día», publicado el 5 de mayo de 2002 en *El Semanal* y recogido en Javier Marías, *Harán de mí un criminal*, Alfaguara, Madrid, 2003. *(N. de la E.)*

tacionar a los coches en las cercanías del templo durante toda una jornada, para que no le afearan las fotos de la ceremonia. No me lo invento: le debo la información a un guardia municipal, de los suyos, que andaba quemado el pobre con las horas extra (nupciales) que le habían caído en sábado. Un cacique, y además decimonónico. Así sigue. Y ahí sigue.

Pero a lo que iba. Los políticos están jugando con fuego, desde hace tiempo. Cada vez más autoritarios. Más abusivos. A menudo más corruptos. Más insensibles a las opiniones y necesidades ajenas. Más al servicio de sus partidos y menos al de la población que los elige y a la que representan en teoría. Más pendientes de las fotos y menos de sus tareas. Peor hablados. Más cínicos. Menos convincentes. Menos razonadores. Más caraduras. Más pusilánimes con la banca y los Estados Unidos. Más irresponsables. Más idiotas y con mayor propensión a tomar por idiotas a los ciudadanos. Más fatuos. Más ciegos. No es de extrañar que la gente esté cada vez más harta de ellos. Y que empiece a dar bandazos muy peligrosos.

El alza de Le Pen en Francia ha sido una voz de alarma, pero no es un caso aislado, y la cosa venía de antes. En Italia gobierna Berlusconi, un empresario fantoche y de honradez muy dudosa que mezcla los modales típicos del patrono que sólo ve subordinados (y es gravísimo que un gobernante trate a la ciudadanía como si fueran sus empleados) con las patochadas sociales de un presentador televisivo de concursos. Lo acompañan Bossi, un patán tan racista que expulsaría no ya a los inmigrantes, sino a los napolitanos, los calabreses, los sicilianos y hasta los romanos, y Fini, un mussoliniano encendido que no por anteponerse ahora un «ex-» resulta menos fascista de lo que se declaró toda la vida. En Austria forman parte del Gobierno miembros del partido de Haider, que expulsaría de su país, si pudiera, a cuantos tuvieran su origen por debajo de los Alpes (lo cual incluiría a Berlusconi, Bossi y Fini). En Venezuela está en el poder un antiguo militar golpista que persigue a periodistas, ordena y manda por decreto y canta baladas durante horas en sus programas de televisión y radio, más o menos obligatorios. Le han dado un golpe-relámpago, unos que parecieron tan totalitarios como él mismo. En Dinamarca, Alemania, Holanda, semejantes de Le Pen, Bossi, Haider o Fini van ganando votos paulatinamente. Cada vez hay más electores que no votan tanto a quien les convence o gusta cuanto a quien se opone a los políticos tradicionales. Es decir, a quien haría volar en pedazos el sistema democrático. Éste no consiste sólo en acatar lo que digan las urnas, sino en una forma de gobernar. Salir democráticamente elegido no inmuniza contra ser un dictador, y que se lo pregunten si no a los judíos europeos (a los que queden vivos) o a Hitler, como prefieran.

La cuestión es esta: los actuales políticos son un desastre, pero remediable. Lo «antipolítico», lo «antipartidos», lo que se opone a ellos (falsamente: es sólo para sustituirlos), es infinitamente peor todavía. A veces la gente se calienta mucho y vota a un militar, a un empresario sin escrúpulos, a un notorio fascista, a un racista, a un demagogo bestial, a un populista. Pero en el momento de votar y desahogarse, olvida que la vida sigue tras las elecciones, y que el militar, el empresario, etc., *gobernarán* a partir de entonces, y no precisamente como demócratas, sino más bien como tiranos. Da escalofríos, pero no es difícil imaginar cómo estaría nuestro país si lo gobernaran un Jesús Gil, un Mario Conde, un Ruiz-Mateos o un Tejero. Pues ojo, porque son sus equivalentes los que van mandando en Italia, Austria, Venezuela... No permitan San Proust ni San Baudelaire que lo hagan un año de estos también en Francia.

# CUANDO UNA SOCIEDAD ESTÁ PUTREFACTA

El Congreso, el Senado, las asociaciones de derechos civiles, quien sea pero que alguien lo impida, sobre todo porque nuestros gobernantes europeos son proclives a importar cualquier sandez o bellaquería del otro lado del Atlántico, quiero decir al norte del Río Grande. Aunque en este caso habríamos sido más bien nosotros los exportadores originales de la idea, con el agravante de haberla puesto además en práctica. La tuvimos en España; la hubo en la Alemania nazi, en la llamada Alemania del Este durante la postguerra, por supuesto en la Unión Soviética, en Checoslovaquia, Hungría y demás países de lo que se conoció durante mucho tiempo como Telón de Acero (parece mentira que ya haya quienes no comprenden ni han oído nunca el término). Aún rige en Cuba, en la China, en algunas naciones árabes y en el País Vasco. La idea, la bellaquería, es la de propiciar, fomentar y alentar la delación entre la ciudadanía. Desde mi punto de vista (le tengo especial asco a eso desde la infancia: entonces, a los acusicas y chivatos), es lo peor y más repugnante que le puede ocurrir a una sociedad. Es lo que determina cuándo una sociedad está putrefacta.

El presidente Bush Jr y su Fiscal General Ashcroft han diseñado un plan para convertir en eso, en delatores y soplones, a millones de norteamericanos. Lo han llamado con chiste TIPS, siglas correspondientes a Terrorism Information and Prevention System, pero *tip* significa en inglés, además de «propina» y alguna otra cosa, «chivatazo», «soplo». Se trata de aprovechar a aquellos trabajadores que tienen acceso fácil a las casas de las personas para que informen, en un número de teléfono creado al efecto (una especie de buzón de denuncias), de cualquier detalle sospechoso o meramente anómalo, «fuera de lo habitual», que tengan oportunidad de observar en sus recorridos y visitas laborales. Así que el que pasa a leer los contadores, el instalador de cualquier aparato, el reparador del vídeo, el antenista, la asistenta, los obreros que amplían el cuarto de baño, el electricista, el cartero, los pintores, no digamos el portero, todos ellos se convierten en posibles confidentes de la policía, en espías de domicilios, en fisgones camuflados que darán cuenta al FBI de lo que les parezca extraño o desusado. Las primeras voces en contra de semejante proyectada vileza han señalado que la iniciativa equivale a que se efectúen registros sin autorización judicial y sin conocimiento del inquilino. Pero no es sólo eso. Significa también que a partir de ese momento uno ya no pueda confiar en nadie; que el primer reflejo de un individuo ante otro sea el recelo; que cualquiera esté expuesto a la arbitrariedad, la envidia o la venganza de un vecino (entre los que nunca faltan cotillas y metementodos); que los antenistas, electricistas, fontaneros y demás personas con acceso a los domicilios puedan introducir en ellos lo que se les ocurra para incriminar a alguien: droga, armas, un Corán, pornografía infantil o poemas a Osama Bin Laden; o, más que lo que se les ocurra a ellos, a quienes puedan comprarlos o darles órdenes. ¿Quién puede asegurarle a nadie que no va a ser víctima de la inquina de un policía, por el motivo que sea, o de un rival, un competidor, un enemigo o un resentido? ¿Quién está libre de padecer una encerrona? Parece increíble que semejante idea, propia de regímenes totalitarios, se esté considerando en serio en un país que, si no otros méritos, tuvo por lo general el de defender las libertades individuales y los derechos civiles. Claro que el Fiscal John Ashcroft es un tipo que no sólo mandó cubrir unas estatuas desnudas de los años treinta que lo ofendían, sino que, según me cuentan, hace que cada edificio que va a visitar sea antes rastreado de arriba abajo por si hubiera en él algún gato *calico* (lo siento, me dijeron la palabra en inglés y no sé con qué raza se corresponde en castellano), ya que cree firmemente que estos felinos concretos son verdaderas encarnaciones del Diablo. Y este sujeto nada fanático ni supersticioso es, ya ven, uno de los más poderosos de la tierra.

Convertir a buena parte de la población en delatores fue el método de la Gestapo en la etapa nazi, de la Stasi en la República Democrática Alemana, del KGB en la URSS. Eso son los Guardianes de la Revolución castristas, o los Vigilantes de la Limpieza Nacionalista que se chivan a su parapolicía llamada ETA. También fue el de Franco durante su larguísima dictadura y el de ambos bandos durante la Guerra Civil cuando las cosas se pusieron más bestias. En Madrid (lo he oído contar mil veces), bastaba con que el portero de una vivienda les soplara a los milicianos más sanguinarios: «El del quinto leía prensa de derechas», para que se lo llevaran sin más a darle el paseo. En Sevilla, por ejemplo, bastaba con que el portero se chivara a los falangistas en sus batidas: «El del cuarto no iba a misa», para que ese vecino amaneciera en una cuneta, con un tiro en la cabeza. Se empieza por convertir a los ciudadanos en delatores y se acaba teniendo escuadrones de asesinos. Parece una exageración. No lo es. No hablo de posibilidades, ni de probabilidades. Hablo de lo que ya ha pasado y siempre pasa, cuando así se empieza.

# CREED EN NOSOTROS A CAMBIO*

Mi arrojado vecino el Duque de Corso** se ha topado con la Iglesia últimamente, o más bien con sus beatas y monaguillos más coléricos. Durante semanas he asistido a la furia de los lectores, bien representada aquí en la sección de cartas, y luego he leído, hace dos domingos, el eco que se hacía Pérez-Rafferty de las que no han visto más luz que la de sus fatigados, hartísimos ojos («Resentido, naturalmente», tituló su columna). No pretendo terciar, cada cual libra las batallas que elige y al Capitán Sadwing no le hace falta ayuda en las suyas, ya pega mandobles y suele cargarlos de razón, encima. Pero la larga escaramuza me ha llevado a reflexionar un poco (no suelo: encuentro el tema carente de todo interés) sobre esta Oficial y Privilegiada Iglesia de nuestro país, aconfesional país en teoría. Y, de paso, sobre mi relación con ella y con las religiones en general.

Y lo primero de que me he dado cuenta es de que difícilmente me habría yo visto metido en una como la que le ha anegado el buzón a Corso, por una sencilla razón, a saber: la Iglesia Católica

* Este artículo, escrito en septiembre de 2002, fue censurado por *El Semanal*. A consecuencia de ello, Javier Marías dejó de colaborar con la publicación, tras casi ocho años de presencia semanal en esa revista. La pieza se publicó como inédito en el libro de Javier Marías *Harán de mí un criminal* (Alfaguara, Madrid, 2003), volumen recopilatorio de las colaboraciones de los dos últimos años en *El Semanal*. El autor da cuenta de lo sucedido bajo el epígrafe «Una explicación y un adiós», en *Harán de mí un criminal*, pp. 313-316. *(N. de la E.)*

** El Duque de Corso es Arturo Pérez-Reverte, colaborador de *El Semanal*. *(N. de la E.)*

me trae tan sin cuidado, espero tan poco de ella en cualquier terreno (en el intelectual, en el social, en el humanístico, en el de la consolación, en el compasivo, en el de la inteligencia, no digamos en el comprensivo), y, en suma, la considero tan ajena a mis inquietudes y preocupaciones, y tan lerda en sus argumentos e interpretaciones, y tan afanosa de sus influencias y sus bienes seculares (tanto en el sentido de los muchos siglos como en el de mundanales), que apenas presto atención a lo que dice, propone, manda, predica, condena o prohíbe. En realidad los católicos más indignados deberían agradecerle a mi vecino artúrico que se haya tomado la molestia de dedicar unos pensamientos y líneas, y por tanto de dar cierta importancia, a institución tan apolillada y necia. «Necio» significa «que no sabe lo que debía o podía saber», esto es, el que ignora con voluntad de ignorancia.

La Iglesia, cómo explicarlo, es para mí una de esas cosas que cuanto más lejos mejor. Ni siquiera quisiera rozarme con ella para combatirla, porque uno acaba siempre en el cuerpo a cuerpo y hay contrincantes que lo contaminan a uno con su solo contacto, aun si acabara derrotándolos. Esa Iglesia no me atañe, excepto cuando invade territorios políticos (y claro, eso sucede a menudo), o abusa del dinero de los contribuyentes (y eso ocurre cada año), o impone sus ortopédicos e intolerantes criterios fuera de sus jurisdicciones (y eso lo intenta sin pausa). Tuve una abuela y una madre muy religiosas, y tengo un padre creyente, pero para mi suerte fui a un colegio laico y mixto en tiempos en que éstos estaban prohibidos (ya he contado aquí cómo los chicos y las chicas corríamos a cambiarnos de aula cuando aparecían los inspectores franquistas), y mi contacto con curas fue en la niñez casi tan escaso como más tarde (he procurado que fuera nulo). No dudo de que los haya estupendos, y también monjas: en todo colectivo o gremio hay gente admirable, o eso creo optimistamente: los que AP-R llamó «la fiel infantería», los que de verdad ayudan sin ayudarse de paso a sí mismos, los que ni siquiera —pero estos no sé si existen— hacen proselitismo a cambio. Lo malo es que a esos se los ve poco por aquí, fuera de hospitales y residencias de ancianos. Tal vez estén la mayoría en sus perdidas misiones, en el África, en Sudamérica, jugándose a menudo el cuello. Los que aquí llevo viendo mi vida entera, en persona (pese a todo, unos cuantos) o en los medios, son, cómo decirlo, individuos que jamás van de frente. Y cuanto más alta la jerarquía (vaya ejemplares los obispos vascos; bueno, los obispos peninsulares casi en pleno), más esquinados y oblicuos, más manipuladores, más melifluos y más falsos.

¿Saben cuál es el principal problema de esa religión y de cualquiera, incluidas las sectas engañabobos que proliferan tanto? Que, por su definición y esencia, jamás actúan desinteresadamente. Siempre hacen proselitismo (lo llaman «apostolado»), siempre esperan conseguir algo a cambio de sus supuestos favores, enseñanzas, consuelos o buenas obras. Cualquier religión, así, me merece en principio desprecio, porque va siempre a captar clientes, aunque ellas los llamen «fieles» o «acólitos», no sé si no son peores estas dos palabras: la segunda, fíjense, significa etimológicamente «los que siguen o acompañan». Esto no quiere decir que, tal como ha ido el mundo, las religiones no haya que conocerlas, saber de ellas. Sin ese conocimiento nadie entendería nada, de la historia pasada ni de la presente. Y cómo no va a ser comprensible (quizá hable otro día de eso) la larga necesidad de los hombres de pensar en un Dios o en unos dioses. Pero ese es otro asunto: el Dios o los dioses —su idea— poco tienen que ver con las Iglesias; y si bien se mira, éstas son casi la negación de aquéllos. Porque, ¿hay acaso alguna que no dé órdenes y no legisle, que no influya en las vidas de sus creyentes y no aspire a controlarlas, que no prohíba y no manipule y no amenace y no castigue y no atemorice, y que no saque provecho de todo ello? Con la Iglesia Católica de España a la cabeza, no lo duden, sobre todo en lo relativo al provecho.

# DELITOS PARA TODOS

Hay una ley o precepto universalmente admitido, según creo, que siempre me ha provocado desazón general e intranquilidad personal, y que me ha llevado a preguntarme a menudo cómo es que está tan universalmente admitido y no se pone nunca en tela de juicio. Se trata además de una regla que condiciona a todas las otras, podríamos decir una «ley de leyes», algo por tanto fundamental y gravísimo, que con estas o parecidas palabras establece lo siguiente: «La ignorancia de la ley no exime de su cumplimiento». O, lo que es lo mismo, el desconocimiento de un delito no exculpa de su comisión. O, más llamativo, también es culpable quien ignora serlo, al ignorar que tal o cual acto constituyan delito.

La desazón general se me encarna en unas cuantas preguntas: ¿cómo puede juzgarse del mismo modo —es decir, cómo puede aplicarse igualmente este precepto— a los iletrados y a los doctos, a los que saben poco y a los muy enterados, a un labrador y a un fiscal? Y existiendo tal ley, ¿cómo es que no se instruye a todo el mundo desde la escuela sobre lo que es delictivo y lo que no? ¿Cómo puede pretenderse que nadie lego se sepa los seiscientos treinta y nueve artículos del «Código Penal de la democracia» de 1995, semivigente en la actualidad? En cuanto a la intranquilidad personal, es fácil de comprender si confieso que desde luego yo no me los sé. Y la única respuesta que encuentro a la muy rara y unánime aceptación de tan dudoso precepto, si no injusto (sobre todo cuando resulta, en cambio, que uno puede cargarse a dos *ertzainas* y quedar absuelto porque «llevaba copas» cuando les disparó), es una poco convincente, pero comprensible: si la ignorancia de la ley pudiera eximir de su cumplimiento, todos los delincuentes sin falta se acogerían a su desconocimiento total: «Ah, si hubiera sabido que envenenar a mi suegro era delito... A mí nadie me lo advirtió». Y ante eso, supongo, ha solido parecer razonable, o inevitable, acatar ese «pre-precepto».

Ahora, sin embargo, resulta cada día más insostenible y abusiva esa especie de ley previa a todas, dada la actual e insaciable tendencia de nuestras sociedades a prohibir cosas y a inventarse delitos nuevos, hasta el punto de que en realidad hoy es casi imposible —sin salir de España, no digamos en los Estados Unidos— no incurrir en alguna ilegalidad, no estar fuera de la ley consciente o inconscientemente. Y, la verdad, o el Gobierno edita cada año una guía abreviada y actualizada de crímenes y la reparte gratis con la de teléfonos, o la ignorancia de las leyes tendría que empezar a considerarse no ya eximente, sino exonerante. Hace un par de años supimos de casos como el de un jubilado que se la cargó por apresar dos jilgueros (a los que no dañó), o el de un vagabundo que acabó en el trullo por liquidar a un lagarto de los de toda la vida —su sustento—, que ahora era «protegido», lo mismo que no sé qué planta por la que penó un pastor que la había arrancado para hacerse una manzanilla. (Me parece bien que se proteja a todos los seres escasos, pero no se nos pueden pedir elevadas nociones de botánica y zoología.) Y dado que de América se acaba importando todo lo más imbécil y represivo, más vale que nos preparemos, porque allí ya le cayó buena multa («conducta indecente») a un joyero que se entusiasmó con el dedo que se probaba un anillo y besó la mano con la que venía el dedo. Por no recordar casos mucho más deprimentes.

El Gobierno de Aznar —con esa lumbrera en Justicia, Michavila—, en vez de ser más eficaz en su lucha contra los verdaderos y crecientes delitos clásicos, ha optado por crear un montón de ellos nuevos, la mayoría fáciles de perseguir con poco riesgo. Claro que ya hay precedentes de esta política del mínimo esfuerzo: hace unos meses nos enteramos de la peligrosa misión llevada a cabo por un par de municipales madrileños al imponer multa de ciento cincuenta euros a una madre cuyo pequeño superfelón de siete años jugaba al fútbol en una plaza, desafiando las ordenanzas. O del ejemplar empapelamiento de cinco individuos que pintaron de rojo una estatua de Franco, y encima sin «llevar copas». La reforma de ciento setenta y cinco (!) de esos seiscientos treinta y nueve artículos del Código es, más que nada, una invitación y una compulsión a delinquir, o, si se prefiere, la absoluta democratización del crimen. ¿Que no está al alcance de todos convertirse en forajido y violar las leyes? No se preocupen, les vamos a inventar unos delitos muy modernos que no cuesten demasiado esfuerzo ni exijan aptitudes físicas sobresalientes. Dentro de poco veo ya a esas lumbreras gubernamentales atendiendo a la carta: A ver, dígame sus costumbres para que, sin salirse de ellas, pueda usted estar a la altura de nuestra represión y criminalizarse en algo.

# UNA AÑORANZA PREOCUPANTE

Sí, hubo también otros tiempos desvergonzados, pero el eco de las desfachateces era infinitamente menor y éstas no eran casi universales: podía distinguírselas, señalárselas, no constituían la norma ni contaminaban tanto. Por algo ha quedado en la memoria de muchos aquel titular de la prensa franquista, el 1 de septiembre de 1939, cuando Hitler invadió Polonia y la Segunda Guerra Mundial dio comienzo: «Polonia ataca a Alemania», podía leerse en los quioscos. Hoy sería difícil destacar sus equivalentes, porque hay demasiados en demasiadas partes. La mejor aliada de la desvergüenza es su proliferación, y por tanto nuestro acostumbramiento. Hasta el punto de que uno llegue a echar en falta algo tan irritante como el disimulo, y aun la hipocresía. En verdad malos tiempos, si se añora en ellos, como mal menor, tales bajezas.

Vilezas y felonías se han cometido siempre, pero *al menos* solían negarse, encubrirse, ocultarse, y aun disfrazarse de nobles actos. Lo cual significaba, de nuevo *al menos*, que sus responsables tenían conciencia de estar haciendo lo no debido, o trampas, de mentir o de lanzar infundios, de que sus argumentaciones eran sofismas o retorcimientos a su conveniencia. «Sí, la verdad es esta, pero no podemos decirla», venía a ser el principio aceptado por la mayoría. Y esto, con ser repugnante, tenía la ventaja, *al menos*, de que lo miserable e injusto, lo traicionero y lo calumnioso, lo abusivo y lo malvado pudieran seguirlo siendo. De que no quedaran nunca como algo aceptable, sino siempre como condenable. Dicho de manera simple, se cometían crímenes pero se mantenían secretos o se desmentían o se embellecían, porque también a los ojos de los criminales estaban mal, y era pésima su sospecha. Así, se hacía el esfuerzo del disimulo, y de dotar de verosimilitud a lo falso. Algo era algo.

Rara vez es hoy así, y por doquier lo vemos, si es que aún lo vemos y no empieza a parecer normal lo que sin duda es anómalo. Es seguro que algunos agentes de la CIA asesinaban en el pasado, pero al respecto había tan sólo rumores y nunca un Presidente americano anunció o admitió tal práctica. Y es seguro que los Estados Unidos proporcionaron informaciones falsas al mundo y compraron a periodistas para que mintieran en su beneficio, pero a nadie se le ocurrió comentarlo en público ni permitir que se divulgara, porque tanto el asesinato como la falacia estaban mal vistos, y ningún «buen» fin los justificaba. También ese país se amparó en subterfugios para sus golpes de Estado por militar interpuesto (Pinochet en Chile), pero nunca salió un Secretario de Defensa a proclamar ufano sus aberraciones jurídicas desvergonzadas, como ha hecho Rumsfeld y luego ha suscrito —nada menos— el Portavoz de la Comisión de Vigilancia de la ONU, Ewen Buchanan, respecto a Irak: «La falta de pruebas no es prueba de que no las haya». Lo cual viene a ser igual que esto: mañana se acusa a Rumsfeld de haber matado a una vieja en un parque; no hay pruebas de que él lo haya hecho, pero carece de coartada; de modo que el fiscal le espeta: «Que no haya pruebas de su culpabilidad no prueba que no sea usted culpable», olvidando, o más bien desdeñando, que quien debe demostrar y probar es siempre el acusador y jamás el reo, y que lo que «la falta de pruebas» no será nunca es prueba de que sí las haya. En cuanto a los «ataques preventivos», equivalen en lo individual a esto: si a mí me da por temer que Aznar atente contra mi vida, tengo derecho a atentar yo contra la suya primero. El razonamiento es tan inmundo como disparatado.

La desvergüenza es tan continua que afecta también a cuestiones menos graves. Así, el PNV y EA no disimulan la trampa mediante la cual pretenden que las elecciones futuras les sonrían en Álava: sólo están a dos pasos de que su reforma electoral consista en que se vote sólo en los pueblos en que ellos ganen. No disimula Berlusconi cuando a voz en grito confunde sus triunfos en urnas con su absolución de cualquier delito que pudiera haber cometido, como si no tuviéramos precedentes de criminales muy votados, y no hay más que recordar a Hitler como supremo ejemplo (o a Josu Ternera por aquí, más modesto). Ni siquiera disimula Martín Villa, encargado por el Gobierno de investigar la catástrofe del *Prestige* no se sabe para qué diablos, ya que él mismo ha confesado que «si se dedujera responsabilidad de alguna autoridad pública, me la tendría que callar, porque si no perjudicaría al patrimonio nacional». Como si los gobernantes no estuvieran también sujetos a responsabilidades individuales. No, no estaría de más que se recuperara un poco de hipocresía, porque *al menos* lo inadmisible seguiría siéndolo. Sólo de puertas afuera, de acuerdo, pero créanme: algo es algo.

# EN SUS PARCIALES

Los políticos españoles no sólo parecen haber visto poco cine, como señalé hace unos domingos,* sino también no leer novelas (bueno, uno se pregunta si la mayoría lee algo). Porque de otro modo no les resultaría tan arduo comprender ese moderno arcano: qué le ocurre al Presidente del Gobierno, y qué pretende. Llevamos ya meses en los que nadie se explica sus decisiones ni sus actos, sobre todo los relativos a la participación española en una de las guerras más frívolas de que hay noticia, la de Irak, que posiblemente —pero cruzo los dedos— esté ya empezada cuando se publiquen estas líneas. Para nuestra vergüenza y desgracia. Será además una guerra *no sentida* por los españoles, un criminal disparate.

A Aznar se lo mira como si fuese una persona normal, y por definición —por su cargo— no puede serlo. A menudo se cita la frase inglesa según la cual el poder corrompe y todo eso, con la que no estoy muy de acuerdo: creo que corrompe sólo a quienes ya eran corruptos, o más bien que les facilita el cumplimiento de sus inclinaciones previas. Sí me parece, en cambio, que el poder enloquece, con escasas excepciones, y hay que buscarlas con lupa. Y hace ya largo tiempo que el Presidente Aznar nos da la impresión a muchos —cómo decir— de estar sólo en sus parciales, que no en sus cabales; como Felipe González al final de su mandato, dicho sea para dejar claro que no hablo con partidismo. Y si a Aznar se lo mira

* Véase el artículo «Cruzado de brazos», publicado el 2 de marzo de 2003 en *El País Semanal* y recogido en Javier Marías, *El oficio de oír llover*, Alfaguara, Madrid, 2005. *(N. de la E.)*

como a un personaje de novela (y así debemos mirarnos y mirar a los demás de vez en cuando, porque la vida posee estructura dramática, y una dimensión representativa), resulta sencillo contarlo, y por lo tanto *verlo*, aunque su sosería engañe un poco y haga menos flagrante su desvarío que el de otros colegas suyos más histriónicos o gesticulantes. Esa insipidez, por cierto, le otorgaría tan sólo estatuto de personaje secundario, o ni siquiera: episódico, por monocorde y piano. Pero basta con aplicarle la mirada novelística para saber qué se trae entre manos, siendo lo de menos que en él haya deliberación y cálculo o una relativa inconsciencia y mero instinto. Hay artería en ambos casos.

Para un observador semiatento, salta a la vista que ese hombre está aquejado de algo antiguo y que no hace distingos: la megalomanía inesperada; que en el ámbito nacional no sólo se siente a disgusto, sino que no puede evitar despreciarlo; éste lo impacienta, lo fastidia, lo irrita; el Parlamento, los partidos, la ciudadanía, todo lo ve como engorro y una pérdida de tiempo. Cuando está con quienes cree sus pares (Bushy, Blair, Berlusconi, que le dan palmadas), se lo percibe encantado y más aún, halagado. Es como si pensara sin pausa: «Esto es lo que cuenta, y yo soy parte». Resulta transparente, su gesto es el de quien ha accedido a un colegio mejor y se pavonea ante sus antiguos compañeros: «¿Veis? ¿Me veis?». Como no acaba de creérselo, ha hecho una maniobra mental tan predecible como peligrosa: forzarse a creérselo absolutamente, desterrar sus naturales estupefacción y dudas. Y también esto es transparente: por nada del mundo querría perder lo que se ha convencido de haber alcanzado (ay, aquellos pies sobre la mesa con Bushy, tan artificiales; tal vez se disparó ahí el proceso). Y aquí se topa con un problema, creado por su soberbia. Prometió apartarse tras dos legislaturas, y aunque nadie le habría reprochado mucho un cambio de planes (Zapatero se lo anunció hace años, que no se lo restregaría), él ha puesto su orgullo en cumplir con ese anuncio (cosa absurda, habiendo incumplido ya tantos otros). El novelista capta qué le pasa. Aznar sabe que su sucesor, si gana, será pronto quien mande. Sabe que la leyenda del gobernante en la sombra no es más que eso, leyenda, con la sola excepción contemporánea de Arzallus, quien sin haberse sometido jamás a las urnas, mangonea a sus *lehendakaris* sin disimulo y con fusta. De forma que su única posibilidad de perduración pasa por que el Partido Popular pierda las elecciones de 2004. Él —él— no habría sido derrotado, y es más, podría adoptar la pose del perdonavidas: «Si es que... Está visto que si yo no me presento... Mayoría absoluta la última vez, ya se acuerdan». Así que en 2008, qué remedio, podría prestarse a salvar al partido, nunca prometió no volver nunca. Ahora bien, es del todo necesario que *sin él* no se gane; de lo contrario, deberá decir adiós para siempre a ser parte de «lo que cuenta». Regresen ahora los analistas políticos, y digan si la gobernación actual de España no es un manual perfecto sobre cómo irritar a todos los sectores sociales y perder unas elecciones cercanas. Lo que se entiende menos, hasta en novela, es que sus correligionarios le permitan el torpedeo hasta su hundimiento. Si yo fuera uno de ellos, hace ya tiempo que habría iniciado las conspiraciones, en mera defensa propia.

## UN PALADÍN Y UN PATRIOTA

El Presidente Aznar suele presentarse como un gran patriota, y en estos meses se ha hartado de proclamar que su instigación a la guerra e invasión de Irak tenía como única meta las mayores «paz y seguridad» de los españoles, y que se inscribía en su general lucha contra el terrorismo, máxima prioridad de sus dos mandatos. Un patriota. Un paladín.

Bueno. Veámoslo.

Sin duda, algo se aprende siempre del enemigo. Si además es duradero acaba por contagiarnos, o tal vez sea contaminarnos. Según íbamos viendo espantos de la guerra de Irak, Aznar sostenía, impertérrito, que cuanto allí ocurriese (incluido el asesinato del cámara español José Couso por el injustificable disparo de un tanquista americano) tenía como solo culpable a Sadam Husein. El argumento es este: «Nosotros, los coaligados, no bombardearíamos ni mataríamos a civiles si Sadam hubiera obedecido». ¿A qué me suena esto?, pensaba yo cada vez que oía o leía este razonamiento (es un decir). No tardé en caer en la cuenta. Es la misma excusa que llevan aduciendo treinta años ETA y sus acólitos cada vez que aquélla comete un atentado: «La culpa es sólo del Estado español, que no hace lo que le mandamos. La bomba en realidad la pone España, el tiro en la nuca lo pega España. De no ser por su empecinamiento, nosotros ni existiríamos». También es la del régimen cubano de Castro, por cierto: al encarcelar hace poco a setenta y cinco disidentes con penas de hasta veintiocho años, ha afirmado que la culpa de tales sentencias no es suya, sino de los Estados Unidos que «nos han obligado a aplicar nuestras leyes» (lo de leyes, otro decir).

Aun con la guerra en marcha y casi acabada, Aznar ha insistido en la vinculación del régimen de Sadam con el terrorismo de Bin Laden y demás, y esa ha sido su principal coartada para la entusiasta complicidad de España en el ataque. Ha insistido pese a que los propios servicios secretos americanos, británicos y hasta españoles han reiterado la falta de conexión entre ambos villanos. Con Bagdad ya tomada cuando escribo, no sólo no se ha encontrado en Irak una sola arma de destrucción masiva, sino tampoco una sola célula de Al Qaeda que operase en su territorio. Es por tanto evidente que gracias a esta contienda no habrá ni un terrorista islamista menos en el mundo (es más, era bien conocida la aversión entre Bin Laden, un fanático religioso, y Sadam, un tirano, sí, pero laico, y odiado por los fundamentalistas). Lo más probable es que haya más, bastantes más. Con el agravante, para la «paz y seguridad» de los españoles, de que ahora ocupamos el tercer lugar preferente en sus feroces puntos de mira. Cuando lo anunció el ex-vicepresidente iraquí Tarek Aziz, no nos amenazaba, como quiso interpretarlo idiotamente el Gobierno de Aznar, sino que hacía tan sólo un vaticinio y una descripción. Así que, lejos de protegernos contra el terrorismo, el Presidente nos ha expuesto a uno más. La bandera española, bien visible en la patochada de las Azores junto a la americana y la británica, equivalió a enseñarle a un toro la muleta roja.

En cuanto al terrorismo de siempre, el de aquí: pocos discuten hoy que, dada la ambigüedad al respecto (otro decir) del PNV y EA, uno de los principales pasos para la deseable erradicación de ETA es la consolidación de los partidos no nacionalistas en el País Vasco. Mucha gente de centro y de izquierdas ha comprendido —no sin esfuerzo ni lentitud— que al PP de ese lugar hay que verlo de otra manera que al del resto de la nación. Muchos de sus miembros han sido asesinados y todos están amenazados y casi impedidos de representar a sus votantes. El proceso de apoyo muy general a ese partido en el País Vasco ha sido difícil y costoso, incluyendo en el coste el asesinato de Miguel Ángel Blanco. Yo me pregunto qué pensarán ahora los familiares de éste, o personas tan enteras como María San Gil y Consuelo Ordóñez, al ver cómo en un par de meses americanizantes se ha tirado por la borda su ardua tarea de decenios. Porque el rechazo a la guerra y a nuestra implicación en ella ha sido masivo en todas partes, sin distinción. Y el casi seguro retroceso electoral del PP sí será contraproducente en el País Vasco, y traerá aún menos paz y seguridad a los ciudadanos, sobre todo a los de allí.

«Todo lo hago por luchar contra el terrorismo», ha sido el imperturbable lema de Aznar. Ni siquiera esto ha sido verdad. Díganme cómo ha de llamarse a un gobernante que, por servir y adular a una potencia extranjera, arroja mayores peligros y daños sobre su país. Yo tan sólo lo pensaré. Pero si esto es un paladín y un patriota, que vengan Viriato, Agustina de Aragón, Don Pelayo o quien ustedes quieran. No sé. Que venga el Cid y lo vea.

## ELOGIO DEL CONVENCIMIENTO

Pocas cosas hay más frustrantes y torturadoras que *saber* algo y no tener pruebas de ello, no poder demostrárselo a los demás. Ocurre con mucha frecuencia, si nos paramos a pensar, no sólo en asuntos mayores y delictivos, sino también en cuestiones menores de la vida diaria. Uno puede saber bien lo que pasó con su ex-mujer o con su ex-marido, o con un amigo que dejó de serlo, y sin embargo verse incapacitado para probarlo cuando lo relata, al no contar con testigos y toparse con la contradictoria versión del otro, que acaso negará los hechos y las palabras con tanta vehemencia en su mentira como la que uno le ponga a su verdad. O valga otro ejemplo, de mi profesión: un escritor puede *saber* que su editor le miente, le engaña y le roba en las liquidaciones de sus ejemplares vendidos (las cuentas jamás le cuadran y ha pillado a éste en mil renuncios), pero carecer de pruebas fehacientes para llevarlo a los tribunales y aun para denunciarlo públicamente. No quiero ni imaginarme lo que debe ser tener la certeza de algo más grave (quién asesinó al padre, al hermano, o quién preparó el terreno para su asesinato, hay muchos casos en el actual País Vasco), y verse impedido de hacer nada al respecto.

Saber con seguridad y no poder probar lo sabido es sin duda uno de los mayores tormentos. En el terreno judicial —descartada la venganza, y en descartarla consiste la civilización—, no queda sino aguantarse, aunque se lo lleven a uno por dentro cien mil demonios, mala suerte. No hay nada que hacer, y es mejor que así sea, porque lo contrario equivaldría a instalarnos en la selva de Bush y Rumsfeld, Aznar, Berlusconi y Blair, quienes prescindieron

de toda demostración nada menos que para desencadenar una guerra. Ni siquiera *a posteriori*, sin cortapisas en todo Irak, están pu-
diendo probar sus acusaciones previas. Recuérdese que a Blix y a
sus inspectores, que a nada tenían fácil acceso en sus forcejeos con
Sadam Husein, el grupo de los selváticos les negó una prórroga de
pocos meses. Ahora hace tres que los de la ley de la jungla recorren
sin obstáculos todo el país, van y vienen y entran donde les parece,
y aun así son incapaces de hallar las armas de destrucción masiva
que tanto les irritaba que Blix y los suyos tardaran en encontrar.
Lo que éstos no iban a hacer era inventárselas. El grupo salvaje tal vez
sí, y aún está por ver que no las «fabrique», si se ve contra las cuerdas.

Pero esa justa y bendita necesidad de probar judicial o públicamente los hechos nos lleva a olvidar a menudo la existencia de un
sentimiento íntimo (o quizá de varios) al que deberíamos prestar
más atención, aunque de él no se deriven consecuencias externas: el
convencimiento. Con él no puede llegar uno muy lejos: no desde
luego a los tribunales, ni a la prensa, casi ni a la tertulia, radiofóni-
ca o de café. No sirve para que se tomen medidas de ninguna clase,
ni apenas para desprestigiar. Pero sí nos sirve a nosotros, a cada
uno, con todos los riesgos de arbitrariedad que el sentimiento puede entrañar. En cierto sentido es el contrapunto de lo que antes
comenté, del saber. Hay muchas cosas que uno está imposibilitado
de averiguar y conocer, pero en cambio puede estar *convencido* de
ellas, lo cual no es desdeñable a la hora de decidir cómo obrar en el
ámbito personal, o a la hora de votar si el convencimiento atañe a
afirmaciones o actuaciones políticas. La famosa frase de Unamuno
dedicada al bando franquista —«Venceréis, porque tenéis la fuerza
bruta. Pero no convenceréis porque para eso tenéis que persuadir...»— deberíamos pronunciarla hoy a diario, con alguna varian-
te: «Quedaréis impunes porque tenéis el poder. Pero no nos convenceréis porque os falta veracidad», cada vez que se nos aparecen
Bush y Rumsfeld, Aznar, Berlusconi y Blair.

Contra el pleno convencimiento, además, poco hay que hacer.
No ya por parte de los perjudicados por él, sino de uno mismo.
Pues en la medida en que es un sentimiento o participa de su carác-
ter, no podemos evitar tenerlo, como tampoco abrigar sospechas, o

perder la confianza, o temer a alguien. Si yo sospecho, mi voluntad y aun mi razón malamente podrán impedírmelo, lo mismo que la desconfianza o el miedo, los cuales se nos imponen, por así decir, sin necesidad de pruebas ni de certidumbre. Con ese tipo de «percepciones», ya digo, no se va a ningún lado exterior. De puertas afuera no sirven, no son «útiles», carecen de consecuencias objetivas o reales. Pero a menudo le permiten a uno decidir a qué atenerse, más allá de la existencia o inexistencia de pruebas y la ciencia cierta. Y no es minucia poderse decir con convencimiento: «Con esta persona, ni cruzar la calle. Con esta otra, hasta el fin del mundo. A aquella, ni los buenos días. A estos políticos mentirosos, no los votaré jamás». Así que a veces, yo creo, no deberíamos depender tanto de lo objetivamente probado, y fiarnos algo más de lo que sólo sabe, a su modo, nuestra imperfecta subjetividad.

# EL PAÍS ANTIPÁTICO

Supongo que lo recuerdan. Hará cerca de un año que el Presidente Aznar, decidido a participar en la ya decidida y fraudulenta Guerra de Irak, dio su orden y expresó su deseo: «España tiene que dejar de ser un país simpático». Algo así. Que tal vez dijera «sólo simpático» no cambia nada.

Bien. Una de las comprobaciones más descorazonadoras de los tiempos actuales es el desmedido influjo que, contra todo pronóstico en nuestro país, tienen el estilo y el carácter de los gobernantes sobre el carácter y el estilo del conjunto de la sociedad. Hace no demasiados años, cada cosa iba por su lado, o incluso por caminos opuestos. Claro que el caso de España quizá no sea muy representativo: esa divergencia se produce con facilidad cuando el gobierno es dictatorial y al ciudadano no le queda más remedio que obedecer y someterse en lo público; entonces, de hecho, su distanciamiento personal de los gobernantes, su íntimo desprecio hacia ellos, es casi lo único de que dispone para no verse contaminado del todo, y su sola defensa es diferenciarse al máximo en el ámbito de lo privado (en sus usos, maneras, costumbres), y procurar rehuir a aquéllos y no tenerlos en cuenta a la hora de formarse opiniones, elaborar sus gustos, comportarse cotidianamente, desarrollar un estilo. Hace unos meses lo recordé bien.

Una estudiosa americana sobre la censura franquista me envió, tras haber buceado en archivos vetustos para rescatarlos, los informes que esa censura previa emitió sobre las dos novelas que, con diecinueve y veintiún años respectivamente, llegué a publicar bajo ese régimen. Yo nunca los había visto, claro está, ni siquiera había tenido en su día conciencia de su existencia, pues ese trámite de presentar a las autoridades los textos para su aprobación lo llevaban a cabo las editoriales, y sólo si hubieran prohibido o machacado los míos habría yo prestado atención al asunto. La estudiosa (de la Universidad de South Florida) me adjuntaba un cuestionario, y una de sus preguntas decía: «La censura era secreta. Ahora, al examinar su expediente, ¿puede explicar la necesidad de eso? Por ejemplo, en su opinión, ¿por qué era importante que no conociera a su lector/censor y que no tuviera ningún contacto directo con él?». Evidentemente, la estudiosa no estaba aquí y piensa, pese a todo, en un mundo con alguna lógica y un mínimo de consideración. Explicarle aquel mundo habría ocupado folios, así que me ceñí a la cuestión: «Supongo que trataban de evitar dos cosas: a) que los autores pudieran buscar enchufes si conocían los nombres de los censores; b) que éstos quedaran marcados, apestados: ser censor es algo muy ridículo y antipático, lo mire como lo mire, y bien lo supo Cela, que lo fue. Por otra parte, a mí no me habría gustado conocerlos ni tener contacto con ellos. Todo lo que olía al régimen franquista me repugnaba. Con personas así yo no habría tenido una palabra que hablar. El régimen entero, desde Franco hasta su último censor, me parecía despreciable». Y a otra pregunta, acerca del grado de información que yo tenía, veo que respondí: «No sabía nada ni me preocupé por saberlo nunca. Ya le digo, eran mundos distintos, y uno procuraba no mezclarse con el de la burocracia franquista. Tampoco nos provocaba curiosidad de ningún tipo. Lo único que podía hacerse era combatirlo, con escasos medios. Así que nunca supe del funcionamiento. No recuerdo que las editoriales me informaran de nada de ese proceso idiota, ni yo tenía interés en ello».

Y en efecto, vivíamos sojuzgados pero el divorcio era absoluto. Los gobernantes llevaban su paso y la sociedad llevaba otro, y eso explica en parte la rapidez con que, una vez muerto el dictador, se lo relegó al pasado, y aún es más, a una especie de prehistoria. A los seis meses de su acabamiento, lo que nos había oprimido durante casi cuarenta años nos parecía remoto, casi irreal de tan anacrónico. Así se lo pareció hasta a los numerosísimos franquistas, que se dieron loca prisa en negar sus adhesiones, maquillar sus bajezas e inaugurar el nuevo género de la autobiografía-ficción, algún día habrá que hablar de esto con detenimiento.

Lo cierto es que, si el franquismo era autoritario, chulesco, sombrío, beato, fanático, inculto y con olor a rancio, la sociedad (o su parte menos venal, acomodaticia y gregaria; pero esa es la que impulsa y mueve al resto) intentaba ser tolerante, considerada, luminosa, racional, abierta, cultivada y con olor a colonia, dentro de lo que cabía. Había que distinguirse de aquella clase gobernante desprestigiada, y en la medida de lo posible hacer caso omiso, no contar con ella. Cuando no hay libertades, uno —con precauciones— ha de írselas tomando, hasta que lo frenen. Lo que no debe hacer es facilitar el trabajo de los represores, es decir, frenarse uno mismo de antemano, por si acaso, y así asimilarse a ellos, imitarlos, dejarse influir por ellos e interiorizarlos.

Pero con los gobernantes elegidos democráticamente (que no por eso son democráticos siempre), el distanciamiento se ha demostrado muy difícil. Uno querría pensar que se debe a que la sociedad los siente legítimos y representativos. Pero me temo que lo principal no es eso.

*(Continuará)*

# Y TAN ANTIPÁTICO

*(Continuación del artículo anterior)*

El principal motivo del actual influjo de los gobernantes sobre el conjunto de la sociedad es más bien, por desgracia, su permanente presencia en los medios de comunicación, a todas luces abusiva. Con la connivencia de la docilidad de la prensa y las televisiones, se las han arreglado para aparecer todos los días, con justificación o sin ella, y eso, a lo largo de cuatro, ocho años, acaba calando, acaba marcando, y en tiempos tan miméticos como los presentes acaba por crear estilo. En lo que respecta al Gobierno que aún tenemos, resulta más obvio que con ninguno anterior que su impronta no es debida a que la población lo perciba como verdaderamente representativo por haber salido de las urnas, pues él ha sido el primero en dejar bien claro que no era el Gobierno «de todos los españoles» (es la bonita frase de rigor de quienes ganan elecciones), sino sólo de sus votantes, partidarios, acólitos, aduladores, jaleadores, hinchas y siervos. El grado de desprecio con que ha tratado a cuantos no lo aplaudían y le decían sí a todo, no tiene parangón en la historia de nuestra democracia, y lo digo con conciencia de que los años de mayoría absoluta socialista no se distinguieron por el respeto a los adversarios políticos. Hubo en Felipe González y en los suyos un elemento de desdén y de befa que tampoco era de recibo. Pero al menos el país siguió siendo «simpático».

Aznar ha fracasado en demasiadas cosas, pero sin duda lo ha acompañado el éxito en su declarado propósito de que España dejara por fin de serlo. A eso se ha aplicado con los cinco sentidos y un denuedo extraordinario. Y el resultado ha sido notable, porque nuestro país hoy resulta profundamente antipático. Con todo, sería injusto atribuirle a él todo el mérito, entre otras razones porque hay un poso de antipatía histórica que es fácil remover y hacer salir a la superficie. La antipatía de los representantes vascos, además, ya estaba ahí desde hacía mucho. Un día sí y otro también, a lo largo de lustros, un broncas profesional como Arzallus soltaba algo desabrido y desagradable e hiriente, casi como si consistieran en eso sus oraciones diarias, buen cumplidor católico. Y, aunque con menor frecuencia y menor eco, el camorrista Rodríguez Ibarra lleva años sin desaprovechar ocasión para el exabrupto obtuso: el talante pendenciero no es privativo de ningún partido. (De Fraga casi ni hablemos.)

Aznar parece, de hecho, haberse inspirado en esos modelos y un poco en el último Felipe González gobernante, y además ha contagiado a casi todos sus ministros. Tal opción es en realidad inexplicable, si bien se piensa. Durante su segunda legislatura, el PP ha gozado de mayoría absoluta y le ha sacado todo el jugo, ha hecho lo que ha querido. Ya sólo eso debería haber bastado para que quien ha gobernado tan arbitrariamente se hubiera mostrado de un humor excelente. Sin embargo, ha sido todo lo contrario. Es difícil recordar a otra figura pública tan acre, tan amargada, tan perennemente airada, tan regañona y —lo que es mucho más grave— tan despreciativa. (Claro que, por ese contagio, no le quedan muy lejos Cascos, Arenas, Zaplana, Del Castillo, Rajoy a veces y Ana Palacio cuando se le entiende algo.) La irresponsabilidad que esa actitud entraña es doble. Por un lado, la beligerancia, el desdén y la burla hacia los adversarios políticos crea en éstos resentimiento, y no sólo en ellos, sino en la amplia porción de ciudadanos —nada menos que la mitad del total, digamos— que los ha votado. Por otro, hoy se hace casi obligado que si un Presidente es insultante, abrupto, altanero, falseador y desconsiderado, lo acaben siendo también, en su afán mimético, muchos particulares, sobre todo los que tienen algún poder o mando (empresarios, jefes en general y hasta cualquier mindundi que simplemente tenga a otro a sus órdenes). Y España no es hoy antipática sólo en eso, en la tonalidad general, en los modales, en la destemplanza y el menosprecio y la desfachatez abundantes, sino que lo es asimismo como «imagen» o «marca». En Europa sólo encontramos animadversión y deseo de pasarnos factura, por nuestra ya larga insolidaridad y aun nuestro torpedeo. En Latinoamérica se nos ve como a esos arribistas que al acceder a un colegio más caro reniegan con especial ahínco de sus antiguos compañeros e iguales. Y en el mundo árabe el estropicio es aún más serio (además de innecesario), porque allí el encono se traduce a menudo en violencia. En los Estados Unidos —nadie se engañe— se nos ve como meros felpudos, y ya se sabe que de éstos se prescinde fácil y sin echarlos nunca en falta.

Quien gane las próximas elecciones de marzo debería esmerarse en lograr, antes que nada, que España vuelva a ser simpática. En contra de lo creído por Aznar y los suyos, cuesta muchísimo serlo y no es asunto baladí, en modo alguno. Los futuros gobernantes deberían recordar, además, lo peligroso que este país se torna cuando se pone de verdad antipático. Se lo puso mucho en 1936, y la odiosidad nos duró casi cuarenta años. Por eso es muy preocupante que Aznar se cansara tan pronto de algo fundamental, interior y exteriormente. Nada como la simpatía ayuda a obtener beneficios, y sobre todo a la convivencia. Cuídenla. Esto es un ruego.

## INGENUOS HASTA LA ESTUPIDEZ

Según el corresponsal Sandro Pozzi, que informó para este diario sobre la entrada en vigor del nuevo sistema de control «biométrico» aplicado a quienes entran en los Estados Unidos, los viajeros afectados se mostraron conformes, en su mayoría, con que se les hiciera una foto, se les tomaran las huellas dactilares y se los sometiera a un interrogatorio o cuestionario con más de treinta preguntas personales, incluida una relativa a sus creencias religiosas. La frase más repetida entre ellos fue: «Si no tienes nada que ocultar, ¿dónde está el problema?». O lo que es lo mismo: «Si eres inocente, ¿qué más da que te fichen y que lo sepan todo?». La ingenuidad de este razonamiento es tan asombrosa que roza la indigencia mental, la estupidez pura y simple. Y el estúpido está siempre vendido, lleva todas las papeletas para convertirse en víctima propiciatoria.

La defensa de la privacidad en los sistemas democráticos no es un mero capricho o adorno, sino algo fundamental para proteger a los individuos del abuso de las autoridades. Éstas son siempre inquisitivas, y si por ellas fuese (o por la mayoría de ellas), ningún aspecto de nuestra existencia se hurtaría a sus ojos y oídos. Es lo que sucede en las dictaduras, una de cuyas primeras medidas es, sin falta, la creación de una vasta red de delación y espionaje compuesta no sólo por profesionales, sino por el conjunto de la ciudadanía, a la que se insta, persuade, soborna u obliga a denunciar a los compatriotas contrarios al régimen opresor, o «tibios» en su entusiasmo por él. Así era en la URSS y en sus países satélites, así es en Cuba, así fue en la Argentina y el Chile de los militares, en la Alemania nazi y en la España de la Guerra Civil (en ambos bandos durante un tiempo) y en la de Franco (bando único exterminador). Lo grave es que nuestras democracias están cada vez más tentadas por ese modelo dictatorial, con su absoluto control de la gente. Se va paso a paso, y nos acostumbramos, pero, si bien se mira, no es normal que los Estados sepan ya tanto, sin protestas ni impedimentos nuestros. Saben cuánto ganamos y más o menos cuánto y en qué gastamos y qué poseemos (casa o coche, sin excepción); nuestro estado civil y qué familia tenemos; qué llevamos encima; acceden a nuestras cuentas bancarias e historiales médicos; están enterados de a qué organizaciones ayudamos económicamente, si lo hacemos; registran en vídeo, ya «de oficio», si vamos o no a un montón de sitios, desde grandes almacenes hasta no pocas calles; escuchan nuestras conversaciones si se les antoja (¿no es inaudito que Telefónica nos instale contestadores por las buenas, sin nuestro permiso?); y lo tendrían fácil para saber aún más, a quiénes vemos o dónde viajamos y hasta en qué restaurantes cenamos.

Todo eso ya lo aceptamos, y es incomprensible. Pero las autoridades aún quieren más, verlo y oírlo y saberlo todo, hasta lo que uno piensa o qué fe profesa. Lo insólito es que encima encuentren facilidades por parte de sus víctimas en ciernes: «Si no tienes nada que ocultar... Si eres inocente...». Que uno sea inocente no depende de uno mismo, sino de quien decide las leyes, y qué es delito, y qué es perseguible. Y las leyes cambian. A veces, incluso —como bajo el Gobierno de Aznar—, se modifican sobre la marcha y con prisa según la conveniencia, según este modelo: «Ah, ¿que Fulano se propone tal cosa, que no se nos había ocurrido y que no nos gusta? Pues que a partir de mañana vaya a la cárcel el que se atreva». Usted puede no ocultar hoy que fuma, y mañana lo pueden acusar de ese delito (en los Estados Unidos ya está penada la posesión de ceniceros en centros de trabajo y locales públicos). Un judío alemán podía no tener reparo en confesar cuál era su raza en 1930, pero al cabo de pocos años esa antigua confesión le costaba la desposesión primero y la vida luego. Un homosexual puede salir alegremente del armario, pero nadie le asegura que mañana no será castigado por su condición, como ya ocurre hoy en muchos países y en algunos Estados de los Unidos. Al entrar en este país uno puede responder que es ateo, pero nadie le garantiza que eso no vaya a perjudi-carlo luego. La gente parece haber olvidado algo que en el fondo sabe: que *todo* puede ser utilizado en nuestra contra, no digamos manipulado, deformado o tergiversado. En realidad uno ignora *siempre* si tiene algo que ocultar, y de ahí que la reacción de esos pasajeros sea ingenua hasta la estupidez (según su razonamiento, tampoco deberían objetar a ser filmados permanentemente en sus casas). Y también ignora si es inocente, porque eso dependerá de ante quiénes y en qué momento, y de que los legisladores no tengan repentino interés en convertirlo en culpable *a posteriori*. Es difícil entender esta sumisión generalizada. Para mí, la reacción de quie-nes desean ser libres debería ser la contraria siempre: cuanto más quisiera saber el Estado, y mejores sus medios para averiguarlo, más le ocultaría yo y le mentiría. Porque la pregunta obligada que no solemos hacernos es esta: «¿Para qué quieren saber esto y lo otro, hasta mis creencias e ideas?». Y es que la respuesta a eso ha-brá de ser siempre: «Será para algo; y no precisamente para favore-cerme, ojo. Ni para felicitarme».

## NOVENTA Y OCHO PATADAS

Así que ha llegado el día. Esta vez parecía imposible: votar de nuevo y que se diera la posibilidad, por tanto, de tener otros gobernantes. Lo que más importa es eso, que exista tal posibilidad; aunque no se haga realidad, saber que la hubo, y poder pensar: «Será a la próxima». ¿La próxima? No, no existe la próxima, debemos tener eso en cuenta. No sabemos siquiera si estaremos vivos, cuantos hoy lo estamos. Tampoco si se nos permitirá ejercer el derecho a elegir: aún creemos habitar en un mundo estable, pero basta que un partido sin escrúpulos acumule demasiado poder para que legisle a su antojo, se blinde ante la justicia (eso ha hecho ya Berlusconi en la vecina y semejante Italia, no hablamos de lugares remotos ni hacemos ciencia-ficción), acometa interesadas reformas de la Constitución y... se acabó lo que se daba, más de una vez ha ocurrido a lo largo de la historia. Sólo es seguro lo que ya está aquí, y por eso no entiendo a quienes, no declarándose indiferentes ni ajenos a la política y a nuestra gobernación, sin embargo se abstienen o votan en blanco (ya sé que son opciones distintas, pero dado que los votos blancos no se computan ni son activos, el resultado viene a ser el mismo: lavado de manos e inhibición, campo libre a quienes las mantienen sucias de sumo grado). Pero, ¿y si nadie nos gusta? ¿Y si todos los partidos nos dan cien patadas? Esas dos preguntas están muy cerca de describir mi caso; pero si voy a votar sin dudarlo es porque hay una respuesta tan obligada que no creería a nadie que asegurara no tenerla, a saber: La mayoría me da, sí, cien patadas; pero hay uno que me da noventa y nueve, y puede que otro se me detenga en noventa y ocho. Muchas son, desde luego, en todo caso. Una o dos menos, aun así, me son bastantes para preferir; aunque sea con el traje entero de buzo puesto, la escafandra sola bien podría no servir.

Y es que la próxima, además, no se ve. Aunque siguiéramos vivos entonces y aún nos dejaran votar. Hace unos domingos hablé aquí de nuestra cada vez más extraña forma de percibir el tiempo, y aun de comprenderlo.* No sé, el mismo día de hace cuatro años nos parece reciente en unos aspectos, sobre todo en lo personal (por ejemplo: «Hace ya cuatro años que te conozco, y la sensación es de que fue ayer»; o bien: «Hoy cumple cuatro años el niño, para mí es como si acabara de nacer»), y remoto en otros, sobre todo en lo colectivo y público («Hace cuatro años todavía estaba Clinton en la Casa Blanca, y parece que hace siglos»). Pero hoy es un día para lo colectivo y público, y la última vez que elegimos Presidente y Gobierno en España, Clinton, efectivamente, ocupaba la Casa Blanca y aún le quedaban nueve meses más de permanecer allí. Acabábamos de celebrar el mal llamado «nuevo siglo», tres meses antes más o menos, aquel paso de 1999 a 2000. Todavía faltaba año y medio para que aquellos aviones se estrellaran contra las Torres Gemelas, unos meses más para la hoy ya lejana Guerra de Afganistán, y nada menos que tres años —tres— para que se iniciara la también hoy distante Guerra de Irak. La mayoría de la gente no había oído nunca los nombres de Bin Laden y Al Qaeda. Era inimaginable que España fuera a ser uno de los tres impulsores falaces de la invasión y ocupación de un país árabe, sin contar con mandato de la ONU ni pruebas de sus acusaciones, en puro y ciego servilismo a un grupo de fanáticos religioso-petroleros a cuyo mando se halla el Ejército más poderoso de todos los tiempos. Sí, cuatro años son a veces eternos, ¿no es verdad?

Y sin embargo ha llegado el día. Es hoy. Y sólo hoy. Mañana ya habrá empezado la lentísima cuenta atrás hacia «la próxima vez». Así que no, no entiendo a quienes se abstienen o votan en blanco; a éstos todavía menos, pues al llegarse hasta la urna demuestran lo

---

* Véase el artículo «Deme un respiro», publicado el 8 de febrero de 2004 en *El País Semanal* y recogido en Javier Marías, *El oficio de oír llover*, Alfaguara, Madrid, 2005. *(N. de la E.)*

que antes dije, que no son indiferentes, en la teoría. No creo que me atreviera yo nunca a pedir el voto a nadie para un partido concreto: hacer proselitismo *en favor* de quienes le dan noventa y ocho patadas a uno sería demasiado idiota. Pero quizá no es tan imbécil la cosa *en contra* de quienes le dan ciento una, o hasta algunas más. El Partido Popular ha tenido su larga oportunidad, y con cuatro años de manos libres, las que deja una mayoría absoluta explotada al máximo. Ya sabemos de qué es capaz y de qué no (lo es de mentir y despreciar a los ciudadanos, ilimitadamente). Su verdadera divisa ha sido «sin complejos», repetida hasta la náusea por Aznar y sus subalternos, lo mismo daba la ocasión. Yo he sido traductor, y sé que esa tarea es tan importante y fundamental que a menudo hay que aplicarse a ella también dentro de la propia lengua, si uno quiere enterarse *de veras* de lo que pasa a su alrededor. Al cabo de ocho años de oír esa expresión, no me cabe ninguna duda de cuál es su traducción no ya correcta, sino forzosa y unívoca: en boca de cualquier dirigente del PP, actuar, decir, legislar, ordenar o prohibir «sin complejos» significa, exacta y exclusivamente, hacerlo «sin escrúpulos». Nada más. Y sé que, si algo no deseo, es precisamente que quienes nos gobiernan carezcan de ellos.

# PARTE DE VOSOTROS

Hoy debo fechar este escrito. Me pongo a la máquina en la madrugada del 15 de marzo, al poco de conocer el resultado de las elecciones.* Por lo general no espero al último instante para entregar mi colaboración dominical, siempre dos semanas antes de que los lectores la encuentren. Si tanta antelación se hace difícil habitualmente, en estos días me resultaba imposible «instalarme» en tiempo futuro tan lejano como el 28 de marzo, cuando el 11 se produjo el monstruoso atentado de las estaciones madrileñas, el 12 hubo las manifestaciones multitudinarias, el 13 se acumularon tantas noticias que ni se podía reflexionar, y el 14 —ayer, o más bien aún hoy— se celebraron las elecciones con la inesperada victoria del PSOE. (A propósito de la cual, aprovecho para hacer un inciso con una rectificación: hace tres domingos atribuí a José Bono lo que tildé de «audaz símil que subvirtió la cronología» —su comparación del *Quijote* con los Harlem Globetrotters—, cuando no fue él, sino Juan José Lucas, quien la hizo hace unos años. Quédese el señor Bono tan sólo con sus insultos a Blair, que mencioné asimismo como ejemplo de «patanería», y vayan mis disculpas por mi mala memoria y mi mal error.)

Supongo, con todo, que de la tensión, la pena, el horror, la indignación y las emociones vividas por todos en esta semana, algo puede no quedarse anticuado inmediatamente, así que más vale que hable de ello y no de otros asuntos más susceptibles de envejecer en el plazo de catorce días.

* De 2004. *(N. de la E.)*

Los madrileños estamos acostumbrados a que se execre a nuestra ciudad, aunque las más de las veces sea en tanto que nombre simbólico del poder central. Y aún es más, tan acostumbrados estamos a execrarla a menudo nosotros mismos —desde otro punto de vista, eso sí—, que ni siquiera nos molesta mucho la denigración ajena y hasta podemos estar de acuerdo con ella, según los casos. Tenemos interiorizadas, asumidas, las reservas y los recelos, el frecuente desdén y el constante rencor de muchos, la ocasional envidia y la abundante desconsideración. Está bien, es así, tampoco resulta grave. Ni afecta a nuestro orgullo ni nos amarga la vida. Tampoco nos encona ni nos crea resentimiento, no sufrimos de paranoia ni de manía persecutoria, es una suerte. Pero esperamos poco de los demás. Desconocemos el victimismo y jamás sentimos a nadie en deuda, esos papeles no nos tocan, no nos corresponden. La queja no suele salir de aquí.

Por eso lo ocurrido en el resto de las ciudades españolas y en muchas europeas a lo largo de estos días, nos ha desarmado más de la cuenta (bueno, hablo por mí: no me gusta arrogarme más representación que la que puedo tener, y es la estrictamente individual), y nos ha conmovido. Roma, París y Berlín; pero sobre todo Barcelona, Bilbao, Sevilla, Oviedo, Valladolid, Zaragoza, Tenerife, Logroño, Málaga, Vigo, Santiago, Valencia, en realidad todas, han salido en masa a la calle, más que nunca en sus respectivas historias, a decir —no; fue a mostrar— que los doscientos muertos aquí habidos en la matanza de las estaciones eran también suyos. Y cada una de esas ciudades ha ofrecido todo su apoyo y sus recursos, desde servicios sanitarios a sangre donada. No ha sido meramente una reacción de solidaridad, que en este país —y es una de sus cosas mejores— suele ser rápida y generosa ante las desdichas, aunque ocurran muy lejos. Ha sido más bien una demostración espontánea e inmediata, mil veces más eficaz y verdadera que las diez mil declaraciones pomposas del Gobierno de Aznar y que sus gigantescas banderas que no podían ni ondear de tan graves, de que aún somos todos «más o menos los mismos» (por absurda que suene esta acuñación), y de que así se nos percibe incluso a los madrileños. No he visto un ápice de retórica en ese sentimiento de pertenencia mutua expresado por todas las ciudades sin excepción. Y la frase «Nos han matado a doscientos» no ha tenido nada de falso en boca de nadie, ni de impostado, ni por supuesto de aprovechado. Esa pertenencia que indica el «nos», simplemente era real.

A veces he dicho, medio en broma, que los mayores elementos de cohesión de España eran la Liga de Fútbol y la proliferación de bares, de Cádiz a Gerona, de La Coruña a Almería, tenemos bares por doquier. Pero quizá haya algo más. Mal que les pese a Ibarretxe o a Carod-Rovira, nos hemos criado juntos y nos conocemos demasiado, y siglos de convivencia, mala o buena, no se borran en una generación ni en dos. También hemos sufrido juntos demasiadas cosas, y a veces a manos de los mismos opresores. Y en las ocasiones extremas eso aflora, sin llamamientos ni arengas. Aflora cuando no aparece como obligación. Tanto es así que en estos días, cuando no se sabía quién había cometido el atentado, le dije a una corresponsal de la BBC: «Mire, si fuera Al Qaeda es más peligroso; pero si fuera ETA nos daría más asco, más repugnancia moral: pensar que han sido capaces de infligir tamaña atrocidad a compatriotas suyos». Me paré, y añadí: «Porque la verdad es que ellos a nosotros, parece que no, pero nosotros a ellos aún los consideramos compatriotas nuestros».

Así que de nuevo a título individual, como madrileño suelto sin ninguna representación, sólo puedo dar las gracias a las demás ciudades, porque nos consideren todavía parte de ellas, para nuestra inmensa suerte.

## VELOZ VENENO Y LENTO ANTÍDOTO

Pese a las semanas transcurridas, vale la pena pararse a mirar algunas reacciones y «análisis» en todo el mundo, ante las recientes elecciones españolas.* Más que nada, para observar cuán fácilmente se fabrica y propaga hoy una mentira, y —lo único que nos salva— comprobar lo mal y chapuceramente que se forjan. Lo peligroso es la rapidez, la abundancia de medios para extenderla al instante, y por lo tanto la «abrumación», que puede llevar a suscribirla incluso a personas inteligentes o bienintencionadas. El único antídoto contra ese veloz envenenamiento es en cambio lento, llega tarde y reside en el veneno mismo: en su baja calidad, en su grosería, en la falta de astucia de quienes lo instilan. En época de políticos y periodistas más listos, estaríamos del todo perdidos. Nuestra condena —que la mayoría de ellos sean elementales, pueriles— es también nuestra salvación.

Ahora bien, la tosquedad de las mentiras, y las consiguientes fallas de éstas, no hacen disminuir un ápice el ánimo tergiversador de quienes las dicen y repiten, en este o en cualquier país. Pero, claro está, hay grados de gravedad y de mala intención; tal vez los que siguen:

a) *Infantilismo y frivolidad.* Que Bush, o el brutal Rumsfeld, o la enajenada cadena de televisión Fox News, o el ultraderechista *Wall Street Journal* conviertan esos resultados electorales en una infantiloide —aunque interesada y ofensiva— cuestión de «machotes o gallinas», no tiene mucho de particular. Todos ellos son parte,

* Las de 2004. *(N. de la E.)*

jamás podrían ser jueces ni intérpretes. En su zafia conclusión («los españoles se han rendido a los terroristas»), falsean varios factores y desde luego su orden, que aquí *sí* altera el producto, a saber: ignoran o silencian que la intención de Zapatero de retirar a las tropas españolas de Irak (salvo que la ONU se encargue de la situación) es muy anterior no ya a su victoria electoral, sino a los atentados del 11-M; ignoran o silencian que nuestro país siempre se opuso con vehemencia —cerca del 90 % de la población— tanto a la Guerra de Irak como a nuestra participación y adhesión a ella, las cuales fueron decididas sólo por *un* partido, el gobernante, y quizá sólo por *un* individuo o por tres —Aznar; Ana Palacio y Rajoy—; hablan de «abandono de la lucha contra el terrorismo» cuando la Guerra de Irak no fue *contra* el terrorismo, a diferencia de la de Afganistán, y esto ya lo saben hasta las cabras, aunque buen número de americanos todavía no; por último, intentan colar de rondón la siguiente falacia: esta ha sido una guerra justa y necesaria y sincera, y así se lo parecía a los españoles, los cuales, tras sufrir una matanza espantosa, se acobardan y deciden apearse de tan noble causa. Ignoran o silencian que esa Guerra nos viene pareciendo injusta, innecesaria y fraudulenta no desde el 11 de marzo (menos aún desde el 14), sino desde hace más de un año, cuando la veíamos preparar y la percibíamos ya decidida, dijeran lo que dijeran Blix y sus inspectores y la ONU en pleno.

b) *Rabia e irresponsabilidad.* Siendo los argumentos los mismos, algo más de particular tiene que en Europa, donde se está más informado acerca de España, alguien como Berlusconi sostenga nuestra «cobardía» y de paso incite a los terroristas a atentar de inmediato contra Italia, al desdeñar la capacidad operativa de «cuatro beduinos» (yo lo consideraría a él el Peligro Público número 1 de mi país, si fuera italiano). O que el columnista jefe del *Daily Telegraph*, un tal Stein cuya falta de luces intenta compensar sin duda con la antorcha que lleva en la pluma, escriba que los españoles, al votar como lo han hecho, «han deshonrado a sus muertos», y vaticine que en Europa no habrá más lucha que «la guerra civil». A eso se le llama *«wishful thinking»*, esa expresión sin equivalente de la que hablé hace poco, «pensar con el deseo» aproximativamente.

c) *Bajeza y difamación.* Mucho más de particular tiene que en España, donde sí contamos con todos los datos y sabemos que la población entera lleva más de tres decenios soportando el terrorismo sin que haya habido atisbos de abandono ni de rendición, tanto políticos como periodistas se avengan a ofender a veinticinco millones de votantes (todos menos los del PP), acusándolos de «haber colaborado con el terrorismo», «envalentonar a un enemigo con su éxito en El Pozo», «oponerse a la guerra para estar a bien con los asesinos», y aun «haber fijado la tarifa de doscientos muertos para rendirse», y que ETA tome nota. Y en verdad asombra tanta bajeza en días de compartido luto, por parte de quienes *sí saben.*

d) *Incoherencia y contradicción.* Esto no es el mayor grado de gravedad, sino algo común a los tres mencionados. Los mismos que acusan a los españoles de haber votado por cobardía, apaciguamiento o rendición, y por tanto de *hacer caso* a los terroristas, instan al futuro Gobierno a obrar *teniéndolos en cuenta*: «No retiren tropas, o Al Qaeda lo verá como debilidad». Yo creía que un país soberano no debía actuar movido por «qué dirán» ni «qué harán» los terroristas. Y resulta que todos esos envenenadores nos impelen a hacerlo ahora según «qué pensarán» aquéllos. Creo que, efectivamente, no hay que escucharlos. Porque su interpretación o «análisis» será, en todo caso, tan mezquina, ofensiva e interesada como la de los envenenadores. O, seguramente, todavía más.

## PRETORIANOS MORTALES

Se los ve en todas las fotos de Paul Bremer, el actual procónsul de los Estados Unidos en Irak, pero era especialmente buena la de hace dos domingos en este diario,* porque en ella aparecían nada menos que seis, tres a cada lado de su protegido o rehén. No son soldados, sino «expertos en soluciones», *«contractors»* o «empleados de seguridad», los eufemismos de turno para llamar hoy a los mercenarios y así «legalizarlos», ya que su uso lo prohíbe esa Convención de Ginebra que los americanos parecen pasarse sin cesar por el forro, en los últimos tiempos. Pese a no ir uniformados, tienden a la uniformidad, porque los seis tipos son casi idénticos: más que cuadrados, trapezoidales; robustos, pero con kilos de más y por tanto poco disciplinados; el pelo cortado a cepillo; gafas negras; la perilla infame no le falta a ni uno, es asombroso; chalecos antibalas y metralletas en ristre; y una cara de mala hostia como para salir corriendo (bueno, justo es reconocer que los tres últimos elementos, chalecos, armas y pésimas pulgas, deben de ser obligatorios, dadas sus actividades y profesión).

Si uno los mira con ojos cinematográficos, de lo que no tienen ningún aspecto es de «buenos» de la película, sino de «malos» y peores. La pinta es, no sé, de carceleros sádicos de prisión sureña pantanosa, en Mississippi o Florida, que salen con perros tras el pobre prófugo, decididos a que no regrese vivo a su celda; o de esbirros crueles de dictador o *capo* narcotraficante latinoamericano —cada vez más semejantes, estas dos figuras—; o de lo que son, si

---

* *El País. (N. de la E.)*

nos dejamos de todo eufemismo: paramilitares sin escrúpulos, si es que en el mundo existe algún paramilitar que los tenga. La estampa (sólo eso: quizá sean personas refinadas, cultas, piadosas) es de matones completamente descerebrados y por supuesto venales. Y, por extensión, por contagio, el individuo al que protegen y que de hecho es su rehén Bremer —cuyo físico es neutro, por no admitir que mala facha no tiene—, queda convertido en un sujeto siniestro, un despiadado, un malhechor. Porque sólo alguien así se rodearía de semejantes *rottweilers* humanos, con mis disculpas para los *rottweilers*.

Bien, forman parte de los veinte mil *contractors* o mercenarios, de veintitantas nacionalidades distintas (se dice pronto, veinte mil: más que efectivos británicos), que el Gobierno de Bush y Cheney ha metido en Irak, en fiel aplicación de la doctrina del vicepresidente de privatizar el Ejército y por lo tanto las guerras y algo más. Las empresas a las que pertenecen (*Private Military Contractors*, en inglés, o PMCs) pueden mantener secretas sus actividades y clientes, al no estar reguladas por ninguna normativa internacional; sus agentes no obedecen órdenes de los militares para quienes trabajen, sino sólo de sus jefes empresariales, y se arriesgan a poco más que un despido («La diferencia entre nosotros y un recluta u oficial», ha declarado un ex-soldado británico metido ya en el tinglado, «es que yo cobro cinco veces más y te puedo mandar a la mierda si no quiero hacer lo que me pides»); no están sometidos a la legislación del país en el que interroguen, torturen, combatan, trafiquen, asesinen o violen, si les da por ahí, y otro paramilitar, ex-*marine*, lo ha explicado así: «Si no hay parámetros, ¿cómo sé si he hecho algo malo? Irak es como el Salvaje Oeste, pero allí nadie es el *sheriff*»; las cantidades que ingresan las PMCs son ya monstruosas: baste con decir que el 30 % de los cuatro mil millones de dólares que esa guerra cuesta al mes va directamente a sus arcas; ese gigantesco negocio, claro está, ha de crecer sin parar, como todos, sólo que para que eso sea posible las PMCs necesitan conflictos armados, y cuantos más mejor, tanto como para sentir la tentación de provocarlos ellas si la demanda baja. Y eso, provocar conflictos, es tan fácil que está al alcance de cualquiera, sobre todo si lleva metralleta y cara de bestia hostil.

Este es el panorama. Y sin embargo los muy burros de Bush y Cheney (o no tanto, y disculpas a los burros: una de las PMCs más favorecidas se llama KBR y es una filial de Halliburton, la cual dirigió el propio Cheney y con la que mantiene vínculos) pretenden que su Ejército aumente su privatización y que sus sistemas de armamento pasen a depender de estas mercenarias desde el actual 28 % (!) al 50 % (!). Ya se sabe que estos *okupas* de la Casa Blanca no son dados a leer. Pero por lo visto ni se les ha contado lo que ocurrió, hace muchos siglos, con la Guardia Pretoriana de la antigua Roma. Los pretorianos detentaban la fuerza real cercana, y se los privilegió tanto que varios emperadores pasaron de darles órdenes a recibirlas de ellos y ser sus rehenes. Y tuvieron poder, más de una vez, para vender ese cargo máximo al mejor postor. Los compró Claudio; dependieron de ellos los breves Galba, Otón y Vitelio (y mal les fue), Cómodo los corrompió a sobornos y los fortaleció, y a Pertinax, su sucesor, lo asesinaron directamente esos guardias. Que alguien regale a Bush los *Anales* de Tácito, por favor, o *Los doce Césares* de Suetonio, más ligero de leer. Y también a Kofi Annan, porque lo que resulta inexplicable es que nadie impida ni ponga freno a lo que está a punto de suceder: la graciosa, insensata, suicida entrega de la fuerza militar mundial a bandas de facinerosos dirigidas por mercaderes sin conciencia ni lealtad.

# INFORME NO SOLICITADO
## SOBRE EL JUEVES NEGRO

Dado que fui una de las personas que escribió en la prensa nacional, el pasado 12 de marzo, sobre los atentados del día anterior en las estaciones madrileñas, puede que no esté enteramente de más que explique por qué escribí lo que escribí, a petición de quién y con qué datos, ahora que se ha puesto en marcha una comisión de investigación —que ya parece turbia desde el principio— sobre los hechos acaecidos entre el 11 y el 14 de aquel mes. Mi artículo, publicado en *El País*, se tituló «De buena mañana», y en él contaba que me había enterado de la matanza al ver a los representantes municipales guardar silencio en la Plaza de la Villa, cercana a mi casa. Pero también tenía en el contestador un mensaje del diario italiano *La Repubblica*, que me solicitaba un rápido y breve texto al respecto. Mientras pensaba si podía o no decir algo sobre tal carnicería, puse la televisión para enterarme más de lo ocurrido. Al cabo de un rato apareció el entonces Ministro del Interior, Acebes, quien, como todo el mundo sabe, no sólo dio por segurísima la autoría de ETA, sino que se permitió llamar «miserables» (y no recuerdo si «intoxicadores») a cuantos se atrevieran a arrojar la más tenue sombra de duda sobre esa autoría, o a avanzar otras hipótesis. (Con lo cual, dicho sea de paso, se llamó miserable a sí mismo —preventivamente y sin querer, supongo—, ya que unas horas más tarde fue él quien arrojó cegadores soles de duda y reconoció la existencia de otras probabilidades.)

Lo cierto es que sólo diez días antes había yo escrito la columna correspondiente a esta sección (salió el 14 de marzo) titulada «Noventa y ocho patadas»* en la que decía del Partido Popular lo que sigue: «Ya sabemos de qué es capaz y de qué no (lo es de mentir y despreciar a los ciudadanos, ilimitadamente)». Pues bien, uno nunca piensa en el fondo tan mal como cree, porque, pese a esa frase, es obvio que no pensaba a pie juntillas que ese partido y su Gobierno de Aznar pudieran mentir *ilimitadamente*. O callar la verdad, u ocultarla, o retrasarla, que en según qué casos graves es exactamente lo mismo. No, no creí que, ante el mayor atentado de la historia europea, un Ministro del Interior —y por lo tanto un Presidente de Gobierno elegido— pudieran aseverar con tanta certeza algo de lo que no la tuvieran, insultando, de paso, a cuantos no estuvieran dispuestos a compartirla. Y no lo creí, además de por la razón más patente (cómo puede intentarse sacar provecho de casi doscientos muertos, y aún calientes), por una segunda de enorme peso: «Si va a haber millones de personas en las calles, y esto no es obra de ETA sino de fanáticos islamistas, la gente ha de saberlo para protegerse y contar con un peligro con el que hasta ahora no contaba. Sería fácil que en esas manifestaciones se colara un terrorista suicida y provocara una matanza aún mayor que la de hoy. Si *puede* no haber sido ETA, lo dirían; de otro modo nos estarían poniendo en riesgo a todos».

Como no los creí capaces de semejante irresponsabilidad criminaloide, y a ETA, por otra parte, sí la creía y la creo capaz de atrocidades (no es peor asesinar a doscientos de golpe que a novecientos uno a uno o de tres en tres), di por seguro lo que Aznar y Acebes daban. Y como apremiaba el tiempo, a las cuatro de la tarde escribí mi pieza para *La Repubblica* (más elegiaca que otra cosa) y la envié por fax a las cinco. En el entretanto y después hubo más llamadas, pidiendo lo mismo: del *Frankfurter Allgemeine Zeitung* alemán y del *New York Times* americano. Les dije que si querían utilizar el mismo texto, adelante, no me sentía con ánimo para hacer otro. Y fui yo quien consultó a *El País* si podía interesarles contar también con ese artículo, así que lo faxeé a estos tres periódicos. Fue hacia las ocho y pico cuando Acebes salió a llamarse miserable a sí mis-

* Artículo incluido en esta recopilación. *(N. de la E.)*

mo (luego ha empleado esta palabra más veces; si yo fuera él —qué pesadilla—, la desterraría para siempre de mi vocabulario) y a contar lo de la furgoneta con versículos coránicos y demás. Ni *El País* ni *La Repubblica* me llamaron para advertirme, para sugerirme alguna corrección o salvedad en mi texto, luego ningún interés podían tener en que la perjurada autoría de ETA fuera puesta en tela de juicio (quiero decir, ninguno espúreo). Desde Nueva York (donde era seis horas más temprano) y desde Francfort (iban a sacar la pieza el día 13, no el 12) sí, y en ambos lugares apareció mi leve incertidumbre sobre la responsabilidad de las matanzas, insertada de mala manera a última hora. También la BBC británica, que me entrevistó por teléfono al caer la tarde, se hizo eco de ella.

Pero, ocupando desde hace casi año y medio esta tribuna no precisamente invisible, nadie español se molestó en llamarme para darme noticias extraoficiales, verdaderas o falsas. Tampoco el día 13 me avisó nadie de las concentraciones de protesta ante las sedes del PP: me enteré cuando salió en varias televisiones a denunciarlas un Rajoy convertido en hidra (ahora está sólo cada día más decimonónico). Como a la mayoría de los españoles, el único que me dio noticias, y falsas, fue Acebes; y su jefe Aznar, huelga aclararlo. En las jornadas siguientes, por lo demás, los periódicos europeos de cualquier tendencia se llenaron de viñetas que representaban a éste con la nariz de Pinocho. No creo que se los manipulara, y confío en que la comisión de investigación del 11-M tenga en cuenta esa casi unánime coincidencia. Ya lo dijo Lincoln en su célebre y atribuida frase: «Se puede engañar a todo el mundo a ratos y a algunos siempre, pero no a todos siempre».

## QUE VUELVAN DE UNA VEZ LOS LOQUEROS

Hubo un tiempo, lo recuerdo vagamente, en el que las argumentaciones servían de algo. Si no para convencer —las de buena ley—, sí al menos para callarle la boca a alguien y dejarlo en evidencia, por ignorante, por mentiroso, por idiota o por torpe, lo último sobre todo cuando el adversario poseía brillantez y elocuencia. Cuando las personas discrepaban o discutían, solía haber cierta esgrima, cierto duelo, y si alguna vez la cosa quedaba en tablas era debido a lo complejo, dudoso o intrincado del asunto, a las perplejidades sobrevenidas durante la controversia o a que ambas partes llevaran algo de razón. Pero no a que lo dicho quedara como no dicho y no contara, que es lo que con frecuencia sucede hoy y además en cualquier ámbito, desde el Congreso hasta los programas de comadreo y chillido, pasando por las polémicas de la prensa y las grescas entre particulares. Antes, a veces, se le acababa *dando la razón* a alguien si había testigos del intercambio, tuviera éste lugar en el Parlamento, en el diario, en la pantalla o en torno a una mesa de amigos regularmente avenidos. E incluso había ocasiones en las que uno de los discutidores se la *concedía* al final al otro. Ese mismo verbo, utilizado a menudo, indicaba que el concesor no se sentía derrotado por fuerza, sino que, con buena fe, admitía no haber pensado antes en los términos o con la perspectiva de su rival, suspendía su opinión anterior hasta mejores consideraciones, o bien reconocía sin más haber sido convencido, o bien —si se trataba de hechos— *se rendía* a la evidencia, o aceptaba su incapacidad para probar lo por él sostenido, o daba por demostradas las afirmaciones del otro. Y aunque aquí el verbo, *rendirse*, sí evoca una derrota, ésta no tenía por qué resultar humillante ni indigna: suponía tan sólo otorgar haber estado equivocado, y eso hasta podía alegrar al que lo había estado: «Cómo celebro saber que usted no cometió ese asesinato, en contra de lo que yo creía», sería el ejemplo máximo de esa satisfacción posible, a la cual normalmente habrían seguido unas disculpas: «Perdone que lo haya acusado a la ligera, me he precipitado». Y si lo puesto en evidencia era una mentira consciente, y no un juicio apresurado o un error involuntario, entonces el embustero no sólo había de rectificar, sino que quedaba expuesto a la vergüenza.

Hoy, con excepciones tan escasas que se hace difícil recordarlas, ¿cuánto hace que no oímos una concesión a las argumentaciones del otro, o el reconocimiento de una equivocación, o la manifestación de un pesar y un arrepentimiento («Yo no me arrepiento de nada», repite todo el mundo con una extraña brutalidad unánime), o el lamento por unas previsiones malas, o una asunción de responsabilidades, o una retractación en regla, por no hablar de las abolidas disculpas que ya jamás salen de los labios? Si hay un logro no material de la civilización, son todas esas actitudes hoy desdeñadas, o aún más, aborrecidas. Parece que incurrir en cualquiera de ellas equivaliera a una deshonra, un baldón, un servilismo e incluso una mariconada. No sería tan preocupante si esta aversión se diera sólo en los personajes públicos: políticos, periodistas, telechismosos, escritores, empresarios exhibicionistas, cineastas, que al fin y al cabo trabajamos de cara a la gente y podríamos temer el paso atrás como al más dañino de los males. Lo grave y desalentador es que se da en la población casi entera, la cual, con la santificación de las «opiniones» y de la tautológica idea de que cada cual tiene la suya, ha acabado por confundir todo lo demás con eso, con «opiniones»: las creencias, las razones, los argumentos, los conocimientos, las aseveraciones fundadas y hasta los hechos. Aún hemos de ver el día en que en un foro público alguien afirme que la Tierra es redonda y otro le conteste: «Ah, esa será su opinión y la respeto, pero no la comparto». Y además salga entre aplausos.

En realidad ya ha llegado ese día, y al nivel más catastrófico. A las conclusiones de la comisión de investigación del 11-S, entre las cuales figura una que ya conocían hasta los monos, a saber, que no había conexiones entre Bin Laden y Sadam y su tiránico régimen, Bush Jr ha contestado con una frase a la altura de aquella famosa de Rumsfeld de que «La ausencia de pruebas no prueba la ausencia» (de las armas, supongo): «La razón por la que sigo insistiendo en que había una relación entre Irak y Al Qaeda es porque había una relación entre Irak y Al Qaeda». Dudo que ni a un niño se le consintiera decir necedad semejante: «Lo paso mal en el colegio porque lo paso mal en el colegio». Y se trata del Presidente del país más poderoso. Claro que no le ha ido a la zaga su Vicepresidente Cheney. «No hay pruebas creíbles de ese vínculo», ha establecido la comisión tras exhaustivas investigaciones. Y Cheney responde: «Las pruebas de que sí, son abrumadoras. Que la comisión no las encuentre no significa que los vínculos no existieran». Como expresaba acertadamente el corresponsal Javier del Pino, según el Vicepresidente, «la opinión pública no debe fijarse en lo demostrado, sino en lo indemostrable», que es lo que ya llevan años idolatrando Bush, Cheney y Rumsfeld. Hubo también un tiempo en que a estos tres individuos (y a unos cuantos más), tras locuras y sandeces tales, proferidas con tanto ahínco, se los habría llevado sin dilación al manicomio, y con camisa de fuerza, por violentos. Es uno de los pocos motivos por los que debe lamentarse que ya no existan los loqueros.

# THE THREE CABALLEROS EN EL CUARTO DE BAÑO

Cuando ya sólo faltan diez días para que se celebren las elecciones a la presidencia de los Estados Unidos (y que el resto del mundo esté más pendiente de ellas que nunca dice mucho contra la actual Administración: ninguna nos había hecho temblar tanto), es seguro que los señores Bush Bis, Cheney, Rumsfeld y adláteres llevarán varios meses tirándose de los pelos cuando estén a solas en sus respectivos cuartos de baño y nadie los vea, ni siquiera sus mujeres ni Condoleezza Rice.

Como no han transcurrido ni cuatro años del nuevo siglo, sé que no exagero si digo que esos tres individuos son los de mayor cinismo en el XXI (en España lo serían Aznar y Rajoy). Así que cuando no haya testigos y se miren de reojo al espejo, lo que prevalecerá en ellos, más allá de las representaciones, será su visión cínica de sus propios intereses y de los de su país. En el cuarto de baño no podrán creerse la zarandaja de que Irak y los iraquíes están mejor sin Sadam Husein. Aparte de que eso no esté del todo claro hoy, lo que sabrán a ciencia cierta es que a ellos no les importaba nada la libertad ni el bienestar de ese pueblo, entre otras razones porque Sadam llevaba decenios martirizándolo sin que nadie se hubiera inmutado, y tan nocivo era el tirano para los habitantes en 1991, cuando la Guerra del Golfo lo dejó intacto en el poder, como en 1992, 93, 94, 95, etc., hasta llegar a 2003, en que de pronto se decidió acabar con él. Todos sabemos que su derrocamiento no fue el motivo para la Guerra de Irak: ni siquiera lo esgrimieron ante el mundo, en su día, los señores Bush Bis, Cheney y Rumsfeld. Así que veamos cuál será la situación verdadera con que esos Three

Caballeros se encuentren cuando se estén afeitando, o sacando espinillas, o peinando, o en actividades aún menos nobles que no pienso mencionar aquí, como si fuera una columnista española actual:

a) Había un país árabe, Irak, regido por un cruel déspota, que sin embargo, tras doce años de sanciones internacionales, no representaba ninguna amenaza para el mundo occidental ni casi para sus vecinos. Había perdido las armas de destrucción masiva que *antes de 1991* había poseído y usado, facilitadas en buena medida por los propios Estados Unidos para que guerreara contra Irán. Carecía de capacidad para fabricarlas y desarrollarlas de nuevo. Y esto era tan seguro que hasta yo —el último mono— lo sabía o lo intuía.

b) El dictador mantenía a su pueblo bajo la bota, pero, por eso mismo, también mantenía a raya a los terroristas islamistas (en un Estado policial no hay quien dé un paso sin control). Y como además su sanguinario régimen era laico, no sólo no apoyaba a gente como Osama Bin Laden, sino que lo detestaba tanto como éste a él. Esto era tan igualmente sabido que no escapaba ni a mis precarios conocimientos.

c) Irak era, por tanto, un país que a los Estados Unidos no sólo no les planteaba ningún problema acuciante ni real, sino que les alejaba unos cuantos. Ni había en él terrorismo, ni poseía armas peligrosas, ni era islamista, ni planeaba atacar a nadie a corto plazo, por pura falta de medios.

d) Ahora, tras la guerra y la invasión, es en cambio uno de los lugares más explosivos del globo. Está plagado de terroristas venidos de fuera, que en época de Sadam no habrían ni logrado entrar. No hay día en que, bien esos terroristas, bien los llamados insurgentes o resistentes, no se carguen a un montón de gente o no secuestren y decapiten a occidentales. Mueren allí centenares de norteamericanos y británicos. El laicismo ha terminado, y los gerifaltes religiosos, fanáticos o no, que en tiempo de Sadam no pintaban nada o estaban perseguidos, son hoy fuerzas fácticas de enorme importancia. Y nadie puede asegurar que, si un día se celebraran por fin elecciones allí, no las ganaran los fundamentalistas y se pasara a padecer un régimen más parecido al de Irán o Arabia Saudí que al de Egipto o Marruecos. Es decir, uno que aún odiara mucho más todo lo occidental.

e) En contra de lo que anunciaron los responsables de la guerra (y aquí, con frívola inmoralidad, la ex-Ministra Ana Palacio), el petróleo no se ha abaratado tras la aventura, sino que está más caro que nunca. Y los «inmensos beneficios» de la reconstrucción han brillado por su ausencia, porque ésta ni ha podido iniciarse, en la mortal y caótica situación actual. Es más, el coste de la aventura es de los que no caben en calculadora alguna.

The Three Caballeros tendrán bien claro en sus cuartos de baño que, *para su país*, todo era mucho mejor, más fácil y más seguro con Sadam Husein. Se tirarán de los pelos, se rasgarán el albornoz y aun se «autolesionarán» con *gillettes*, en pleno ataque de desesperación. Y sólo los salvará preguntarse, tan perplejos como encantados ante la estupidez de demasiados compatriotas suyos: «¿Cómo es posible que aun así podamos ser reelegidos y ganar?». Es lo que también se pregunta el resto del mundo casi entero, esto es, cuantos no podemos ir a ese país a votar.

# PRIMERO LOS MIRAMIENTOS

Ver cómo van cambiando los gobernantes, desde que alcanzan el poder hasta que lo abandonan (y aún después, en bastantes casos), es una de las mejores y más nítidas representaciones de la evolución de la psique humana con que hoy contamos, sobre todo teniendo en cuenta que, gracias a la obsesión de la prensa y las televisiones con ellos, de la mayoría de los poderosos solemos recibir imágenes diarias o semanales. Pero no me refiero, o no sólo, al aspecto físico, al a menudo veloz o prematuro envejecimiento, ni siquiera a los frecuentes endurecimientos de los rasgos o descomposición de las facciones, según les vaya bien en la feria o se sientan acosados y aun acorralados. Ese deterioro —embellecimiento o salud mejor no suelen darse, ni con el «sembrado» capilar de Berlusconi— es curioso de observar, pero es más una cuestión de actitud y de miramiento lo que me interesa —y elijo bien ambas palabras—. Hablaré sin matizar, en términos muy generales.

Acaba de cumplirse un año desde que Zapatero y sus ministros se pusieron a gobernar, y aunque no es mucho tiempo, ya me ha parecido advertir algunos detalles alarmantes. No tanto en el Presidente, que al tomar posesión incurrió en la ingenuidad voluntarista de anunciar que no cambiaría y que en efecto lo ha hecho poco en estos doce meses transcurridos (pero lo que todavía te rondará, morena), cuanto en alguno de sus inmediatos subordinados. En España, si hacemos memoria (cosa harto difícil, no sólo porque a este país eso le aburre, sino porque lo único que permanece es lo último y además borra cuanto hubo antes), todos los gobernantes de la democracia iniciaron sus mandatos con pies de plomo, con mucho respeto y mucho tiento. Adolfo Suárez y los suyos fueron delicadísimos al principio, como si quisieran hacerse perdonar rápidamente su procedencia a veces dudosa y a veces directamente franquista, demostrar que regir con votos obligaba a gestos considerados y a prestar atención a todo el mundo, y en todo caso tuvieran un empeño máximo en alejar sus modales de los de sus predecesores dictatoriales. De hecho fueron los que menos variaron de actitud hasta el final: nunca los abandonó el temor de poder ser identificados con los de la etapa anterior, y anduvieron con relativo cuidado en las formas, hasta su arrumbamiento. Hay que reconocer que a Suárez no se le llegó a ver un mal desplante o un ademán despectivo, aunque varios de sus correligionarios sí se pusieran impertinentes y ariscos, de tan nerviosos.

Por su parte, Felipe González y los suyos comenzaron asimismo con guantes. No sólo porque hubiera habido un golpe de Estado fallido un año antes de su victoria electoral, sino porque tenían que apaciguar las aprensiones de la abundante población conservadora y de la Iglesia escandalizadora, ganarse la confianza de los grandes empresarios y banqueros y demostrar que no iban a poner nada patas arriba. Pero, al cabo de unos cuantos años de afianzamiento y más votos, de disparatado optimismo (en la política siempre hay que ser pesimista, eso sí, sólo de puertas adentro) y de impresentable engreimiento, las maneras simpáticas y más o menos respetuosas pasaron a mejor vida; admitieron e hicieron crecer en su seno una burocracia y una «clase media» desaprensivas, prepotentes y corruptas (cuántos actuales odiadores del PSOE no se convirtieron en multimillonarios con sus ríos de comisiones y estafas durante la Expo de Sevilla), y la sensación de impunidad los transformó directamente en unos chulos. Llegaron a no distinguirse apenas del modelo de ejecutivo insolente y zafio que tanto abunda en España. Es decir, del arribista aquejado de señoritismo, del maleante con guardaespaldas. Y González perdió el control, los papeles y no se sabe si el juicio.

En cuanto a Aznar y los suyos, no es nada fácil recordar sus inicios, habiendo venido lo que luego vino y persiste, pero en sus primeros años de mandato, sin mayoría absoluta, también procuraron no espantar demasiado a nadie, como si quisieran probar que su derecha ya era civilizada, casi francesa; que no olían a naftalina ni a cuartel, a anís ni a casino de pueblo ni a sacristía; que eran capaces de aceptar cosas contrarias a sus sentimientos y convicciones pero ya consagradas por los avances del tiempo «que ni vuelve ni tropieza». Se aparecieron perfumados y mansos. Luego —ese luego es tan reciente que todavía es presente— se vio que era todo incómodo *atrezzo*: se quitaron el disfraz tolerante y amable —debía de picarles tanto— y se mostraron despreciativos, cobistas con el fuerte, cerriles, pendencieros, beatos, patanescos, emponzoñadores y cínicos. Y aún no debo decirlo en pasado, mientras estén a su frente Rajoy, Acebes, Zaplana y Esperanza Aguirre, y Aznar siga a su espalda.

*(Continuará)*

## EL PELIGRO DE ENGREIMIENTO

*(Continuación del artículo anterior)*

Hoy es imposible saber si el Gobierno o los quizá Gobiernos de Zapatero acabarán por resultar tan tensos y deshilachados como los postreros de Suárez, tan arrogantes y descarados como los de González o tan falsarios y dañinos como los de Aznar. Ojalá no, pero es de temer que al final no podamos mirarlos con la benevolencia que aún no nos cuesta mucho aplicarle al actual. Hablo, claro, de quienes, sintiéndonos más afines a unos partidos que a otros, lo somos muy poco a todos y en principio no deseamos el fracaso de ningún Gobierno elegido. Somos más de lo que parece, y de hecho me atrevo a pensar que somos quienes a la postre decidimos los resultados de las votaciones, algo que el PSOE de González olvidó en su día y que el PP de Aznar y Rajoy —de momento no se diferencian— está empeñado en negar o ignorar. Sólo con las papeletas de quienes desean lo peor al Gobierno que no es de su cuerda, y además se lo procuran con ahínco, no se va lejos. Todas las formaciones deberían estar más que enteradas.

El primero de Zapatero, durante su primer año, se ha encontrado con la baraja ya repartida hasta el último naipe, nada más empezar. No hubo cien, ni tan siquiera un día de cortesía. Por parte del PP y de los medios de comunicación a su servicio se lo presentó como un gabinete de taimados o de pardillos desde el momento de su constitución. Es decir, a destiempo. Tanta munición verbal se ha gastado contra sus integrantes, tanta exageración ha habido con sus errores o arbitrariedades, que el pelotón de fusileros corre dos graves riesgos: que la gente ya no dé crédito a sus agotados improperios cuando sea hora de criticar con razón (estilo Pedro y el Lobo), y que sufran todos prematuros derrames o infartos (no se puede echar espuma por la boca a diario sin consecuencias para la salud, sobre todo si no ha habido mordedura previa de perro rabioso alguno).

Ahora bien, transcurridos estos doce meses, empiezan a verse signos ominosos en esta Administración. Como pasó con sus predecesores, de Suárez a Aznar, al comienzo todo fueron buenas maneras y hasta timidez, con la deliberada intención de diferenciarse al máximo del estilo desdeñoso y desconsiderado del Gobierno del PP y de su ausencia de explicaciones (todavía nadie nos ha argumentado qué falta hacía España, potencia media económica y nula militarmente, en la reunión de las Azores; es un ejemplo entre cien). Y es verdad que varios ministros continúan en ello, en la discreción y la modosidad, como Alonso, de Interior, o López Aguilar, de Justicia. Pero otros no, y se advierte ya en ellos esa evolución de la psique a que me referí hace una semana: es el momento en que los ministros olvidan por qué azar están donde están, y se engríen, se convencen de su personal importancia y se tornan a menudo autoritarios y despreciativos. Signos de eso se perciben en Salgado, de Sanidad, quien, además de poner en marcha una ley abusiva contra los fumadores e irrespetuosa de las libertades individuales, declaró hace poco, poseída de sí misma y en tono dictatorial: «Claro que todo eso se va a aplicar: que se hagan a la idea de que faltan ocho meses para dejar de fumar». También en Trujillo, de Vivienda, con su ya célebre y desdichada frase «La dignidad no se mide en metros cuadrados», seguida de una improcedente sonrisa de autocomplacencia injustificable, dado que, precisamente, que una vivienda resulte o no digna depende en muy gran medida de que no sea un cuchitril claustrofóbico. Ambas Ministras rozaron la chulería, como si sus expresiones delataran el avance en ellas del pensamiento más peligroso: «Se hará lo que yo diga, que para eso soy quien soy». En algo parecido he visto ya incurrir varias veces a Álvarez, de Fomento, a Calvo, de Cultura, y por supuesto a Bono, de Defensa, aunque éste ya trajera consigo la autosatisfacción y no la haya adquirido con su nuevo cargo. En cuanto a Moratinos, de Exteriores, pocas oportunidades ha tenido de desarrollar prepotencia: al contrario, se ha asemejado en exceso a su servil predecesora del PP, y no acaba uno de entender tanta reverencia y limosneo formales ante los responsables de la Administración Bush, cuando, que se sepa, no es España quien necesita y utiliza suelo americano para sus bases, algo vital.

Pero lo más preocupante y grotesco —la guinda de los síntomas— ha sido la operación de venta de armas al golpista Hugo Chávez. Aunque este individuo haya ganado elecciones, antes intentó un golpe de Estado contra un Gobierno legítimo, por corrupto que fuese, y de la misma manera que un asesino no es jamás «ex-asesino» ni un dictador se convierte en «ex-dictador» (pese a que la prensa emplee este término disparatadamente), quien está dispuesto a dar un golpe y además celebra la fecha de su tentativa, es un golpista para siempre jamás. Y si a esa venta la acompaña la argumentación, digna de Rumsfeld, de que el tal armamento «no es para fines bélicos», entonces en el primer Gobierno de Zapatero ya se ha introducido el cinismo idiota, y merece un toque de atención. Porque eso equivale a decir que se venden medicamentos sin fines curativos ni preventivos, lo cual sería una estafa o una absoluta imbecilidad.

## ÁRBOLES Y GROSERÍA

Ustedes saben que quienes escribimos en los suplementos dominicales lo hacemos con dos semanas de antelación, así que este asunto podría parecerles ya antiguo. Sería la mejor noticia: significaría que el peligro ha pasado, como ha anunciado Esperanza Aguirre, al decir que no se talará ningún árbol de Recoletos y el Paseo del Prado mientras ella permanezca en su actual cargo. Pero como la Presidenta de Madrid es una arboricida consumada en otras zonas de la ciudad, y a estas alturas no hay quien se fíe de la palabra de ningún político, no estará de más insistir, por si acaso.

Si hay un paisaje de Madrid que en verdad pertenece a todos, es el llamado eje Recoletos-Prado, porque allí está el museo más extraordinario del país, el del Prado, así como el Thyssen, el Jardín Botánico y edificios históricos como el Hotel Ritz y el Palace. Y si a la pobre y destrozada Madrid le queda un paisaje urbano bonito (una vez que se le escamoteó la visión del Palacio Real, cuya fachada ya no se contempla desde ningún punto, hay que plantarse ante ella para que se aparezca), es la magnífica arboleda de dichos Paseos. El Ayuntamiento, con el apoyo del PSOE y de IU —en esta cuestión todos los partidos están siendo vandálicos—, ha decidido cargárselo, bajo el ridículo pretexto de «recuperarlo» y «mejorarlo». ¿Recuperar qué y para quién? Se trata, eminentemente, de convertir la zona en una especie de parque temático de museos, para los turistas: facilitar el aparcamiento de montones de autobuses abarrotados de ellos; ponerles una explanada, con pocos árboles, para que paseen y en verano se deshidraten; reducir el tráfico aumentándolo en zonas que harán peligrar la conservación de los cuadros; sustituir el actual suelo por un terrizo o albero de plaza de toros, que en Madrid no pega ni con cola y que levantará tanto polvo que asimismo dañará las pinturas; talar o quitar de en medio («trasplantar», lo llaman) casi setecientos árboles entre Cibeles y Atocha, árboles antiguos, altos, frondosos, y que sobre todo constituyen un paisaje que *debe* ser invariable, por emblemático y por querido por los madrileños tal como es y como está. Lo dijo Soledad Gallego-Díaz en una columna de este diario: la mayoría vemos un Paseo «muy hermoso que va a ser sometido a una intervención desproporcionada, innecesaria e injustificada».

A la gente no se le puede cambiar la fisonomía de sus ciudades hasta hacerlas irreconocibles, ni siquiera si es supuestamente para mejor (casi nunca lo es). Meterle mano al Paseo del Prado sería como metérsela en París a los Jardines del Luxemburgo o en Londres a su Torre y su entorno. ¿Que ambos lugares serían mejorables? Sin duda, todo lo es, y también empeorable. Pero, así como unos padres no dejarían —en principio— que sus hijos fueran retocados quirúrgicamente para hacerlos más guapos, más altos o con ojos azules, nosotros no aceptamos que se destruya el ya casi único rasgo de identidad de Madrid para transformarlo en *otra cosa*, menos aún en un adefesio semidesértico, lo más probable a la vista del famoso y servil proyecto. Si los turistas vienen, bueno. Pero una ciudad no se puede hacer *para* ellos, ni tratar Recoletos y el Prado como si fueran Marina d'Or o Torrevieja o Marbella.

Pero además hay que decir algo sobre la grosería. La Baronesa Thyssen, bendita sea, ha sido quien ha dado la voz de alarma ante el desafuero. Y la reacción del Ayuntamiento, de la oposición, de los arquitectos y hasta del director del Museo del Prado, Zugaza (éste más por omisión), ha sido tan faltona que sólo se explica por el excesivo y sospechoso interés de todos por tirar adelante con las obras. El arquitecto Hernández de León ha dicho: «Detrás de esto hay una situación de capricho que se está transformando en un chantaje». Pilar Martínez, edil de Urbanismo: «La Baronesa es una caprichosa intolerante que antepone su interés personal al de los ciudadanos» (!). Simancas, aspirante a la Presidencia de Madrid: «Aguirre y Gallardón se pelean por el favor de una Baronesa». Y hasta el propio alcalde, normalmente educadísimo, ha perdido las formas: «Hay que hacer más caso a la inteligencia que a la aristocracia», llamando así poco menos que tonta a la Baronesa. Ésta no es tal más que por un azar, por matrimonio, y en modo alguno es «aristocracia». Se trata de Carmen Cervera, catalana que consiguió para Madrid y España una colección de pinturas inigualable. Convenció al marido, como sabemos todos, y cuando la venta se hizo efectiva, tras generoso préstamo, el Estado pudo adquirirla a un precio inferior al real, gracias a ella. Y aún hay quien, en estos días, ha dudado de sus motivos para oponerse al destrozo y ha insinuado, ofensivamente, que querrá ofrecerle «al mejor postor» el tercio de las pinturas aún pendiente de venta en firme.

A esta mujer debería tenérsele muy profundos agradecimiento y respeto, que ahora han brillado por su vergonzosa ausencia. La feísima impresión que han dado todos es la de haber pensado: «Ahora que ya sacamos lo principal de ella, podemos darle la patada». Y con ello han demostrado, una vez más, que España es un país patanesco y no de fiar cuando hay por medio cemento, políticos, constructores y dinero. Y eso es lo que nos domina y define, lamentablemente, en el siglo XXI. Nuestro mayor problema, y no exagero.

# LOS VILLANOS DE LA NACIÓN

Como en muchos aspectos me considero vulgar, tiendo a pensar que no hay razón para que mis percepciones no sean compartidas por la mayoría, o para que ésta no reaccione ante ciertas cosas como yo lo hago. Y de un tiempo a esta parte hay dos profesiones en España que me repugnan, o quizá sean cuatro, todas relacionadas. Ya sé que si uno critica en un artículo a un solo taxista, o dentista, o gaitero, el gremio en pleno de los taxistas, los dentistas o los gaiteros protestará, dándose absurda e irracionalmente por aludido, como si entre los suyos no pudiera haber algún jeta, corrupto, timador o incompetente, sin que ello suponga una descalificación del conjunto. Así que lo que acabo de decir sobre esas dos o cuatro profesiones parecerá absolutamente intolerable, porque ahí no me he referido a un individuo aislado —a una oveja negra—, sino al grueso de sus miembros. De modo que lo pertinente será añadir en seguida que habrá excepciones que no repugnen, cuantas ustedes quieran... pero no tantas.

Lo cierto es que cada vez que hoy oigo o leo las palabras «constructor inmobiliario» y «alcalde», y en menor medida «empresario de obras públicas» y «consejero o responsable autonómico», me llevo la mano al bolsillo con dos fines simultáneos: uno, comprobar que no me falta nada; el otro, no correr peligro de estrechársela, por un acto de educación reflejo, a quienes siento que me la mancharían. E insisto, no creo ser el único español con semejantes prevenciones o alergias.

Yo no sé si los buenos y honrados constructores y alcaldes, empresarios de obras públicas y responsables autonómicos —los habrá, sin duda— son conscientes de que sus respectivos gremios se han convertido en la hez del país, y sus componentes en los más detestados y despreciados por los ciudadanos decentes: en los villanos de la nación, en los más desacreditados, quizá dentro de poco en los apestados, desde luego en los que más vergüenza causa tener cerca. Allá ellos si no hacen nada para remediarlo. Pero así son las cosas en la percepción del hombre vulgar, y no cabe enfadarse con lo que la gente percibe, que es más o menos lo siguiente: España está siendo destrozada por el chaleneo entre esas dos o cuatro profesiones. Desde que los permisos de edificación y la recalificación de terrenos son competencia «transferida», municipal o autonómica según los casos, aquí se construyen anualmente más viviendas que en los más importantes y poblados países europeos *juntos*, sin que se vea más demanda que la puramente especulativa y sin que la demencia constructora signifique una bajada de los precios (por aquello de la abundante oferta), sino todo lo contrario, un incesante y escandaloso aumento. La proliferación salvaje no se limita a lugares que desde antiguo son gatuperios, como Marbella o la costa levantina, sino que se da en casi todo el litoral mediterráneo (brutales los planes para Almería y Murcia), en parte del atlántico (les va tocando el bestial turno a Galicia y Cádiz) y en las zonas cercanas a las grandes metrópolis (Guadalajara, Segovia y Toledo están ya en proceso de transformarse en monstruosidades submadrileñas). Para llenar el país de cemento y ladrillo los constructores y los alcaldes —los del PP a la cabeza, pero los del PSOE se les distinguen poco en esto— no se paran en barras: si hay que cargarse el paisaje, el equilibrio ecológico o el patrimonio histórico-artístico, arrasan con todo ello; si donde planean erigir sus adefesios no hay agua para los habitantes futuros (aún menos para los ridículos campos de golf escoceses que proyectan y que, según ese cerebrillo del PP, Pujalte, no consumen nada), les da lo mismo, no consideran suyo ese problema. Si nuestras ciudades están perennemente levantadas, cavadas, destripadas, invivibles, nadie cree ya que sea por necesidad o mejora, sino porque los ayuntamientos están al servicio y porcentaje de las desaforadas y voraces empresas de obras, que han decidido enriquecerse a costa de torturar a los ciudadanos.

Las recalificaciones de terrenos son hoy tipo relámpago, y cada poco nos enteramos de que el negocio inmobiliario está plagado de ex-ediles, ex-concejales, ex-autonómicos y ex-cuñados, gente de la que ha dependido a veces, apenas un par de años antes, la revalorización arbitraria y desmedida del suelo.

Esa es la percepción, lo siento. Dos o cuatro gremios llenos de mangantes se están cargando el país, para forrarse, y el Estado mira y consiente. Hasta las sospechas de muchos incendios van en esa misma dirección, en la de los villanos. Falta poco para que los ciudadanos vulgares como yo establezcan el vínculo último, archiconocido ya en Italia: allí es del dominio público que la Mafia, la Camorra y la 'ndrangheta (sin mayúscula, por favor, en contra de lo que este diario cree) se han centrado en la construcción inmobiliaria desde hace años, como negocio «limpio» preferido. Lo malo es que ya lo han ensuciado, aunque yo creo que menos que aquí, o acaso lo han hecho sin que se notara tanto. En España, por desgracia, para ver por doquier a mafiosos mangoneando ni siquiera hace falta que se hayan organizado. Van por libre y con carta blanca.

# DECIDIR VOLVERSE LOCO

Como sabemos bien en España desde 1605, año (quizá ya se haya olvidado) de la publicación del *Quijote* en su Primera Parte, hay una importante diferencia entre volverse loco y fingirse loco, aunque lo segundo pueda acabar dando paso a lo primero, a fuerza de insistencia, y entonces ese fingirse loco se convierte *a posteriori* en una tercera cosa: *decidir* volverse loco, que es lo que probablemente, a la postre, y a la luz de ciertos detalles en el texto cervantino, le ocurrió a Alonso Quijano: ni se volvió loco sin más ni se lo fingió con cinismo, sino que más bien *decidió* volvérselo. La misma impresión dan, desde hace como mínimo treinta meses, los principales dirigentes del Partido Popular, bastantes de los secundarios (que obedecen órdenes y tics ciegamente) y buena parte de la prensa (que parece dictarlos), en lo relativo a los atentados del 11-M de 2004 y a las supuestas conspiraciones para primero llevarlos a cabo y luego impedir u ocultar el esclarecimiento de los hechos; quiere decirse de los hechos según ellos quisieran que fuesen o que hubieran sido.

De la misma manera que el loco está obligado a creer que todos los demás son los locos o malvados, por no darle la razón, y que él es el único cuerdo, al mentiroso resuelto a sostener sus embustes contra todo mentís y evidencia, no le queda más remedio que tachar de mentirosos a cuantos no le creen y le llevan la contraria. Para persistir en ello le conviene *decidir* creerse sus propias mentiras (no es nada fácil, pero tampoco imposible), y desde luego abandonar todo sentido del ridículo y de la vergüenza. El Partido Popular mintió, sin el menor atisbo de duda, cuando se empeñó en atribuir a ETA aquellos atentados; entre la fecha de su comisión y la de las elecciones generales, tres días más tarde. También había mentido palmariamente meses antes, como Bush y Blair, al afirmar que Sadam Husein poseía armas de destrucción masiva y que su régimen tenía que ver con Al Qaeda y por lo tanto con los ataques contra Nueva York y Washington en 2001. Muchos, aunque inexpertos, sabíamos que no era así y así lo dijimos. Ahora ya lo sabe y reconoce hasta el Senado de los Estados Unidos, pero todavía no he visto que lo reconozcan ni sepan los señores Rajoy, Aznar, Zaplana y Acebes, ni el resto de sus contagiados.

Pero en todo este disparate o resentimiento relativo a nuestros atentados, quienes se empecinan en la existencia de una trama, en la que habrían participado ETA y Batasuna, el PSOE, los servicios secretos españoles, marroquíes y franceses (?), fiscales, jueces, investigadores, confidentes, mineros, guardias civiles y policías que entonces estaban al servicio del PP y comandados por el Gran Embustero Acebes que llamó miserable a medio mundo, incluyéndose a sí mismo; en todo este disparate, digo, se olvida algo esencial de continuo. Supongamos por un momento que hubiera habido tal conspiración abigarrada: según los locos voluntarios del PP y de varios periódicos y radios, su fin último, y exitoso, habría sido desalojar del poder a ese partido, que en las anteriores elecciones de 2000 había obtenido la mayoría absoluta. Lo que se olvida es que un complot semejante habría sido cosa de idiotas o asimismo de chiflados, porque nadie podía prever, en modo alguno, que los resultados del 14-M fueran a ser los que fueron, ni antes ni después de los atentados. El PP y sus amos hablan de ello como si se tratara de una cuestión matemática: se produce una matanza de casi doscientos muertos, y automáticamente los españoles quitarán el poder a quienes lo tenían. Nada más lejos de la realidad. El 14-M, durante la espera del recuento, nadie tenía la menor idea de lo que éste iba a deparar. Cabía desde una nueva mayoría absoluta del PP hasta que este partido perdiera, como así fue. Pero en esta última posibilidad (todo se olvida), debían de creer a lo sumo Zapatero y sus más fieles, nadie más. Nadie sabía entonces cómo iban a reaccionar los votantes. Recuerdo haber ido a almorzar aquel día a casa de mi padre, con hermanos, cuñadas, sobrinos y sobrinas, y haberme encontrado con datos desconcertantes en mi propia familia: algún miembro que había votado al PP anteriormente pensaba seguirlo haciendo, pero también otro que jamás lo había hecho, e iba a estrenarse, en consecuencia; y yo, que nunca había votado al PSOE en unas generales, iba a otorgarle por primera vez mi papeleta, por la simple razón de que prefería cualquier cosa antes que continuar con el mentiroso PP al frente. Estoy seguro de que muchas otras familias resultaron igual de imprevisibles.

El PP y quienes lo aterrorizan se han empeñado en algo muy propio de los locos: puesto que pasó lo que pasó en aquellas elecciones, alguien debió preverlo y calcularlo. Y puesto que el resultado fue 4, alguien conspiró un 2+2 o un 1+3 o un 0+4. A ese alguien lo tendrían que considerar un genio, qué menos. Pero lo que también salta a la vista es que ni Rajoy ni Aznar ni Zaplana ni Acebes ni sus dueños se creen una sola palabra de las que sueltan machaconamente al respecto. Es decir, aún no han cruzado la línea que los llevaría a creerse sus mentiras de veras y a volverse locos. No sé si para su suerte o desgracia, todavía están en la fase en que tan sólo *han decidido* volvérselo.

## EL DERECHO A LA IMPUNIDAD

Una de las más dañinas consecuencias de la percepción actual del tiempo, de la que hablé hace una semana, y de la absoluta dominación del presente sobre el pasado, por cercano que sea, es la cada vez más extendida aspiración de impunidad. Alguna vez he comentado que, cuando las cosas cesan, se produce hoy una impresión (del todo falsa) de que, puesto que ya no están sucediendo, en realidad no han sucedido. Recordemos, por ejemplo, las escasas semanas de la Guerra de Irak como tal guerra: la población europea, que se había opuesto frontalmente a aquella invasión injustificada y basada en mentiras, padeció mucho durante aquellos días, y todavía tuvo arrestos (los había gastado en buena medida en tratar de impedirla, antes de la criminal cretinada de las Azores) para salir a las calles, elevar protestas a los Tres Azóricos, Bush, Blair y Aznar, y mostrar su indignación por la farsa. Sin embargo, en cuanto cayó Bagdad y *pareció* que ya no iba a haber muchos más muertos, todo se calmó, y de hecho, pese a los ríos de sangre que han corrido allí desde entonces, nunca ha vuelto a darse el mismo vigor en la furia de los ciudadanos europeos. Lo cual les ha venido de perlas a los grandes culpables, que, sin el menor sonrojo, hacen descarado uso de esta anómala característica de nuestros tiempos: en España, cada vez que al Partido Popular se le recuerda que aún no ha pedido disculpas por sus falacias ni por su participación en esa guerra de consecuencias tan nefastas (entre ellas los atentados del 11-M, según los informes del CNI y de la policía), los *mismos* individuos que formaban parte del Gobierno que la alentó y apoyó —Rajoy, Acebes, Zaplana— ponen el grito en el cielo, ofendidos, y

acusan a los no olvidadizos de «resentidos», de «remover el pasado» y de «no mirar hacia el futuro», que es lo que a ellos importa
—y conviene, desde luego—. Es decir, se aprovechan de nuestra
enfermiza percepción del tiempo y nos espetan: «Oiga, ¿verdad que
esto de los bombardeos americanos ya no acontece? Pues entonces,
a qué viene hablar de ello o pedir responsabilidades. ¿Y verdad que
ya no hay tropas españolas por aquellos pagos? Pues entonces, a
qué viene afearnos que en su día las mandáramos». Pretenden, en
suma —*como si fuera un derecho*—, quedar impunes de lo que hicieron, por la sencilla razón de que *ya* no lo están haciendo. Lo que
exigen —y en parte logran— es que los errores y las falsedades caigan en el olvido porque, para ellos, el mero paso del tiempo hace
que prescriban y ya no cuenten.

Es lo mismo que han pretendido ETA y Batasuna durante los
nueve meses de «alto el fuego permanente». Lo de permanente resulta un chiste cuando escribo esto, el día de Fin de Año, tras la
furgoneta-bomba en la T-4 de Barajas y los casi seguros dos muertos causados por ella. ¿Por qué han vuelto a atentar, añadiendo
además a su larguísima relación de vilezas una nueva, la de no advertir que la tregua había acabado? Dejando de lado las explicaciones más complejas, sesudas y «políticas», a primera vista se diría
que porque no se les ha concedido la impunidad retroactiva a
la que, descerebrada o cínicamente, creían haberse hecho acreedores.
La pretensión de Batasuna y ETA durante este periodo ha venido a
ser ésta: «Oigan, ¿verdad que hace la tira de tiempo que no mata-
mos a nadie? Pues entonces, a qué viene detenernos, juzgarnos y
condenarnos por lo de antes». Esto es, los terroristas han interpretado que el cese de su actividad asesina equivalía a una prescrip-
ción de todos sus delitos previos. «Si ahora no estamos matando, a
qué viene castigarnos por lo que aconteció pero no acontece, por
muertos pasados que no son de hoy ni de ayer siquiera. Son ustedes
unos resentidos, se dedican a remover lo remoto, no miran hacia el
futuro de nuestros países. Volvemos a matar, por tanto, a ver si de
una vez aprenden.»

No sé, para mí son incomprensibles semejantes pretensiones.
Cuántas veces no hemos oído a Otegi y a los suyos decir que tales o

cuales detenciones, procesos o sentencias «no ayudaban nada al proceso de paz», o que se esperara de su formación la condena de la violencia y su adecuación a la Ley de Partidos, qué insolencia. Era como si nos espetara: «Oigan, si mis amigos ya no matan, a qué viene hablar de violencia, o que condene lo que ya no existe. ¿Que existió? Ah, no me vengan con antiguallas. No irán a pedirnos cuentas de lo que ya no ocurre».

En cierto sentido es como si cada vez se instalara más en la mente de los delincuentes y los políticos, pero también de las poblaciones enteras, la insensata y malsana idea de que sólo cabe responder de los crímenes, los abusos, las injusticias y las meteduras de pata *mientras* se están cometiendo, y de que en realidad sólo hace falta dejar pasar algún tiempo para que prescriban, y para que echarlos en cara o reclamar por ellos resulte algo intolerable e intolerante, un mezquino afán de venganza por parte de los damnificados, casi un atentado a nuestro derecho de «pasar página», como decía Aznar y ahora repiten tantos. Pero a todo eso, ya digo, se lo debe llamar aspiración de impunidad, y no otra cosa.

# YO SOY MUCHEDUMBRE

Yo me imagino que a la mitad de los venezolanos, o a un tercio, no les hará maldita la gracia, pero su Presidente previtalicio y omnipresente, el antaño golpista y luego —vaya manera de premiar su delito— elegido y reelegido Hugo Chávez, lleva tiempo ofreciendo las imágenes más bufas de la televisión mundial, y miren que la competencia es tremenda. En su loco afán por aparecer en pantalla, sólo comparable con el de Berlusconi, no le basta disponer de un *one-man show* con el que castiga a sus compatriotas —entre otras cosas, les canta— y que no sé si se llama *Aló Presidente, Oiga a Hugo* o *Cháchara Chávez*, sino que, sabedor de que las cadenas televisivas difundirán esas imágenes por todo el planeta, ha tomado la costumbre de visitar cada poco al convaleciente Fidel Castro, a quien ya no hay modo de ver si no es en su compañía, siempre disfrazado el cantante de piloto de Fórmula 1 de alguna escudería con divisa roja. La última de estas escenas, hasta la fecha en que escribo, ha sido particularmente reveladora y cómica: «Un fuerte abrazo», le decía Chávez al estupefacto Castro: sin abrazarlo, por cierto, ni fuerte ni flojo; se limitaba a plantarle las manos sobre los hombros; «de millones, tú sabes, este abrazo es de millones, no es mío, y este sentimiento» (¿cuál?) «es de millones, que te admiramos, te queremos, te necesitamos, y te...» (aquí ya no se le ocurría nada más, tan falso era el discursillo) «... te seguimos, paso a paso» (en el actual estado de Castro más valía que fuera así, difícilmente podría haber sido «zancada a zancada» o «salto a salto»). Resultaba evidente que a Chávez le importaba un carajo, como diría él, la salud de Castro: tan artificial, tan exhibicionista, tan prosopopéyica y a la vez dubitativa se veía la escena, tan claramente hablaba Chávez a las cámaras, en modo alguno al Comandante enfermo.

Pero me he dejado arrastrar por el efectismo de las imágenes, y no es a eso a lo que iba, sino a la petulancia y megalomanía de esas frases insinceras. Por muy Presidente que sea, ¿cómo se atreve Chávez a decir que el abrazo que ni siquiera daba era «de millones» y «no mío»? ¿Cómo se arroga, en una visita fingidamente personal, amistosa, la representación nada menos que «de millones», aunque sean compatriotas y tal vez votantes suyos? Hay que decir en su relativo descargo que no es hoy el único en sentirse multitud y que, de hecho, esta fea tendencia está extendidísima en el mundo entero. Ya es bastante embarazoso que los Presidentes de Gobierno y Jefes de Estado digan a menudo cosas como «En mi nombre y en el de todos los españoles...», como si nadie, por importante que sea, pudiera hablar nunca en nombre de todo un país, o creer que sus connacionales en pleno suscribirían lo que a él o a ella se les antojara soltar en cualquier circunstancia (por lo general grandes paridas). Pero en fin, todavía un dirigente político, un «representante elegido» (si es que ha sido elegido, porque los que más hablan por sus pueblos son los que no lo han sido), tiene una leve justificación, en los parlamentos oficiales.

Lo que ya no tiene un pase, y sucede sólo en España y en los países que comparten lengua con ella, es que casi cualquier escritor, cineasta, pintor, modisto, cocinero, deportista o músico al que se entrega un premio o distinción en el extranjero, lo primero que diga invariablemente es que con ese premio a su labor se está premiando «a la literatura española», y quien dice literatura dice cine, pintura, moda, cocina, deporte o música. Y lo para mí más sorprendente es que quienes proclaman tan demagógica falacia creen estar siendo generosos e incluso modestos, amén de patrióticos, *ça va sans dire*, cuando en realidad están siendo de una megalomanía y una presunción preocupantes, si no enfermizas. No sé si se dan cuenta del delirio de grandeza implícito: «En mí» (santo cielo) «se premia a toda la literatura española». En vez de pensar el galardonado, sin falsa modestia pero sin pretensiones mayúsculas, que lo que ha hecho por su cuenta les ha parecido bien a unas instituciones o a los miembros de un jurado, independientemente de su nacionalidad o españolidad, se cree o asegura creerse que al reconocerse su mérito se está reconociendo nada menos que a la Patria, en él encarnada. Como si además nuestras patrias nos ayudaran en nada a los que escribimos o cocinamos (más, parece, a los que filman o pintan).

Claro que la prensa tiene buena parte de culpa de esta fea tendencia, porque suele jalear cada éxito *individual* de un artista o un deportista como hazaña colectiva y motivo de patriotero orgullo. Luego tildamos justamente de grotesca y paleta la misma actitud referida a la literatura andaluza, la cocina catalana, la pintura aragonesa o la moda vasca (ya saben, peinado de fraile y pendiente); pero el conjunto de España no hace sino marcar la senda de tales ridiculeces y dar pésimo ejemplo, al procurar que los individuos que destacan ya no se sientan eso, individuos sin más, sino verdaderas y grandiosas muchedumbres.

# CREENCIAS, INTUICIONES Y EMBUSTES

Tan rápido va todo que cuando estas líneas vean la luz, dentro de dos semanas, casi todo el mundo habrá opinado sobre las palabras en Pozuelo del ex-Presidente Aznar («el mejor de la democracia», según unos cuantos), y las habrá olvidado. Me disculpo, pues, por la probable superfluidad de este artículo, y me permito recordarlas: «Todo el mundo *pensaba* que en Irak había armas de destrucción masiva», dijo Aznar (conservo sus habilidades sintácticas y gramaticales pero los subrayados son míos), «y no había armas de destrucción masiva. Eso lo sabe todo el mundo y yo también lo sé. Ahora. Yo lo sé ahora. Mm. Tengo la... problema de no haber sido tan listo de haberlo sabido, mm, antes. Pero es que, *cuando yo no lo sabía*, pues nadie lo sabía. Todo el mundo *creía* que las había, ¿sabes? Entonces es un problema, porque las decisiones hay que tomarlas no a toro pasado, sino cuando está el toro sobre el terreno, y es ahí cuando hay que torear. Torear con cinco años de retraso, esa es tarea de los historiadores».

Vale la pena detenerse no ya en lo que dijo el ex-Presidente, sino también en lo que *vino a decir*. Y lo que vino a decir fue esto: 1) Que en 2003 se guió sólo por creencias, intuiciones, tal vez rumores. 2) Que eso, sin embargo, no le impidió declarar en febrero de aquel año: «Todos *sabemos* que Sadam Husein tiene armas de destrucción masiva», o «El régimen iraquí tiene armas de destrucción masiva. Puede estar usted *seguro*. Y pueden estar *seguros*, todas las personas que nos ven, que les *estoy diciendo la verdad*». 3) Que, por tanto, en 2003 mintió a todos los españoles, puesto que ni *sabía* ni estaba *seguro* ni *decía la verdad* que dijo decir, sino que *pen-*

*saba* que había armas y de hecho *no lo sabía*. 4) Que, en consecuencia, tomó una decisión tan grave como impulsar, propugnar, respaldar, semideclarar (¿qué otra cosa sino una semideclaración de guerra fue la reunión de las Azores en la que figuró destacado?) y participar en una guerra de invasión guiado sólo por sospechas, creencias e intuiciones (a las que tan dado es, por cierto, también su sucesor Rajoy). 5) Que semejante decisión la tomó pese a la opinión contraria de casi todos los demás partidos políticos y del 89% de la población española, que se manifestó masivamente con el fin de disuadirlo; y que la tomó sin certeza alguna de aquello sobre lo que aseguraba tenerla, sino porque «todo el mundo pensaba...» y él igual. 6) Que para él «todo el mundo» todavía significa Bush y Blair y alguno más, porque lo cierto es que gran parte del verdadero mundo (incluyendo a Francia, Alemania, Rusia, despachadas entonces despectivamente como «la vieja Europa», caduca y cobarde) no pensaba eso, o, si lo hacía, no con la ligereza suficiente para emprender la guerra que él sí emprendió; y así lo hizo saber, para irritación y despecho de Bush y del propio Aznar. 7) Que él creía que había un toro suelto sobre el terreno, cuando los espadas Bush, Blair y Aznar no es que se lo hubieran encontrado corneando en medio del campo, sino que lo sacaron ellos al ruedo para lucirse con sus faenas: el toro no estaba allí, sino que ellos se lo inventaron. 8) Que las muertes de más de tres mil americanos y centenares de miles de iraquíes —y las que se añadirán—, producidas durante la Guerra de Irak o como consecuencia del desbarajuste que ha causado, se deben en parte a que él tiene «la problema de no haber sido tan listo» para haber sabido «antes» lo que sin embargo *antes* dijo que sí sabía a ciencia cierta. Y 9) Que sus embustes, su frivolidad, su chulería con sus compatriotas, su servilismo con los más poderosos, su desdén por las opiniones discrepantes, su ciega y sorda confianza en Bush y Rumsfeld (que tal vez lo engañaron, pero él no se lo tiene en cuenta), su corresponsabilidad en el desastre iraquí y —por imprudencia e imprevisión— en lo que pasó luego en Casablanca y Madrid, no son suficiente carga sobre su conciencia como para pedir disculpas y abstenerse de opinar de política lo más que pueda, tras tan mayúscula y catastrófica metedura de pata.

Otro tanto cabría decir sobre el actual Partido Popular en pleno, que secundó con entusiasmo sus intuiciones, creencias y conjeturas y además tuvo el pésimo gusto de prorrumpir en una ovación alborozada tras la votación en el Congreso que aprobaba aquella guerra. Allí estaban Rajoy, Zaplana y Acebes y demás. Lo que el PP no comprende es que hay muchos ciudadanos, no especialmente partidistas, que no lo volverán a votar mientras estén a su frente *los mismos* que decidieron y aplaudieron el inicio de la escabechina. De la misma manera que muchos no estuvieron dispuestos a votar al PSOE mientras a su frente siguieran los mismos que habían amparado los crímenes del GAL, o que algunos no lo han estado (ay, no los bastantes) a votar al PNV tras su Pacto de Lizarra con ETA. No es que al PP se lo quiera «arrinconar» ni «expulsar del sistema», como se quejan hoy sus dirigentes y sus esbirros radiofónicos (¿o serán sus amos?), sino que él mismo se enajenó a buena parte de la ciudadanía el día en que llevó sus mentiras demasiado lejos y nos involucró, para nuestra vergüenza y desolación, en una guerra injusta e ilegal. Y la gente es olvidadiza, desde luego. Pero quizá no tanto. Y además ahí está Aznar, por fortuna, para refrescarnos la memoria de vez en cuando.

## QUÉ MAFIOSO METAFÓRICO PREFIERE USTED

Dentro de una semana se celebran elecciones municipales y autonómicas en la mayor parte de España, y hay que reconocer que esa consulta popular se ha convertido en la más peliaguda y embarazosa —por no llamarla la más apestosa— de cuantas se nos hacen a los ciudadanos. Nueve meses atrás publiqué aquí un artículo titulado «Los villanos de la nación»,* en el que señalaba que para el hombre vulgar, y yo lo soy a muchos efectos, los alcaldes, los presidentes y consejeros autonómicos, los promotores inmobiliarios, los constructores y los empresarios de obras públicas habían pasado a ser eso, la hez, la escoria, los contaminadores, depredadores y destructores del país, los villanos de la nación. La gente a la que (en términos generales, excepciones alguna habrá) no se puede estrechar la mano por temor a manchársela, y junto a la que un individuo decente nunca debe aparecer si desea conservar su dignidad y su reputación.

Y ahora se nos convoca a las urnas para que elijamos a los nuevos alcaldes, concejales, presidentes y consejeros autonómicos, lo cual, tal como están las cosas, supone elegir también a los nuevos promotores, constructores y empresarios que van a sacar tajada en los próximos cuatro años y a destrozar nuestras ciudades y paisajes y costas, si es que de estas últimas queda alguna por arruinar. Esto es, se nos pide, hasta cierto punto metafórico, que elijamos qué mafiosos o mangantes preferimos que nos exploten y esquilmen. Convendrán conmigo en que la elección se las trae y resulta de lo más disuasoria. Mucha gente se sentiría tentada a no participar en

* Artículo incluido en esta recopilación. *(N. de la E.)*

la farsa, a abstenerse o votar en blanco. Y sin embargo, pese a todo, eso es lo último que se debe hacer, porque tal opción resultaría eficaz si la siguiera la casi totalidad de los votantes, pero como eso nunca sucede ni va a suceder, nos encontraríamos, simplemente, con que otros deciden por nosotros. Tengan por seguro que quienes sí van a votar son todos los interesados en los negocios, incluidos los alcaldes, concejales, consejeros, constructores y promotores. La única manera de frenarlos es tomar parte y optar por quienes nos parezcan un poquito menos malos o deshonestos, o, si no notamos diferencia entre los candidatos, por quienes más horripilen a los mencionados alcaldes y constructores, por los que a ellos les revienten más. (Y, en todo caso, nunca por quienes ya estén acusados de corrupción y bajo sospecha.)

Pero la trayectoria reciente de escándalos, sobornos, comisiones, abusos, vandalismo urbanístico y ladrillazos de una gran parte de los políticos locales no es el único inconveniente. La percepción que cada vez tenemos más ciudadanos es de que, tal como están distribuidas ahora las competencias, los alcaldes y presidentes autonómicos tienen las manos demasiado libres y actúan sin ningún control, por mucho que existan «federaciones» regionales y un teórico poder estatal. La impresión general en nuestras ciudades y pueblos es de que, por lo regular, y por mucha oposición cívica que se dé a ciertos proyectos o modificaciones dañinos y disparatados, el alcalde megalómano de turno siempre acabará por llevarse el gato al agua y cometer su atrocidad. Y de que las poblaciones son cada vez menos para sus habitantes, sino que son tomadas como permanentes escenarios para espectáculos turísticos a los que, por mucha gente que acuda, siempre será una mínima parte comparada con la totalidad, que debe aguantar que un día se le impida transitar porque hay una maratón, otro porque es el día de la bici, o porque hay procesiones, o un desfile, o porque se aspira a que la ciudad sea olímpica, o a que albergue no sé qué Expo, o el Mundial de Vela, o porque se celebra —como he visto en Madrid— un partido de fútbol ¡en la Plaza Mayor! o un desfile de modelos ¡en el Retiro!, que de paso obliga a talar un montón de árboles de ese ya viejo parque camino de su destrucción.

Se tiene la sensación de que unos individuos *transitorios*, elegidos para solventar durante cuatro años los problemas de cada lugar, se creen autorizados a transformar de arriba abajo esos lugares, las más de las veces irreversible, irreparable y catastróficamente. ¿No es este un desmedido poder? La gente suele estar contenta con sus ciudades, o por lo menos acostumbrada. Les desea mejoras, y reparaciones donde hagan falta, y adecentamiento, pero no mucho más. Lo que desde luego no quiere es que se las hagan irreconocibles —Recoletos-Prado desarbolado, por ejemplo—, y menos aún padecer, todos los días del año, las infinitas obras innecesarias con que nos torturan nuestros alcaldes, casi siempre para peor. ¿Qué votar? Yo no lo sé, sobre todo tras la grotesca carrera que en mi ciudad nos han brindado hace unas semanas la Ministra de Fomento Álvarez y los candidatos Simancas y Sebastián, en un equipo, y la Presidenta Aguirre y el alcalde Gallardón, en el otro, para inaugurar dos días seguidos una estación de metro en la abominable T-4 de Barajas. Disputándose el mérito de la obra y de su financiación, cuando quienes han corrido con el gasto, en cualquier caso, han sido los ciudadanos horrorizados ante la papeleta que el domingo que viene nos toca depositar con asco. Más vale que lo hagan, aun así.

## EN LOS DÍAS INGENUOS O TONTOS

Pese a tanto acostumbramiento, no deja de resultar extraño, algunos días sueltos en que uno se abstrae y pierde un poco de vista cómo es hoy el mundo (probablemente no muy distinto de como fue anteayer o hace siglos). Acostumbrados estamos, desde luego. Ha quedado ya como frase «clásica», aunque reciente, la que le dijo alguien, no recuerdo, a un alcalde de Izquierda Unida que se oponía a uno de esos artificiales monstruos de ladrillo que asuelan nuestro territorio y de los que todos los chorizos locales sacan tajada: «Debes de ser el único alcalde tonto que hay en España», y aquí, por «tonto», había que entender «honrado». También hemos tenido ocasión de ver cómo en un pueblo de Cuenca el hermano de una alcaldesa y unos promotores hablaban con desparpajo de comisiones, beneficios y precios inflados —de chalaneos—, con frases del tipo: «Con el dinero, lo mejor es repartirlo» —había que entender «repartírnoslo»— «y todos contentos». Preguntados al respecto algunos vecinos, uno decía: «Bueno, ¿y qué alcalde no se lleva algo?»; y otro: «Ya, siempre hay rumores». Se suponía que había visto la filmación en cuestión, y aun así eran «rumores».

No sólo estamos acostumbrados, sino que damos por descontado que mucha gente robe, estafe, mienta, difame, cometa bajezas, tenga un doble rasero para medir lo de los demás y lo propio o lo de «los suyos», niegue las evidencias, propale infundios, levante falsas acusaciones y tape las verdaderas, y además disimule poco —qué pereza, ¿no? ¿Y es necesario?— en todas estas actividades. Lo que casi todos saben que está «mal» hacerlo, ha pasado a ser normal hacerlo. Y lo más deprimente es que ya no se espere eso solamente de los políticos, sino también de los empresarios, de los periodistas, de muchos artistas (escritores al menos, que es lo que más conozco), de los jefes, los compañeros de trabajo y hasta los vecinos. A la vez que esto sucede y no tiene nada de particular, casi todo el mundo trata de presentarse a sí mismo como «virtuoso», aunque con escasa convicción y poco esfuerzo, como si éstos, al igual que el disimulo, en realidad no hicieran falta y hubiera que cubrir el expediente de manera sólo rutinaria. Está comprobado que los que más gritan, los más histéricos, los más amonestadores y «puros», suelen ser los más hipócritas y sucios. Hay que desconfiar, por sistema, de los que más vociferan y denuncian, porque con frecuencia responden al modelo de John Edgar Hoover, director del FBI durante cuarenta y ocho años, que mandó espiar a todo cristo —hasta a los Presidentes— y persiguió con ahínco a infinidad de gente, incluidos los homosexuales por el mero hecho de serlo, cuando él mismo se pasó media vida conyugalmente unido a su director adjunto, Clyde Tolson, y gustaba disfrazarse de casquivana en sus fiestas privadas. Hoy no deja de ser llamativo que la Iglesia Católica arremeta tanto contra los *gays*, cuando entre sus sacerdotes hay tantos, y en tan diferentes países —con preferencia por la pederastia—, como para resultar admisible que todos sean «casos sueltos» y de verdadera «mala suerte». Lo raro es que la institución en pleno no esté más bajo sospecha, y que su castidad impuesta no sea objeto de guasa.

Pero otras contradicciones no son tan nítidas, y cabe preguntarse cómo diablos se llevan y se soportan. Todos los periódicos se reclaman defensores a ultranza de la libertad de expresión, pero lo cierto es que la mayoría hace sus excepciones, y no tiene inconveniente en rechazar un artículo de un colaborador habitual si su contenido se sale demasiado de la «línea general» del diario o molesta a sus propietarios. Y uno se pregunta, en los días ingenuos o tontos, con qué inexplicable ufanía podrán sentarse en sus despachos los responsables de ese diario, al día siguiente de haber censurado, porque no se habrá tratado de otra cosa. Uno se pregunta con qué cuajo los dirigentes políticos que se reclaman católicos mienten un día y otro a sabiendas, no ya de que está «mal» hacerlo, sino de que se lo prohíbe la religión que profesan y a la que a menudo defienden con esas mismas falacias. O con qué aplomo hay «paladines de la democracia» que miran con complacencia dictaduras viejas como la de Cuba o pre-dictaduras nuevas como la de Venezuela. O «izquierdistas» que justifican la esclavitud a la que están sometidas gran parte de las mujeres islámicas aduciendo que se trata tan sólo de «civilizaciones distintas» y que hay que respetar el «multiculturalismo». O cómo tantas personas que se tienen por «rectas» apoyan a mentirosos notorios y sin escrúpulos como Bush y Cheney y sus adláteres europeos, y sostienen que Guantánamo es un balneario. O cómo todavía hay decenas de millares de vascos que siguen viendo a ETA como a una organización de gente sacrificada y mártir a la que no le ha quedado más remedio que extorsionar, amedrentar, secuestrar, asesinar a periodistas, concejales de pueblo, trabajadores inmigrantes y meros transeúntes, todos «opresores» de la tierra más próspera y privilegiada de España. Pese a todo el acostumbramiento, y al escaldamiento, hay días ingenuos o tontos en los que todo resulta extraño.

## DEL DERECHO AL ABUSO

A raíz de unos comentarios míos acerca de la ocupación permanente de las calles de las ciudades por parte de las autoridades, que las toman, decía, como escenario para espectáculos propagandísticos arrebatándoselas a sus habitantes cada dos por tres, un señor de Algeciras, que no es «empresario» ni tiene «ningún interés económico o comercial», me escribió hablándome de otra frecuente ocupación del espacio común, el que provocan las manifestaciones. Poco antes, explicaba, trabajadores en huelga habían cortado el acceso a Cádiz, destrozando mobiliario urbano, quemando ruedas de coches e impidiendo a millares de ciudadanos ir a su trabajo o regresar a sus casas, «sin que ningún medio de comunicación haya expresado la menor crítica a estos comportamientos. Tampoco los políticos han expresado su opinión». Y me contaba una anécdota: «Hace algún tiempo viajaba yo de Algeciras a Sevilla en el autobús de las siete de la mañana y cuando llegamos a Bellavista, ya Sevilla, estaba cortado el tráfico porque los huelguistas de turno quemaban ruedas de coches. Una de las viajeras, de aspecto más que modesto, prorrumpió en llanto. Iba al hospital para revisión y tratamiento médico-oncológico. Procedía de un barrio marginal de Algeciras, y el dinero para el autobús había sido aportado por algunos vecinos, mediante colecta. Al no acudir a tiempo a la cita, debía pedir otra para más adelante, y necesitaba otra vez la ayuda vecinal».

El derecho de manifestación está reconocido por la Constitución y además es una de las grandes conquistas de la democracia. Bien padecimos su prohibición quienes conocimos la dictadura franquista; por participar en una se podía acabar en la cárcel. Hace tiempo, sin embargo, que, como sucede con todo aquello de lo que se abusa, las manifestaciones se han trivializado y han perdido casi toda su eficacia. Es tanta la gente que se echa a la calle por cualquier motivo y aun tontería, que lo normal es que a la mayoría no se les haga maldito el caso y que encima resulten contraproducentes: los ciudadanos, lejos de solidarizarse con los manifestantes, suelen echar pestes de ellos y les desean —a veces injustamente— que fracasen en lo que se proponen. No es tan extraño, habida cuenta de que tanto las huelgas como las manifestaciones españolas van casi siempre en perjuicio de quienes no tienen arte ni parte en los conflictos que las causan. Cortar una carretera, o bloquear un puerto, o un aeropuerto, sigue siendo un hecho gravísimo en casi todos los países del mundo (en España nadie lo condena ni le da importancia), y apenas afecta a los empresarios que han cerrado una fábrica o a los políticos que han cometido un atropello, y sí en cambio mucho a la población inocente. Lo mismo ocurre con las huelgas de pilotos o controladores o de Renfe, que castigan sobre todo a los usuarios, siempre en las fechas en que se les ocasiona más daño, mayores pérdidas y trastornos. Y quienes las convocan y llevan a cabo aún pretenden que la sociedad los respalde. Pretensión harto asombrosa, cuando la mayoría de las huelgas y manifestaciones toman como rehén a esa sociedad, y no a los verdaderos responsables.

Cerca de donde vivo hay incontables manifestaciones, contra el alcalde. Dado el estado de mi ciudad, tiendo a darles la razón *a priori* a quienes protestan; pero que la tengan o no en principio, me resulta cada vez más secundario al ver cómo se las gastan. Los manifestantes de hoy tienen delicada la garganta, así que, para no forzarla, se arman de bocinas y silbatos rompetímpanos, música y altavoces. Se trata sólo de hacer ruido y joder bien a un barrio entero, a veces durante horas, y no de hacerse oír, porque lo que nunca se entiende, con tanto estrépito, son las consignas que corean en algún rato suelto. A menudo los que arman el alboroto son literalmente ocho gatos (unos antitaurinos, por ejemplo), y, cuantos menos son, más tambores, silbatos y tímpanos rotos. ¿Resulta admisible que ocho individuos fastidien por su capricho a centenares o milla-

LOS VILLANOS DE LA NACIÓN

res de ellos? Quizá debería exigirse un número mínimo de «damnificados» para otorgarles el permiso correspondiente, y quizá debería establecerse un mínimo lapso de tiempo entre una protesta y
otra de *la misma gente*. Yo he visto cómo quienes se quejaban de
los parquímetros se apoderaban de una plaza veintitantas veces
en el espacio de pocos meses, incluyendo algunos domingos, día en
que no hay nadie en el Ayuntamiento a quien molestar o que escuche. ¿A quién, sino al vecindario, se pretendía joder bien esos días?

Al anterior y peregrino alcalde de Madrid (reino absoluto de las
manifestaciones, pues padecemos las propias y las de los forasteros) se le ocurrió la peregrina idea de crear un «manifestódromo»,
lo cual no tiene el menor sentido, porque allí ningún causante
de problemas se enteraría del rechazo que producen. Pero sería de
desear que quienes más abusan del recurso (empezando por el Partido Popular, la AVT y afines, en los últimos tiempos) se pensaran
dos veces, antes de montar la enésima, si con ello suscitan algo de
simpatía o la más absoluta antipatía entre sus conciudadanos, y si
sus diversas «causas» son lo bastante importantes como para des-
trozarles la jornada a quienes ninguna culpa tienen, o impedir que
una pobre mujer, sin dinero ni para el autobús, llegue a su vital cita
con un oncólogo.

## QUIÉN SERÁ EL FACINEROSO

Ya no sé si es cosa mía o si ustedes también lo habrán observado, pero cada vez que se asoma a la televisión un abogado (bueno, seamos justos: *casi* cada vez), tiene una pinta de facineroso que uno duda, en primera instancia, si es el defensor o el acusado, o el primo o el cuñado de éste, parientes que, no se sabe por qué, tienen tendencia a ejercer de portavoces en todos los casos, sean delictivos, de mero escándalo o de famoseo. Uno se imagina que esos abogados son los sucesores de los antiguos picapleitos, es decir, de aquellos individuos que, según reza el diccionario, carecen de pleitos y andan buscándolos, o bien son «enredadores rutinarios». Aunque el DRAE añade una acepción «anticuada»: «Hombre embustero, trapisondista», que, lamento decirlo, suele ser la que más cuadra a estos letrados españoles actuales. Como la mayoría de los procesos a los que la televisión hace caso son sórdidos y a menudo folklóricos, uno piensa que los encausados han buscado entre sus amistades, y así, el defensor de un bailaor aparece con unas patillas en hacha y un pelo corto por delante y largo por detrás que es el colmo del garrulismo; el de un marbellí de alto rango se presenta con camisa y corbata rosa (o moradas, o verdes) y con los dedos llenos de alhajas; el de un presunto violador en serie, nos mira desde unas enormes gafas de violador vidrioso (que ahora vuelven a llevarse mucho, a lo Umbral o John Major, para entendernos) y con el cuello sudado como si viniera de un forcejeo; y el de un etarra, por supuesto, a menudo se nos disfraza de proetarra, con peinado vasco-frailuno, camiseta con lema y pendiente en una oreja. «Bueno, cada cual echa mano del abogado que tenga más cerca o

del que le vaya a cobrar menos; gente titulada, sí, pero que pertenece a su círculo», piensa uno. «De ahí, quizá, que los defensores
tengan con frecuencia esas pintas, tan malas como las de sus defendidos.»

Yo me lo explicaba de este modo hasta que empezó el juicio del
11-M y tuve ocasión de ir viendo a un montón de ellos de procedencias diversas, y además no sólo a abogados, sino también a fiscales. Y, con alguna excepción, uno se pregunta al contemplarlos
qué clase de tropa es ésta, y en manos de quiénes está la justicia. La
mayoría de los letrados que hemos visto intervenir en este caso (y
eso que iban togados, lo cual los ayudaba a disimular un poco) tenían el mismo aspecto que los más «folklóricos», esto es, de facinerosos cuando no de patibularios. Hablaban fatal y se explicaban
peor, como verdaderos analfabetos funcionales; se mostraban incapaces de resultar coherentes, argumentaban como cabestros, soltaban impertinencias, sandeces y desvaríos sin cuento (y eso que el
juez Gómez Bermúdez los ha atado bastante corto, más vale no
imaginar lo que habríamos oído con una autoridad menos cortan-
te). Hemos asistido, además, a actuaciones insólitas en el sentido
literal de la palabra, es decir, seguramente sin precedentes en la
historia procesal del universo: acusadores que sólo trataban de ex-
culpar a los acusados en vez de procurar su condena, para lo que se
supone que estaban, o habían sido contratados; o que trataban de
inculpar a gente que no se sentaba en el banquillo porque no había
habido prueba alguna contra quienes esos acusadores *deseaban*
culpar por encima de todo. Los abogados de la Asociación de Víctimas del Terrorismo, en particular, han acabado de hundir en el
desprestigio a esta un día respetabilísima organización, como si no
bastara con el que desde hace años le ha traído el señor Alcaraz, su
irrazonable jefe. Ha dado la impresión de que a muchos de los letrados de este juicio la verdad les traía sin cuidado, y, más grave
aún, que ansiaban ver a los presuntos culpables exonerados y en la
calle, para que repitieran la faena de Atocha; porque cada vez se
olvida más que las condenas no buscan sólo el castigo por el delito
ya cometido (en esta ocasión ciento noventa y un muertos y miles
de heridos), sino, quizá en mayor grado, la evitación de otros deli-

tos a manos de los mismos (aquí, que no puedan volver a poner bombas los encausados). Y sin embargo han sido muchos los fiscales o abogados —y periodistas no digamos— que sólo han buscado la liberación y reincidencia de los sospechosos. Algo increíble, y criminaloide.

Quizá resulte anticuado, pero soy de los que creen que las pintas de las personas, y su manera de expresarse, dicen mucho acerca de ellas. En realidad —me doy cuenta— no soy anticuado ni nada, porque todos nos fiamos enormemente de lo que percibimos al primer golpe de vista. ¿Quién no se ha cruzado alguna vez de acera, o ha apretado el paso, al ver las pintas de quienes le venían de frente por una calle? ¿Y quién no ha pretextado cualquier excusa inverosímil para apartarse de un sujeto por su manera de hablar, o por el léxico que empleaba? Yo supongo que en España existen abogados y fiscales más articulados, más racionales, más cultos y civilizados que los que suelen asomarse a nuestras televisiones. Más nos vale, y que no sean todos émulos de aquel Rodríguez Menéndez. Pero, a tenor de las muestras habituales, y de gran parte del ya famoso elenco del juicio del 11-M, el gremio parece encontrarse en tal estado de deterioro y bajura como para ir pensando en defendernos solos, cuando por fin nos detengan por algo.

# LOS VALIOSOS OCULTOS

Si uno ve la televisión u oye la radio o lee la prensa, si atiende a los políticos, a muchos intelectuales y artistas, no digamos a los obispos (sobre todo si es a su portavoz siempre enmarañado y chulesco, Martínez Camino), acaba por tener la sensación de vivir en un país envilecido y lamentable, lleno de aprovechados, de cínicos, de imbéciles y de fatuos. Cuanto tiene una dimensión pública —y descuiden, que sin la menor reserva me incluyo— produce una impresión negativa, cómo decir, de permanentes exasperación y rebajamiento, de griterío generalizado, de empujones y codazos, de desfachatez, mezquindad, tontuna, mentira y codicia, todo mezclado. Uno oye a los tertulianos de una radio y a los pocos minutos la apaga entre hastiado y avergonzado, tal suele ser la sarta de disparates y venenosidades que escucha, casi todos pronunciados con el mayor engreimiento. Enciende la televisión y se encuentra, en demasiadas ocasiones, con gente chillona haciendo el memo o soltando zafiedades, ya sean presentadores o concursantes, agilipollado público que bailotea o bate palmas como niños (niños idiotas) o participantes en «debates», con demasiada frecuencia gente que no tiene idea de nada y, lo que es peor, que no se ha parado ni un minuto a pensarlo. E incluso echa un vistazo a unos «informativos» y se topa con el añoso locutor megalómano no dando noticias, sino hablando de sí mismo y de sus pésimos gustos. Abre uno los periódicos o las revistas y no es nada raro que lea bobadas sin cuento, opiniones no meditadas y declaraciones rimbombantes y huecas. Presta atención a los políticos y de la mayoría sólo brotan evidentes falacias y autopropaganda, casi nunca una idea interesante o el reconocimiento de un error o una culpa, y todos tendrían una lista larga. Y si uno se asoma a Internet, el trapicheo de memeces ocupa el 90 % (yo me he asomado poco, al carecer de ordenador, pero cada vez se me quitan más las ganas de hacerme con uno).

Si uno ve España, o aun el mundo, a través de lo público, se convence de vivir en una época de decadencia absoluta. No es ya que no se premie la inteligencia ni la discreción ni la educación ni la reflexión, la argumentación ni el saber ni la prudencia, sino que todo eso parece molestar y aburrir y tan sólo se aplaude el histrionismo, la grosería, el dislate, la ignorancia, la maledicencia y la mamarrachada. Uno diría que este es un país definitivamente echado a perder, si es que no el mundo. (Hace unas semanas tuvimos ocasión de ver una buena muestra de la sandez planetaria: no hubo medio de comunicación que no dedicara un gran despliegue al breve paso por prisión de Paris Hilton, una joven rica, tonta y fea que ha logrado convertirse en una de las personas más famosas del globo... por ser rematadamente rica, tonta y fea y prestarse a bastantes chistes.)

Y sin embargo la vida real, o personal, o privada, no tiene mucho que ver con todo eso, por lo menos la mía y las de quienes tengo cerca. Bien es verdad que en ella uno ve también hordas de descerebrados reales que, sobre todo en estas fechas, apenas saben articular más de una palabra, y ésta suele ser «¡Fiehta, fiehta!», independientemente de su edad, condición y sexo. Pero también estoy harto de conocer a personas valiosas que jamás hablan de nada de lo que nos inocula o cuela sin cesar lo público, sino de sus intereses o problemas particulares. Gente sosegada, bienhumorada, culta, educada, inteligente y prudente, atenta a su propia vida, afanosa por saber más, con buena voluntad y curiosidad infinita. Y no son sólo amigos de siempre, sino personas nuevas que me escriben o con las que me encuentro, a las que acabo de conocer y que me producen una impresión excelente, aunque el trato sea breve. Y también estoy harto de descubrir a jóvenes —en esta época en la que tantos parecen cafres; bueno, como en todas— que tienen todas las trazas de ir a convertirse en ciudadanos valiosos y responsables, deseosos de hacer bien lo que les toque en suerte (no siempre van a poder elegir, bien lo saben), indiferentes a la notoriedad y la fama, sobre todo si son mal ganadas. ¿Dónde están, me pregunto al poner la televisión o la radio o abrir los diarios? ¿Por qué aquí nunca aparecen, o muy raramente? Es tan abrumadora la vociferación de lo público, y tanta su capacidad de incitación a la mímesis en los más cortos de luces, que a veces no parece existir más realidad que la que los medios muestran, cuando la suya es por fuerza una visión sesgada, incompletísima. Esas personas valiosas son precisamente las que, por su discreción y sentido del ridículo, no se presentarían nunca a un concurso o a un *reality show*, ni acudirían a un programa de despellejamiento, ni dirigirían unos «informativos» a mayor gloria suya (el pudor se lo impediría), ni seguramente escribirían arbitrariedades en prensa como las que yo mismo escribo (y otros muchos, no crean). ¿O bien es que, en cuanto accedieran a estos medios, o a la política, o al obispado, se contagiarían de nuestra vileza? Imposible saberlo, y hay que dar gracias por ello. Porque mientras exista esa gente discreta, con sus intereses veraces, a gusto en su anonimato, con su atención centrada eminentemente en su vida particular y en su trabajo, sin más ambición que la de su propio mejoramiento, este país y este mundo no estarán aún condenados.

## CUANDO LA GENTE NO TENEMOS RAZÓN

El sistema democrático tiene un inconveniente o peligro en el que en los últimos tiempos se está cayendo sin cesar, a saber: su intento de traslación a todos los ámbitos, es decir, también a los que no son estrictamente políticos. Pocas personas refutarían hoy que, aunque imperfecto, es el sistema más aceptable, razonable y justo de darse una gobernación. No tanto porque los votantes acierten en sus preferencias (pocas veces lo hacen, en realidad, y, sin salirnos del presente, no hay más que mirar a los Estados Unidos, a Venezuela, a Irán o a Italia hasta hace nada, que tuvo durante años encumbrado a Berlusconi), sino porque el conjunto de los ciudadanos está dispuesto a aguantarse con los resultados, por disparatados o dañinos que parezcan, a acatarlos y respetarlos. Es decir, lo importante de la democracia no son los gobernantes que de ella emanan (recuérdese que Hitler alcanzó el poder mediante urnas y pactos), sino el acuerdo de la población al respecto: quienes la mayoría quiera que gobiernen, esos gobernarán sin discusión, y los que estamos horrorizados por la decisión de esa mayoría no nos sublevaremos contra ella, sino que nos exiliaremos o tendremos paciencia y trataremos de convencerla de otra cosa en la próxima ocasión. Lo único que la democracia garantiza es esto: a) que se renuncia a la fuerza para la obtención del poder; b) que asimismo se renuncia a la fuerza para echar a un Gobierno, aunque a muchos les parezca que lo ha hecho mal o que es nocivo para el país. Lo que jamás garantiza, y eso lo deberíamos tener muy claro, son gobernantes justos y honrados.

Por eso resulta irrisorio que tantos políticos actuales apelen al origen democrático de su poder como apelaban antiguamente los reyes al supuesto origen divino del suyo (bueno, los reyes y algunos dictadores: no olvidemos que las monedas de Franco lo proclamaban «Caudillo de España por la Gracia de Dios», sin que un solo jerarca de la Iglesia Católica protestara por la usurpación blasfema). Subyace a esa actitud la tergiversadora idea de que «la gente tiene razón», y de que «si la gente me ha elegido, es que soy justo, bueno, honrado y eficaz». Evidentemente, esto no se puede saber de ningún gobernante hasta que ya ha ejercido su poder, y ni siquiera el hecho de verse refrendado por «la gente» en las siguientes votaciones lo hace un ápice mejor. El embustero y cataclísmico Bush Jr fue refrendado, como el dictatorial, golpista y manipulador Hugo Chávez; hacia 1960, Franco, de haber legalizado los partidos y haber convocado elecciones libres, habría ganado éstas de calle, porque la gran masa social española era decididamente franquista, aunque eso quiera negarse y olvidarse ahora; y lo mismo habría sucedido con Castro en Cuba a lo largo de décadas, como ocurrió con Hitler y Mussolini y Perón en su día. Haber sido elegido democráticamente sólo blinda —o debe blindar— contra un golpe de Estado, contra el derrocamiento violento del gobernante. Nada más. Pero en modo alguno hace a éste bueno. Y para ser —seguir siendo— verdaderamente democrático no basta con haber sido elegido de ese modo, aunque sea condición necesaria. También hay que gobernar de ese modo, y por eso no he pestañeado al tildar a Chávez de dictatorial, por muchos votos que cada vez obtenga ahora en sus untadas urnas (untadas de petróleo, se entiende).

Sin embargo estas ideas sencillas, que a mi juicio deberían estar claras para todo el mundo, parecen cada vez más difíciles de comprender. Lo que la gente llama «la gente» no por fuerza tiene razón, o la acaba teniendo tan sólo al cabo de mucho tiempo, retrospectivamente, lo cual es como decir que son los nietos de «la gente» los que acaso tendrán razón respecto a la época de sus abuelos... y, lamentablemente, podrán no tenerla, en cambio, respecto a su presente. Dicho de otra forma: los alemanes de hoy ven el nazismo como un desastre, una equivocación y un horror, pero los alemanes contemporáneos de ese mismo nazismo lo veían como la mayor bendición de su historia; lo cual, por desgracia, no hace mucho más sabios a los alemanes de ahora sobre su momento actual. O, por recurrir a otro ejemplo: casi todos los norteamericanos condenan hoy los excesos y abusos del McCarthismo de los años cincuenta, y en cambio no desaprueban algo mucho más grave que aquello y que se da en nuestros días, el Guantanamismo. Me temo que tendrán que ser sus nietos quienes se avergüencen y escandalicen de que se mantuviera encerrados en un penal fantasma, durante años y bajo tortura, a centenares de presos sin juicio ni acusación, de manera no muy distinta de como el stalinismo tuvo a millares confinados en sus *gulags*. Bush Jr, el responsable, fue elegido democráticamente (bueno, la segunda vez), pero un lugar como Guantánamo lo desdemocratiza en gran medida. No hasta el punto, desde luego, de que se lo pueda echar por la fuerza, porque la democracia sobre todo consiste, como dije antes, en que estemos todos de acuerdo en que eso no se puede hacer nunca con nadie, mientras el gobernante no se las haya ingeniado para perpetuarse, o para acabar con las elecciones e impedirnos acudir otra vez a las urnas, las únicas que lo podrán expulsar.

*(Continuará)*

# Y RARA VEZ TENEMOS RAZÓN

*(Continuación del artículo anterior)*

Si, como comentaba aquí hace una semana, los políticos elegidos en las urnas no son necesariamente buenos por haber sido así votados, sino sólo aceptados por todos —en eso consiste la democracia, en el acatamiento pacífico de lo que la mayoría quiere para nuestra gobernación—, lo que no tiene ningún sentido es la traslación de la opinión «popular» a otros ámbitos. Si lo que se llama «la gente» acierta poco en lo que le es más vital (véanse los ejemplos de gobernantes nefastos del domingo anterior, y podrían añadirse muchos más), ¿por qué habría de acertar en ninguna otra cosa? Hoy en día, sin embargo, las votaciones «populares» se multiplican, en buena medida porque, a través de Internet y de los SMS, cada día resulta más fácil llevar a cabo simulacros de ellas. Continuamente leemos u oímos que tal periódico u organismo o emisora de radio o televisión han propiciado una encuesta para saber, qué sé yo, quién es el personaje más importante de la historia de España o del Reino Unido. En nuestro país sale ganador el Rey Juan Carlos (que cuenta con mis simpatías, pero francamente), seguido acaso por Lola Flores o alguien así; en el otro, no es raro que la más mencionada sea la dengosa Lady Di, muy por encima de Shakespeare o Churchill, los cuales, tal vez, disputan reñidamente su secundario puesto con Elton John. No hablemos ya de las que se organizan para determinar las mejores canciones, películas o novelas de todos los tiempos: como gran parte de quienes participan en estas tontadas son jóvenes, como tales tienden a creer que el mundo empezó con su nacimiento y se ufanan de ignorar lo que produjeron los siglos, por lo que los resultados dependen mucho de lo reciente, cuando no de la actualidad. La mejor canción puede ser una de Take That o Coldplay, la mejor película *Pulp Fiction* (estupenda, sí, pero, en contra de lo que muchos jóvenes creen, el cine no se inició con Tarantino), la mejor novela *Cien años de soledad* (buena en mi recuerdo, pero antes estuvieron Cervantes, Sterne, Dickens, Flaubert, Proust, Faulkner, Nabokov y tantos otros).

El colmo de esta papanatería con la opinión de los más se ha dado hace unos meses. Un multimillonario sin más credenciales que sus millones montó una ridícula votación «popular» para designar las «nuevas siete maravillas del mundo» artísticas. Algo en principio inocuo, que no obstante dejó de serlo cuando hasta los diarios más serios (este incluido: una vergüenza) dedicaron a la iniciativa páginas enteras, como si semejante elección pudiera tener autoridad o valor. ¿Cómo sabe «la gente», sin una formación artística específica, lo que es maravilloso y lo que no? ¿Y acaso todo el mundo ha ido a todas partes para comparar? La cosa desencadenó a su vez iniciativas que causan rubor. En España se organizó una campaña —hasta la televisión pública participó— para que «la gente» votara por la Alhambra, la conociera o no, y un día hubo nada menos que ocho mil personas —ocho mil— que enlazaron sus manos con el sonrojante propósito de «abrazarla» —sí, abrazar la Alhambra, semejante cursilada— como parte de su promoción. Políticos y famosos de toda índole, incluidos escritores a los que se supondría dedo y medio de frente, si no dos, se apresuraron a votarla por Internet, no se los fuera a tildar de antipatriotas o algo así. Confieso que, tras tanta tontuna, me alegró que la maravilla granadina no saliera entre las siete estupideces del mundo. La prueba de que todo era una estupidez la dio la inclusión final de la espantosa estatua del Cristo Redentor, o como se llame, que se yergue ominosa sobre Río de Janeiro. Por lo visto, gusta.

Lo malo de toda esta tendencia es que los políticos del mundo se amparan en ella para cometer sus tropelías. Por poner un ejemplo modestísimo: este verano pasé unas semanas en Soria, y descubrí que allí acababan de cargarse una de sus mejores vistas, la de los

Cuatro Vientos, colocando un mamotreto que obstaculiza la visión. Al poeta Machado y a su mujer Leonor les gustaba ir allí y contemplar el Duero desde lo alto, así que el Ayuntamiento, «en homenaje» al propio Machado, ha logrado que ya nadie pueda contemplar lo que sus ojos veían. No pude por menos de escribir un artículo en el *Heraldo* local condenando el despropósito, lo cual provocó más reacciones de condena. Pero al cabo de unos días el Ayuntamiento se reafirmó en la colocación del armatoste con el argumento —poco creíble e indemostrable, eso además— de que «a la gente le gusta y se hace fotos». ¿Y? A la gente le gusta *El código Da Vinci*, pero eso no lo convierte en un libro bueno; y *Torrente*, como le gustaba hace décadas *No desearás al vecino del quinto* y otras españoladas que ya nadie recuerda; y Bisbal o Bebe, pero eso no hace de ellos los equivalentes de Elvis Presley o Bob Dylan. A «la gente» le gustan con frecuencia adefesios o disparates de gran brevedad. «Cien mil musulmanes», leo en el diario, «piden en Indonesia un macroestado panislámico regido por la *sharía* y que unifique sus territorios, España incluida». Seguro que son millones, de hecho, los que exigen eso, luego «la gente» musulmana lo quiere. ¿Y acaso ser muchos les da la razón? No, lamentablemente, «la gente» rara vez tenemos razón.

# MUNDO DE MOÑAS

Puede que los pioneros fueran los cursilísimos responsables de Medio Ambiente del Ayuntamiento de Barcelona. Varias amistades de esa ciudad me contaron, hace ya tiempo, la vergüenza espantosa que pasaban cada vez que iban a la playa de su ciudad, porque allí se oía de pronto una meliflua voz de mujer que arengaba a los bañistas empezando con esta frase: «*Us parla la platja*», y a continuación la susodicha playa en persona lanzaba una retahíla de prohibiciones y recomendaciones: «Mi cuerpo es mío y es sensible, no es un cenicero, así que no me apaguéis colillas encima, que me quemo». O bien: «Tampoco soy una papelera, si coméis un bocadillo no me tiréis el envoltorio, ni permitáis que vuestros perros hagan sobre mí sus necesidades, que me ensucian y yo soy muy fina», o cosas por el estilo. Mis amistades se sonrojaban hasta las orejas, temiendo que forasteros o extranjeros pudieran comprender semejante sarta de ñoñerías. Lo que las avergonzaba, ojo, no eran las instrucciones en sí, sino que a un cargo público (la Tercera Teniente de Alcalde, por lo visto, cuyo empalagoso estilo al parecer es inconfundible) se le hubiera ocurrido la idea de tratar a los ciudadanos no ya como a niños, sino como a niños idiotas y moñas.

Leo ahora en la prensa inglesa que los arriates de flores —en concreto, unas begonias— también le hablan a la gente, cómo no, para advertirles y prohibirles: «Esta es una zona libre de humos. Por favor apaguen sus cigarrillos. Ya se ha avisado a un miembro del personal». La primera vez que se oyó vociferar a las flores fue en las inmediaciones de un hospital psiquiátrico, con el consiguiente empeoramiento de algunos enfermos que tomaban allí el fresco y que se creyeron presa de alucinaciones auditivas al oír a esas begonias articuladas y reñidoras. Todo esto con el agravante de que las estrictas leyes antitabaco no consideran ilegal, sin embargo, fumar al aire libre, aunque sea en la vecindad de un hospital, por lo que las autoridades sanitarias estaban sobrepasando la ley. Y son cada vez más los políticos que, sin darse cuenta de la barbaridad dictatorial que propugnan (o sí se la dan y les trae sin cuidado), piden que cambie la legislación y que, en vez de estar permitido fumar y beber en todas partes salvo en las que se especifique que *no* se puede, beber y fumar esté prohibido en todas partes salvo en las que se especifique que *sí* se puede. El autor del artículo que leí, Nick Cohen, señalaba con acierto el disparate de estas pretensiones: acabar con ochocientos años de un principio acordado, según el cual todo acto es legal excepto los que estén tipificados como delito, para dar paso a la monstruosidad de que todos sean delito excepto los expresamente tipificados como legales. El mundo al revés, y el infierno que Orwell imaginó en su novela *1984*, advenido dos decenios después.

La idiotez peligrosa se está adueñando del mundo, y uno ve síntomas por doquier. Una compañía de seguros ha demandado a Robert de Niro porque en 2003 abandonó el rodaje de una película por razones de salud: se le había diagnosticado un cáncer de próstata y convenía que se sometiera al tratamiento del tumor. Quizá debía haberla palmado antes que faltar. No puedo decir que «dentro de poco» a uno lo demandarán por morirse e incumplir, por fuerza, sus compromisos, porque de hecho ya ha ocurrido: la familia del actor River Phoenix fue perseguida por otra aseguradora, que acusaba al joven de no haber respetado los plazos para un rodaje. La verdad es que lo tenía difícil, respetarlos, pues había fallecido de un infarto tras una noche de mezclas salvajes.

El más elemental sentido común parece haber abandonado nuestra época, por no hablar de la compasión, ahuyentada definitivamente a no ser que se ejerza hacia abstracciones como el calentamiento global, los hambrientos del mundo o las víctimas de las guerras, así en general. Y da la impresión de que casi nadie pierde ocasión de añadir una tontería más. Cuando José Saramago vaticinó por enésima vez la unión de España y Portugal —asunto aburrido y superfluo donde los haya—, hubo airadas reacciones en el país vecino y en la prensa borreguil. Me llamaron la atención las palabras de un poeta, Manuel Alegre, fundador del Partido Socialista para más inri, al que no se le ocurrió otro ataque a Saramago que la siguiente sandez: «Él tiene una gran deuda contraída con la lengua portuguesa. Ganó el Nobel escribiendo en ella, que es nuestro carnet de identidad, forma parte de nuestra alma y nunca se integrará en España». ¿Una gran deuda? ¿Hacia una lengua? ¿Por haberla utilizado bien? ¿Desde cuándo los escritores le debemos algo a la lengua en que escribimos, desde cuándo ganamos premios «gracias» a ella? La idea es tan pintoresca como la contraria, es decir, que las lenguas debieran algo a los escritores que las emplean. Es como creer que los habitantes de un lugar le deben algo al aire que respiran y al suelo que pisan, o que dichos aire y suelo les deban algo a ellos. Con tanta pueril personificación de todo —las playas, las begonias, los cadáveres, las lenguas—, el planeta entero parece estar en manos de Blancanieves y los siete enanitos o de cualesquiera otros dibujos de Disney. Que están bien para la pantalla, pero no para la vida, por favor.

# AÑORANZA DE LOS JUSTOS

Por gentil invitación de Rafael Ribó, *Síndic de Greuges* o Síndico de Agravios —el equivalente catalán del Defensor del Pueblo—, participé hace unas semanas en las Vigesimosegundas Jornadas de Coordinación de Defensores, celebradas en Barcelona. Allí me enteré de que trece de las diecisiete Comunidades Autónomas de España tienen uno propio —además del estatal—, entre las que, por cierto, no se encuentra la mía, Madrid, tal vez porque el Parlamento de aquí, dominado por la ruda Aguirre y sus ominosas amistades radiofónicas y televisivas, no desea que haya una figura que pueda denunciar desmanes y ayudar a los madrileños. Cuenta le trae que no la haya.

En la mesa redonda en la que tomé parte, junto con los escritores Luisa Etxenike, Carme Riera y Manuel Rivas, se nos pidió que reflexionáramos sobre ese cargo, el de Defensor, y dijéramos cómo percibíamos a quienes lo ejercen. La cosa, al parecer, varía de una Comunidad a otra, y así como en Cataluña el *Síndic* es alguien con mucha visibilidad, con quien la gente cuenta, que aparece con frecuencia en la televisión e incita a los ciudadanos a acudir a él y a su equipo cuando se sienten desprotegidos o maltratados por las administraciones públicas, en otros lugares los Defensores son personajes casi desconocidos y en los que se confía poco. Esto es lo que ocurre, y lamento decirlo, con el principal, el de toda la nación.

No sé si esta situación se puede remediar o paliar. España tiene un grave problema de falta de reconocimiento de cualquier autoridad moral. Las decisiones de los Defensores no son vinculantes, y por tanto es mucho esperar que el mero afeamiento, por parte suya, de una conducta, una negligencia o un abuso sea suficiente para que un poder público rectifique o se enmiende. Todos los poderes se blindan, se atrincheran contra las críticas, y las oyen como quien oye llover, aguardando a que escampe. Hoy no hay una sola figura en nuestro país que sea casi universalmente respetada, de la que no se quiera recibir una reprimenda en modo alguno, ni siquiera un reproche o una crítica. Pero ojo, no es que no existan esas figuras dignas de respeto, «hombres y mujeres justos», independientes e íntegros. Es que no se está dispuesto a escucharlos. Fernando Savater, por poner un ejemplo, ha sido alternativamente jaleado y vilipendiado por los *mismos* medios de comunicación y los *mismos* políticos, según lo que dijera los complaciese o no. En vez de prestar atención a lo que opina cada vez, se lo ensalza o vitupera en función de que lo que opine favorezca o no los intereses propios.

Ante este extraño panorama en el que no se admite nunca a ningún árbitro, es muy difícil que los Defensores resulten en verdad eficaces. Y sin embargo sería deseable que esos hombres y mujeres justos tuvieran más atribuciones y que sus decisiones sí fueran vinculantes a veces; que no fueran elegidos *sólo* por los Parlamentos —es de suponer que, si tres quintos de una Cámara están de acuerdo en otorgarle el título a alguien, ese alguien sea, previsiblemente, una figura algo discreta, poco beligerante, incluso gris—; que, ya que nadie más lo hace, pudieran detener actuaciones municipales aberrantes y que además son irreversibles: lo que se destruye queda destruido para siempre jamás, lo que se construye también. Vivimos en un país que ha tomado por costumbre aplicar la hitleriana política de los hechos consumados: se tira adelante, se deforestan extensas zonas, se barbariza el litoral, se erigen urbanizaciones salvajes, y a ver quién es luego el guapo que se atreve a demolerlas, causando perjuicio y pérdidas a los individuos que se compraron un piso allí. La sensación creciente que la ciudadanía tiene es de impotencia e indefensión —sobre todo los desprotegidos ancianos—, y de casi absoluta impunidad para quienes consuman los hechos una y otra vez.

Los jueces son lentísimos, cuando no venales o corrompidos por su ideología y su servilismo a los partidos. La burocracia es un laberinto infinito. Los alcaldes —sin apenas excepciones— son intermediarios de empresas, que sólo piensan en llenar sus arcas o las de sus respectivos partidos. No estaría de más que los Defensores gozaran de más competencias, más presencia, más influencia. Que a cualquiera se le cayera la cara de vergüenza por el solo hecho de verse investigado, reprendido o amonestado por uno de ellos. Pero para que eso ocurra necesitan sin duda más medios, más autonomía —ya digo que deberían ser elegidos de otra forma, no por inverosímil acuerdo entre políticos que nunca están de acuerdo en nada—, y sobre todo más visibilidad y prestigio. Desde éstos podrían, además, llevar a cabo una labor didáctica que España necesita con la máxima urgencia: ha llegado a ser tal la confusión general sobre a qué se tiene derecho y a qué no —no digamos sobre los deberes, palabra de la que nadie quiere ni oír hablar—, que nos encontramos continuamente con personas que *exigen* del Estado remendón lo primero que se les ocurre, y que, por consiguiente, desconocen la gratitud. Dicho rápido y mal, cualquiera con mala suerte o mala cabeza cree que el Estado debe compensarlo por ello, lo mismo que quien sufre un accidente o arriesga su dinero en una inversión que resulta ser una estafa. No, no estaría de más que los Defensores nos enseñaran, para empezar, de qué cosas debemos ser defendidos y de cuáles nos toca defendernos a nosotros mismos.

# DÍGANLO DE ANTEMANO

Aunque la gente viaje ahora sin parar y esté más o menos al tanto de lo que pasa en el mundo, España sigue siendo un país tan esencialmente ensimismado que sólo en virtud de ello se explican las reacciones habidas —con excepciones— ante la sentencia del 11-M. Quizá se nos ha imbuido tanto que el enemigo es siempre interior que la condena de la mayoría de los islamistas enjuiciados parece haber dejado frío al grueso de la población. No ha habido alegría ni alivio (o quizá sólo entre los familiares de las víctimas), tampoco se han percibido encono ni odio hacia ellos, ni siquiera la satisfacción —mezclada con un comprensible sentimiento de venganza— que lleva a pensar: «Que se pudran en la cárcel». Es como si, al haber sido unos difusos «extranjeros» los autores de la matanza, los ciudadanos hubiéramos llegado a la extraña conclusión de que, en el fondo, la cosa no iba con nosotros del todo. Y eso contribuye, a su vez, a que no nos sintamos especialmente en peligro ni alerta, a que no calibremos como es debido la dimensión de la amenaza ni creamos enteramente en la posible repetición de los atentados. Lo cual es de una irresponsabilidad y gravedad inauditas.

No cabe duda de que los responsables de tan anómala situación son los políticos y los medios de comunicación, sobre todo los del PP en el primer caso, y *El Mundo*, la Cope yTeleMadrid en el segundo. A todas estas gentes, durante cerca de cuatro años, les ha importado poco que se hubiera producido en el corazón de Madrid la mayor matanza terrorista de la historia europea, a manos de *yihadistas*. Es más, han negado frívola e interesadamente este último extremo, empeñados en convertir en verdad —con primitivos fórceps— su inicial mentira de que ETA había sido responsable en mayor o menor grado. Uno de los argumentos para sostener tal sinsentido ha sido tan racista como incongruente: se han hartado de vociferar que «unos moritos» —nótese lo despectivo del diminutivo— no tenían sesera para montar una semejante, implicando con ello que unos terroristas vascos sí, como si éstos no fueran tan descerebrados como el más listo de los *yihadistas* del orbe. Les han concedido a los etarras una inteligencia superior, incurriendo en contradicción flagrante con sus demás manifestaciones sobre los integrantes de esa banda. Y así, cuando se ha pronunciado la sentencia, sólo han sabido verla en función de su ensimismamiento: ¿Nos beneficia a nosotros o a nuestros enemigos (que nunca son esos raros extranjeros islamistas, sino los que tenemos bien cerca, esos otros españoles a los que no aguantamos)? ¿Deja algún resquicio para lo que hemos inventado y falseado a lo largo de tres años y medio? ¿Nos permite salvar la cara (de idiotas, no hace falta decirlo)? Por contagio, algo muy parecido les ha ocurrido al PSOE y al Gobierno: ¿Nos da la razón esta sentencia? ¿Nos libra de los infundios? ¿Nos deja en buen lugar, nos favorece? Parece como si casi nadie se hubiera parado a pensar si beneficia al país. Si nos hace más fuertes y seguros. Si se ha impartido justicia. Si nos pone aún más en el punto de mira de esos islamistas que jamás descansan. Si está bien que los culpables paguen por la monstruosidad que hicieron.

Es raro que, en una época tan estúpida como la nuestra, uno siga contando mucho menos con la imbecilidad que con la infamia. Tal vez sea porque a lo largo de los siglos siempre hubo infamias, pero nunca, que sepamos, tamañas dosis de tontería. O acaso es que se hace cada vez más arduo distinguirlas, cuando van tan mezcladas. Sin duda una de las mayores infamias de este asunto —sostenida por Aznar, Rajoy, Zaplana, Acebes, Aguirre, Alcaraz de la AVT y tantos otros, así como por los periodistas afines— es también la mayor cretinada, a saber: que los atentados del 11-M tuvieron como propósito y objetivo producir el resultado electoral que tres días después se produjo. Como si se tratara de una operación matemática. Como si nadie hubiera sabido de antemano el efecto que la matanza iba a tener en los votantes (y el verdadero efecto no fue el de la matanza misma, sino el de los embustes del Gobierno de Aznar al respecto). Como si los españoles no nos hubiéramos sentado ante la televisión el 14-M sin tener ni idea de lo que iba a salir de las urnas. Como si no hubiéramos más bien creído que, pese a todo, el PP se iba a alzar con el triunfo. Como si en las situaciones de crisis lo tradicional no fuera, en todas partes, confirmar el poder a quienes ya lo tienen. Bien, tras casi cuatro años de insistir en la «maniobra» y en el «plan preconcebido», el PP y sus periodistas están *obligados* a advertirnos, a tres meses de las elecciones, de cuál sería *exactamente* el efecto electoral de un posible atentado —no lo quieran Dios ni el Diablo—, días antes del 9 de marzo de 2008. Si fuera de ETA o de los islamistas. Si fuera grande o pequeño. Si beneficiaría electoralmente al PP o al PSOE. Qué sería lo deseable para una victoria de la oposición y qué para la del Gobierno. Es más, lo principal del programa del PP ha de ser esto: que diga a las claras y de antemano qué clase de atentado tendría que haber —o que no haber— para poder seguir afirmando, si pierde, que lo ha hecho por su existencia o su ausencia, o por nuevas «conspiraciones». A toro pasado ya no valdría. Ni siquiera para sus votantes más fieles.

# CON OJOS CINEMATOGRÁFICOS

Una de las malas consecuencias de que los políticos y tertulianos salgan a diario en las televisiones es —aparte del fenomenal hartazgo que producen y de las continuas sandeces que nos obligan a escucharles— que dejamos de verlos. De la misma manera que hay palabras largas y frecuentes que ya *no leemos*, sino que las *reconocemos* como un bloque, de un vistazo (posibles ejemplos serían «desvergonzado» o «Alejandro», y por eso nos cuesta percatarnos de que están mal escritas si aparecen como «desvergorzado» o «Alejando»), las caras de nuestros dirigentes y periodistas nos son tan excesivamente familiares que ya no nos preguntamos qué vemos en ellas, sino que nos limitamos a pensar: «Ah, Rajoy; ah, Zapatero; ah, Ibarretxe; ah, Carod-Rovira». Por eso, cuando aparece un rostro nuevo, al que aún no estamos habituados, entonces nos damos cuenta de que sí vemos algo, más allá de la asociación refleja entre la imagen o la voz y el nombre.

Hace muchos años me pregunté en un artículo, en el que analizaba la famosa foto de Franco y Millán Astray vestidos más o menos de legionarios y en actitud no se sabía si cantarina, increpatoria o borracha, cómo era posible que sus contemporáneos no hubieran advertido al instante que se trataba de dos facinerosos palmarios que, de topárselos de frente, invitarían a cualquier ciudadano honrado a cruzarse de acera.* Y señalaba la enorme dificultad que solemos tener para percibir en la realidad lo que en las películas ve-

---

* Véase el artículo «La foto», publicado en *El País* el 22 de abril de 1994 y recogido en Javier Marías, *Vida del fantasma*, Alfaguara, Madrid, 2001. *(N. de la E.)*

mos rápidamente y con nitidez absoluta. En ellas, a menudo, nada más asomar un personaje nos decimos: «Huy, este no es de fiar», o «Este es un sádico», o «Este es un alma inocente». Claro que los actores están caracterizados al efecto, y además interpretan con la intención de que pensemos una u otra cosa, según el caso. Pero es que en la vida real la mayoría de las figuras televisivas se delatan de forma muy similar, como si fueran personajes prototípicos, y lo único que los salva de que los veamos de veras es nuestro acostumbramiento y consiguiente embotamiento.

Ahora ha surgido una cara nueva, la de Manuel Pizarro, «fichaje estelar» del PP —dicen—, y como aún lo miramos «con ojos vírgenes», en seguida he podido «meterlo» en una película. Y la verdad, parece que ese Partido los busque desagradables: su gesto cruel y despectivo me ha hecho verlo al instante como uno de esos despiadados magnates de las viejas cintas de Frank Capra, dispuesto a dejar a James Stewart en la ruina por arañar unos pocos más dólares. O bien —es una alternativa— como uno de esos malhumorados campesinos sureños de escopeta y Biblia que pululan por las películas de Ku-Klux-Klan y conflictos raciales. Hasta tiene cara de los años cuarenta o cincuenta del pasado siglo. ¿Por qué no miramos en la vida como en la sala oscura? Bueno, es verdad que de Zapatero se ha subrayado su notable parecido con Rowan Atkinson, ese Mr Bean calamitoso. Pero si al actual Aznar lo viéramos en una película, nos saltaría a la vista que su personaje es el de petimetre envanecido del que tocará burlarse. José Blanco se asemeja a aquellos esbirros ratoniles de Liberty Valance en la obra maestra de John Ford, o a aquellos de *Grupo salvaje* que se peleaban entre sí por robarles las muelas de oro a quienes habían despanzurrado. Esperanza Aguirre se parece cada vez más a Gracita Morales (no logro verla sin imaginármela con delantal y cofia), sólo que sin su bonhomía, y desde que perdió las elecciones —¿se acuerdan de que las tenía perdidas hasta que le echaron un cable aquellos Tamayo y Sáez?—, el gesto se le ha hecho tan avieso que Gracita se mezcla monstruosamente con la más pérfida Barbara Stanwyck. Si viéramos a Isabel San Sebastián por vez primera, la situaríamos de inmediato en la estela de las más conspicuas avinagradas, tipo Judith Anderson (el ama de *Rebeca*). El parecido de Ibarretxe con Leonard Nimoy (el Doctor Spock) es innegable, pero si le ponen con la imaginación una sotana, tendrán al típico cura fanático, o a un Gran Inquisidor si lo disfrazan de dominico. Otro al que conviene añadirle un alzacuellos es Álvarez del Manzano: se les representará el perfecto ejemplo de sacerdote untuoso. Lo mismo que si a Donald Rumsfeld lo visten con bata blanca: daría un arquetípico médico o científico nazi, enloquecido por sus experimentos. Si pudiéramos ver con ojos vírgenes a Zaplana, a Puigcercós o a Pedro J Ramírez (aunque en el caso de éste pueden influir los tirantes), no nos cabría duda de que regentan un garito de juego —ni siquiera un casino—, con mucha partida de dados. Nos resultaría transparente que Ana Botella pertenece al linaje de las madrastras, con su sonrisa tan falsa acompañada de mirada envenenadora. Y Sánchez Dragó veríamos que es un émulo de Gaddafi (a veces hasta en la vestimenta), sólo que con facciones aún más rústicas. Sarkozy es Louis de Funès aún con pelo, Benedicto XVI recuerda en la mirada a Nosferatu, y los gemelos Kaczynski parecen directamente sacados de aquella película de terror, *El pueblo de los malditos*, aunque ya no sean niños prodigio. En cuanto a Rajoy, ¿se acuerdan de los psicólogos de empresa —hoy serían jefes de recursos humanos— que solían ser los malos en las comedias de Billy Wilder y de Jerry Lewis? Pues ahí lo tienen. Ojalá recuperáramos la capacidad para verlos a todos con mirada cinematográfica. No votaríamos con entusiasmo —es imposible—, pero sí con algo más de perspicacia.

# UNA HISTORIA DE VILEZAS

Si hay algo que me parece despreciable son los anónimos y pseudónimos, y esa es una de las razones por las que nunca navegaré mucho por Internet. No dudo de su incomparable utilidad para hallar datos, pero siempre que he caído en algún foro, *chat, blog* o como se llamen esas tertulias —en mis muy escasas incursiones, de prestado—, me he topado con tal cantidad de pseudónimos soltando sandeces o brutalidades, que la impresión que he tenido es que meterse ahí equivale a entrar en contacto con demasiada gente a la que uno jamás trataría. Gente a menudo cobarde, como lo es toda aquella que a lo largo de mi vida me ha enviado anónimos, insultantes o en los que se me acusaba de delitos atroces sin que yo pudiera responder. Hace años, por tanto, que no abro un sobre sin remite claro. Van todos a la basura, tan cerrados como llegaron.

Esa es la primera vileza de esta historia, la de la denuncia y persecución de los médicos de Urgencias del Hospital Severo Ochoa de Leganés, por parte de Esperanza Aguirre, Presidenta de Madrid, y de su antiguo Consejero de Sanidad, Manuel Lamela, quienes dieron crédito a una acusación *anónima* de extrema gravedad contra esos médicos: la de haber causado la muerte, con sedaciones indebidas, a nada menos que cuatrocientos enfermos. En su día, Aguirre lo justificó de manera ridícula: «Es cierto que no lleva firma, pero tiene los nombres y dos apellidos de los pacientes y una serie de datos sobre las historias clínicas. No tengo más remedio que dar traslado al fiscal». Tan ridícula como si yo recibo un día una carta anónima en la que se acusa a Esperanza Aguirre de haber envenenado a alguien (con su nombre y apellidos y su oscura historia clínica), y sólo por eso considero que no me queda más remedio que «dar traslado al fiscal».

El resto es conocido: ese fiscal iba a archivar el caso, pero Aguirre, a través de su Viceconsejero de Sanidad, que presentó una denuncia en mayo de 2005, hizo intervenir a un juez y la cosa prosiguió, mientras varios periodistas devotos de la Presidenta tildaban a los médicos de «asesinos», «homicidas», «terminators», y a su jefe, Luis Montes, de «Doctor Muerte». Bien, todo ha quedado en nada una y otra vez, hasta la reciente sentencia de la Audiencia de Madrid, inapelable y definitiva, que incluso ha suprimido la «mala praxis médica» mencionada en algún fallo anterior.

Pero la mayor vileza ha venido después. Desde el 2003, con Bush, Cheney y Rumsfeld, cierta derecha ha ido mostrando cuál es su idea de la justicia. Y ésta no es otra que la que tuvieron todas las dictaduras totalitarias, desde la cercana de Franco hasta la lejana de Stalin, y que consiste en la indecente inversión y subversión del fundamento mismo de la justicia. Para que la haya, y eso lo saben hasta los peores estudiantes de Derecho, es el acusador el que *debe demostrar su acusación*. A él le toca probar lo cierto de sus graves palabras, y en modo alguno al acusado probar su inocencia, por la sencilla razón de que esto último es imposible. Si yo doy crédito a esa hipotética carta anónima y acuso a Esperanza Aguirre de envenenamiento, ella *no puede*, no está capacitada para demostrar que *no* es culpable de él. Lo mismo le sucedía en el 2003 a Sadam Husein, que no podía demostrar *no* poseer armas de destrucción masiva. Les tocaba a Bush, Cheney y Rumsfeld probar que sí, pero no lo hicieron, como tampoco Blair ni Aznar. Más adelante, una vez ocupado Irak, y mientras los norteamericanos se afanaban en encontrarlas, tuvimos que oír de boca de Rumsfeld y de Aznar cosas totalmente contrarias al derecho, del tipo: «Que no hayan aparecido no significa que no existan», olvidando que, mientras algo no aparece, no existe en el ámbito judicial, y que era a ellos a quienes correspondía poner las armas sobre la mesa y decir: «*Voilà*, helas aquí». Nunca hubo tales armas, y por fin se ha enterado hasta Aznar.

Pues bien, Aguirre y los suyos se están comportando como la Administración Bush y, lo que es peor, como Franco y Stalin. El actual y servil Consejero de Sanidad, un tal Güemes, ha declarado la siguiente vileza a la vez que mentecatez: «Que no haya podido probarse y se haya archivado la acusación no excluye que se hicieran prácticas inadecuadas». Es como si yo dijera: «Que no se haya probado que Esperanza envenenó no excluye que le pusiera cianuro a un individuo». Lamela, el antiguo y servil Consejero, se ha mostrado orgulloso de su actuación, esto es, de haber acusado en falso y sin base a unos médicos a los que ha destrozado la carrera y la vida, y de haber intimidado a todos los demás. Zaplana ha agregado: «Los tribunales han fallado de una forma pero no dicen si se hacían mal las sedaciones, sino que no se puede acreditar cómo se hacían». De nuevo, como si yo dijera: «Han fallado que no hay pruebas de que Aguirre envenenó, pero no se han pronunciado sobre si tenía cianuro en casa» o algo así. Son argumentos propios de la consideración de la justicia franquista y stalinista, sólo que bajo aquellos regímenes los acusados, por el mero hecho de serlo, acababan en el paredón. Ahora y aquí «sólo» pierden sus puestos, se ven difamados y nadie les pide perdón, sino todo lo contrario. Los obispos han instado a sus fieles a tener en cuenta, a la hora de votar, «el aprecio que cada partido, cada programa y cada dirigente otorga a la *dimensión moral* de la vida». Ya ven cuál es el que otorga el PP.

## LO QUE NO SE HACE

Hacía cinco años que ETA no mataba de esa manera, metiéndole tres tiros a un civil desarmado, sin mediar antes palabra. No se nos había olvidado esa forma especialmente cobarde de asesinar, pero sí nos habíamos desacostumbrado un poco. No es lo mismo matar de lejos que de cerca. No es lo mismo matar a un policía o a un militar, que en principio van armados, que a un mero ex-concejal, Isaías Carrasco, cuando se subía al coche para dirigirse a su modesto trabajo en el peaje de una autopista. Matar de lejos y con armas mecánicas es deshonroso, y así lo vio ya, en el siglo XII, Ricardo Corazón de León, que criticó el uso de la ballesta, en contraposición al del arco —que aún dependía de la fuerza del brazo y de la habilidad del arquero—, sin sospechar que sería justamente una ballesta la que le arrebataría la vida. Las reglas de la caballerosidad en el combate no han hecho sino relajarse siempre, desde entonces. Hoy nos parece normal que los aviones, sin ningún riesgo para sus tripulantes, bombardeen a un ejército enemigo, pero eso no deja de ser una vileza, y poco escandaliza ya que lo que ataquen sean poblaciones, con una mayoría inmensa de víctimas civiles. Por supuesto, el empleo de las armas de fuego es lo cotidiano, lo más natural del mundo, y se da tratamiento de héroes a soldados o a terroristas que en ningún momento se han puesto en peligro, mientras llevaban a cabo sus carnicerías. A gente que se ha limitado a apretar un botón desde la distancia, sin arriesgar ni por asomo el pellejo y sin destreza ni arrojo para la lucha.

Y sin embargo, todavía en los años cincuenta y sesenta del siglo XX los niños teníamos claro que había cosas que *no se hacían*, es decir, que no se debían hacer bajo ningún concepto. Eso, claro está, no impedía que se hicieran, pero el descrédito que al instante se abatía sobre los infractores era tan absoluto que caían sin remedio en desgracia y eran rechazados y despreciados por la gran mayoría. Y lo tenían difícil para seguir conviviendo. Sabíamos, por ejemplo, que no se mata a traición ni por la espalda, y menos aún a alguien desarmado. Que no se pega a quien es claramente más débil, y jamás a una mujer, por tanto, en ninguna circunstancia. Que «dos contra uno, mierda para cada uno», esto es, que resulta inadmisible la paliza de varios a uno solo, sin posibilidad para éste de devolver un golpe. Que un adulto no daña a un niño ni a un animal indefenso, porque no hay igualdad de condiciones. Que uno no se chiva de lo que ha hecho un compañero, sino que debe arreglárselas con él por su cuenta. Que si uno quiere vengarse o escarmentar a alguien, ha de encargarse en persona, asumiendo el riesgo de salir malparado, y no enviar a otros en su nombre, como esbirros o sicarios. Eran enseñanzas elementales e irrenunciables, que en gran medida se aprendían solas, sin demasiada necesidad de que nos las inculcaran, aunque todo ayuda.

Resulta en exceso anómalo que en un plazo breve —cuarenta años— tales convicciones hayan desaparecido para grandes porciones de la población. No quiero decir con esto que esas porciones hagan *lo que no se hace*, sino que no lo condenan con la rotundidad esperable y deseable, y así, poco a poco, no está tan mal visto lo que solía estarlo pésimamente. No son ya raros los casos en que una docena de muchachos —o de muchachas— apalean a un compañero y además lo graban con sus estúpidos móviles y además cuelgan en Internet, orgullosos, la filmación de su cobardía. El número de mujeres maltratadas o asesinadas por hombres no decrece, año tras año. Las atrocidades contra niños —contra bebés incluso— parecen haberse disparado, o por lo menos se han hecho más visibles, hasta el punto de exhibirse en la red para ser compartidas, lo cual, nos guste o no, indica que hay muchas personas que no las repudian tajantemente. Hay atentados terroristas en cuya perpetración se ha utilizado a críos o a deficientes mentales para que se inmolaran, mientras los instigadores se quedaban cómodamente en sus casas, a salvo de todo peligro. Hace unos días, volviendo a Madrid en coche, al chófer y a mí se nos apareció un perro negro en medio de la carretera. Caminaba contra los automóviles, se lo veía asustadísimo y desorientado, sin saber qué hacer ni hacia dónde dirigirse. El chófer pudo sortearlo, pero los dos lo vimos claro: «No va a durar ahí el pobre. No hemos sido nosotros, pero será el siguiente que pase». Había bastantes camiones y era una autovía vallada, lo cual nos hizo conjeturar que el perro no podía haberse escapado de un pueblo cercano y haber ido a parar en mitad del tráfico, sino que probablemente su dueño lo había soltado allí —lo había expulsado— para que lo atropellaran, y así descartar que el animal confiado regresara a su casa. Es muy posible que ese individuo quiera a su mujer y a sus hijos y se crea una buena persona, o una normal al menos. Como el etarra que le metió tres tiros a Isaías Carrasco, desprevenido y desarmado. Como cuantos, lejos de hacer caer a aquél en desgracia y con él a ETA entera, consideran que ese sujeto es un heroico *gudari* que se la ha jugado, y no un cobarde extremado. Lo llamativo de hoy no es que se haga *lo que no se hace* —eso no es nuevo—, sino que hacerlo no traiga al instante el universal descrédito de quienes lo han hecho.

## CON NUESTROS VOTOS IMBÉCILES

Uno de los mayores peligros de nuestro tiempo es el contagio, al que estamos expuestos más que nunca —en seguida sabemos lo que ocurre en cualquier parte del mundo y podemos copiarlo—, y en unas sociedades en las que, además, nadie tiene el menor reparo en incurrir en el mimetismo. Y a nadie, desde luego, le compensa ser original e imaginativo, porque resulta muy costoso ir contracorriente. Es el nuestro un tiempo pesado y totalitario y abrumador, al que cada vez se hace más difícil oponer resistencia. Y así, las llamadas «tendencias» se convierten a menudo en tiranías.

Una muestra reciente de esta rendición permanente ha sido la aprobación por aplastante mayoría, en el Parlamento Europeo, de la «directiva de retorno» para los inmigrantes ilegales. Es ésta una directiva repugnante, llena de cinismo y falta de escrúpulos, que a muchos europeos —pero ay, no a los bastantes— nos ha hecho sentir vergüenza de pertenecer a este continente. Como si se tratara de una parodia de Chaplin o Lubitsch, el ponente y promotor de dicha directiva ha sido un eurodiputado alemán del Partido Popular Europeo, Manfred Weber, que apareció en televisión muy ufano de su vileza y vestido de tirolés, cuando a nadie se le oculta qué clase de gente se viste así, todavía, en su país y en Austria. A este individuo grotesco le han dado la razón y sus votos no sólo sus correligionarios franceses (a las órdenes de Sarkozy), italianos (a las de Berlusconi, Bossi y Fini, notorios e indisimulados racistas), polacos (a las de los nacional-católicos gemelos Kaczynski), españoles (a las de Rajoy y sus flamantes «moderados») y demás, sino también un buen puñado de eurodiputados socialistas, incluidos dieciséis de los diecinueve que España tiene en la Cámara (a las órdenes de Zapatero). Yo no sé con qué cara se atreverán el Gobierno y el PSOE, a partir de ahora, a proclamarse justos y democráticos y humanitarios, puesto que con sus votos propugnan que se «retenga» durante año y medio —año y medio— a un inmigrante ilegal cuyo único delito haya sido entrar clandestinamente en un país europeo huyendo del hambre, la guerra y la desesperación. Y asimismo propugna que los menores puedan ser enviados sin garantías a cualquier país, aunque no sea el suyo de origen. Todos sabemos lo que espera a esos críos: en algún punto del trayecto, una red de traficantes que, con el visto bueno de los europeos, se los llevarán a donde les parezca para utilizarlos como les plazca: esclavos, objetos sexuales, combatientes, donantes involuntarios de órganos. Y esto se producirá mientras los gobernantes europeos, con la mayor hipocresía, dicen preocuparse cada vez más por los riesgos que acechan a *nuestros* menores.

Durante años se ha hecho la vista gorda con los inmigrantes ilegales. Se los ha explotado como mano de obra barata, casi gratuita, y se ha callado convenientemente que eran necesarios para nuestras economías y para que cubrieran los puestos de trabajo que los europeos —ya muy señoritos— se niegan a cubrir. Queremos que alguien recoja la basura y barra las calles, cuide de nuestros abuelos enfermos y de nuestros niños malcriados y consentidos, ponga los ladrillos de las cien mil construcciones vandálicas que han propiciado la corrupción de los alcaldes y la codicia de los promotores inmobiliarios, se ocupe de las faenas más duras del campo y limpie nuestras alcantarillas. Nosotros no estamos dispuestos a ensuciarnos las manos ni a deslomarnos. Que vengan esos negros, sudacas y moros a servirnos, esos rumanos que no tienen donde caerse muertos y que se prestarán a cualquier cosa, más les vale. Les daremos cuatro cuartos y asunto liquidado. Ahora, sin embargo, nos hemos hecho muy mirados con los cuatro cuartos, porque hay «crisis». Hemos visto que algunos de esos inmigrantes delinquen —como si no delinquieran algunos españoles, italianos, alemanes o franceses de pura cepa— y, contagiados por Berlusconi y sus compinches —los cuales nunca han delinquido, por cierto, no

se entiende por qué tienen tantas causas abiertas que los incrimi-
nan—, empezamos a pensar que *todos* esos inmigrantes son unos
criminales. Y, como lo pensamos, aprobamos una directiva que los
convierta en tales por el mero hecho de existir y haber osado pisar
suelo europeo. Se los detendrá hasta año y medio, y sin asistencia
judicial, como si fueran presos de ese Guantánamo contra el que
los europeos aún nos atrevemos a clamar. Mientras tanto, ese propio Parlamento, quizá en previsión de la próxima escasez de mano
de obra foránea y barata, permite también que nuestra jornada laboral alcance las sesenta e incluso las sesenta y cinco horas semanales. Algo nunca visto ni tolerado desde 1917. Y añaden hipócritamente: «según el libre acuerdo entre contratadores y contratados».
¿Libre acuerdo? Todos sabemos también lo que ocurrirá. El em-
pleador le dirá al empleado: «Usted trabajará sesenta horas. Si no
le gusta, es libre de no aceptar, pero yo no voy a cambiar mis condiciones». ¿Y qué creen que contestará el empleado, en una Europa
en la que el empleo es precario y en la que se lleva decenios conven-
ciendo a la gente de que se hipoteque de por vida para comprar un
piso de mierda que habrán construido esos negros y sudacas a los
que toca detener y expulsar? No me extrañaría que de aquí a poco
los europeos tengan que envainarse su señoritismo y que volvamos
a verlos barriendo calles, sólo que durante diez horas al día, seis
días a la semana. Esta es la repugnante Europa que construimos,
con nuestros votos imbéciles.

# EL PERJUDICIAL PRESTIGIO DEL PRESENTE

Una de las mayores causas de infelicidad de los hombres ha sido el enaltecimiento del presente y la desestimación del pasado. Quizá nada produzca más dolor que ser un *fue*, como creo que escribió Quevedo mucho antes de que los españoles horteras aprendieran su equivalente inglés y dijeran de alguien que es un *«has been»*. Y es un lugar común de la literatura lamentarse por la dicha o la gloria perdidas y aun señalar que, por haberlas tenido, el aguijón de la tristeza se clava con más saña que si no se hubieran nunca conocido. El hombre o la mujer que fueron apuestos padecen su marchitamiento en mucha mayor medida que quienes fueron siempre corrientes o feos. Los que amaron y fueron amados se desesperan tras la viudedad o el abandono o la progresiva dureza de sus corazones, mientras que quienes jamás probaron esos entusiasmos o los domesticaron se mantienen tranquilos en sus diferentes edades. Quienes poseyeron riquezas y el azar se las arrebató o las malbarataron, son mucho más desgraciados que quienes vivieron de principio a fin medianamente. El actor que fue un ídolo no soporta que ya no le ofrezcan papeles y haber caído en el olvido, mientras que el secundario que jamás encabezó carteles y en cuyo nombre nadie se fijaba tal vez sigue trabajando y siente que, por persistencia, se lo reconoce más que antes. El cantante que adoraron multitudes languidece amargado entre sus recortes y maldice a las generaciones nuevas que ni siquiera saben de su existencia, mientras que los anónimos músicos que lo acompañaban puede que sigan tocando para los nuevos fenómenos, que apreciarán su profesionalidad y su veteranía. Lo mismo puede decirse de un escritor de éxito o de un gran futbolista: de los triunfos pasados e idos es de lo que más cuesta curarse.

Todos conocemos ese «riesgo», pero casi nadie se resiste a correrlo. Pocos son los que, ante un giro favorable de la fortuna, han decidido rehuirlo por si acaso les llegaba un revés más adelante. Todos tenemos la esperanza de que el primer giro dure, y aun se eternice, y algunos viven a partir de entonces con la perpetua angustia de que se les cambie el viento. Se deprime el novelista si su siguiente libro se vende menos que el anterior, aunque aún se venda mucho. El futbolista se nubla cuando no sale de titular un día. El cantante se ensombrece si le contratan menos galas. El bello o la bella viven con el alma en vilo a la búsqueda de canas, entradas, arrugas o flaccideces. El ministro enloquece cuando se lo releva por incompetencia o desgaste o su partido pierde unas elecciones.

Lo curioso de nuestra época es que, sabiéndose todo esto como se sabe desde hace siglos, nada se haya hecho para paliar esos desgarramientos y ansiedades, sino todo lo contrario. Lejos de intentar los hombres apreciar cada vez más lo habido y estar contentos con lo que la fortuna les otorgó durante un periodo de sus existencias (cuando a la mayoría no les otorga nada, desde su nacimiento hasta su muerte), se les ha acentuado la sensación de que lo que no es, no ha sido; de que lo que pertenece al pasado ya no cuenta, por excepcional que fuera; de que el dinero acumulado ya no existe, si no se sigue ganando; de que las ventas logradas se han borrado de golpe, si no se continúa vendiendo; de que la admiración cosechada no vale nada, si ha dejado de suscitarse; de que la belleza que se tuvo un día no es sino la maldición del recuerdo, cuando se ha rebajado y atenuado.

¿Por qué se tiene tan en poco lo sucedido, una vez que ha cesado? ¿Por qué nuestras sociedades, conscientes de ello, lejos de fomentar su estima, alientan cada vez más su descrédito? Y así contamos con un número creciente de personas desquiciadas, que se operan cien veces y se inyectan cualquier veneno con tal de aparentar menos años, para convertirse a menudo en deformidades infladas; deportistas que estiran sus carreras hasta lo inverosímil, con frecuencia a base de sustancias dañinas; cantantes que brincan por los escenarios a sus setenta años; escritores que sacan un libro tras otro a toda prisa por temor a que el breve eco del anterior se apague; políticos dementoides que no harán ascos al delito por perpetuarse. Cuando escribo esto, uno de ellos, Hugo Chávez, pregunta insistentemente a los venezolanos lo que ya les preguntó —y le dijeron que no— hace menos de dos años: ¿quieren que yo pueda ser reelegido indefinidamente, en contra de lo que la Constitución establece? Pero lo peor no es la insistencia, sino sus falsos remilgos y su hipocresía. «Si por mí fuera, yo les diría: *Voten no*», los ha arengado. «Si por mí fuera, en 2012, cuando termine mi actual mandato, me iría a descansar al campo.» Lo asombroso es que alguna gente le haya creído, que sólo quiere seguir por abnegación y que se sacrificará, qué remedio, ¡hasta 2049!, porque de que pueda mandar hasta esa fecha depende el futuro de su «revolución». Ese hombre es un arcaísmo de pies a cabeza, pero ha sabido captar lo que exige nuestra época suicida: que nada acabe nunca, y que no exista ya el pasado.

# ¿ACASO NO NOS ALQUILAMOS TODOS?

Leo que la ciudad de Lérida o Lleida, con Ayuntamiento socialista, ha decidido seguir el ejemplo de Barcelona, con Ayuntamiento del mismo signo político, y poner multas de entre 300 y 3.000 euros tanto a las prostitutas callejeras como a sus clientes; y que Granada se plantea hacer otro tanto, lo cual, probablemente, con el estúpido mimetismo reinante en España, llevará a otros muchos lugares a adoptar las mismas medidas represivas, que, si mal no recuerdo, tienen su origen en Suecia hace más de un decenio: aquí nunca se es original en nada. Según la noticia, «el Consistorio leridano pondrá en marcha un plan integral para buscar alternativas sociales, educativas y laborales a las personas que se prostituyen». Las afectadas, sin embargo, se oponen a la nueva ordenanza. Subrayan que la prohibición no da resultado y que no están claras las políticas sociales alternativas. Y en efecto, es difícil que lo estén, dado que fuentes policiales cifran en unas 1.100 las mujeres —en ningún momento se habla de varones— que se dedican a la prostitución en Lleida. Mil cien, en una población de unos doscientos mil habitantes, no son pocas personas a las que encontrar empleo, sobre todo en época de paro creciente y teniendo en cuenta, además, que la mayoría de esas mujeres no estarán preparadas para desempeñar muchos trabajos de buenas a primeras, y que algunas los rechazarán de plano. Calcúlese una proporción similar en Granada, con su medio millón de habitantes, y en Barcelona, con sus más de tres millones, y en el resto del país, por si acaso, con sus cuarenta y seis millones aproximados, y se verá que este reglamento, aparte otras consideraciones, es tan imbécil como inviable.

Pero vayamos a esas otras consideraciones. En la prostitución hay algo intolerable, y es que quienes no estén dispuestos a ejercerla se vean forzados a ello mediante coacciones y amenazas. Hay muchas mujeres en esa situación, principalmente inmigrantes traídas a nuestro país por las mafias, con engaños o violencia, y que, deseándolo, no pueden salirse de un negocio en el que jamás quisieron verse envueltas *bajo ningún concepto*, ni aun muriéndose de hambre. Si, lejos de estar perseguida y penalizada, la prostitución estuviera legalizada; si hubiera un censo de sus practicantes y éstas gozaran de atención médica, seguridad social y el control del Estado, las llamadas «esclavas del sexo» —es decir, las atrapadas en él contra su voluntad, y sin libertad para dejarlo— existirían mucho menos: tendrían a quién recurrir, y las autoridades podrían ayudarlas a escapar de su situación de servidumbre impuesta y clandestina.

Pero el resto del asunto no es en sí mismo intolerable, o no lo es más, digamos, que la pobreza en general, la explotación de los trabajadores o la dureza de algunos oficios. Por mucho que ciertas feministas clamen hoy contra la prostitución de mujeres —la de los varones les trae sin cuidado— por lo que tiene de «humillación» para su sexo, lo que siempre se esconde tras su condena es el más rancio puritanismo y la abominación de lo sexual, común a todas las Iglesias. De las putas se ha dicho invariablemente una falsedad interesada, a saber, que «venden su cuerpo», cuando lo que hacen es *alquilarlo*, de muy parecida manera a como los demás alquilamos lo que podemos o lo que se está dispuesto a contratarnos: el barrendero y la fregona alquilan sus manos, lo mismo que el estibador, que además alquila su espalda, o que el minero, que además alquila sus pulmones para que se los destrocen; otros muchos alquilamos nuestro tiempo o nuestros conocimientos o nuestra capacidad para darle a la tecla con algún sentido; cada cual ofrece lo que tiene para ganarse la vida, y todas esas actividades no se ven como «humillación», sino como «dignificación» de la persona. El trabajo se considera algo noble y honroso, independientemente de su calidad y su esfuerzo, y de lo mal o bien que esté pagado. Así que nunca he entendido por qué el de una puta —si no es por un prejuicio, religioso, que ve «pecado» en el sexo fuera del matrimonio, y aun dentro de él según el Papa Wojtyla— se tiene por todo lo contrario. Ellas alquilan el cuerpo entero, los demás tan sólo algunas partes, o bien la mente. ¿Y quiénes son los Ayuntamientos, o el Estado, para entrometerse en una transacción entre dos ciudadanos adultos y libres (cuando las putas son libres), que en principio no implica delito ni daño? ¿Y en qué se diferencia ese cliente del individuo que se acerca a alguien y le pregunta «¿Quieres ganarte unas perras?», y le propone que le preste sus manos para recoger la fresa o para que le pinte su casa? ¿En qué se diferencia de usted o de mí cuando paramos un taxi en la calle y le decimos al taxista que nos lleve a tal o cual sitio, según tarifa? Déjense los Ayuntamientos y las mojigatas de siempre —por muy disfrazadas que vayan de feministas— de tan antigua hipocresía. Con medidas como las de Lleida, Barcelona y quizá Granada, lo único que se consigue es arrojar a la indigencia a quienes ya malviven. Y acaso aumentar el número de violadores en potencia, cuando los puteros comprueben que ya no pueden echar un solo polvo, ni siquiera por acuerdo mutuo y pagando a tocateja.

## COMO SIOUX

Me siento ante la máquina en Sábado Santo, y es la primera vez que lo hago desde el pasado Domingo de Ramos, y eso porque debo entregar este artículo y no me queda más remedio. Ahora mismo, por delante de mi casa, pasa una banda de tamborileros siniestros (túnicas marrones y capirotes morados, vaya mezcla) que atruenan todo el barrio. Son de la Cofradía de la Coronación de Espinas, de Zaragoza, y no sé qué diablos hacen en Madrid martirizando al personal a la hora de la siesta. En realidad sí lo sé, ya que llevo siete días literalmente cercado, prisionero, sitiado por las hordas católi-co-turísticas, que, como todos los años —pero siempre más—, toman los centros de las ciudades de España e impiden toda vida en ellos. A la Iglesia Católica y al Ayuntamiento les ha dado la gana de que yo no escriba, ni trabaje, ni lea, ni escuche música, ni vea una película, ni pueda hablar por teléfono, ni recibir una visita, durante ocho días. También ha decidido que no pueda salir de mi casa si no es para mezclarme con la muchedumbre fervoroso-festiva e incorporarme a sus incontables procesiones, cada una de las cuales dura unas cinco horas. Sólo por delante de mi portal han pasado ya unas siete, la primera, como he dicho, el Domingo de Ramos. Desde entonces he vivido a su merced inmisericorde: el permanente ruido de sus clarines y tambores me lo he tenido que chupar por narices, más allá de la medianoche, porque, en un Estado aconfesional, la ciudad se les entrega para que hagan con ella lo que quieran y además lo impongan a la población entera, sea o no católica.

La España actual se parece cada vez más a la del franquismo, es decir, cada vez resulta más decimonónica. Entonces —durante el franquismo— la Semana Santa era obligatoria. Estaba prohibido emitir por la radio cuanto no fueran misas y música más o menos religiosa; a los cines se les permitía exhibir tan sólo películas pías o, a lo sumo, de la época de Cristo, y uno tenía gran suerte si podía ver *Ben-Hur* o *Barrabás*, que al menos eran espectaculares y con gladiadores; a los niños nos decían las abuelas que no podíamos cantar ni estar alegres; el luto por un muerto de hacía dos mil años se imponía a toda la ciudadanía. Ahora las televisiones no sólo pasan las mismas películas y algunas nuevas y peores, como la histérica y demente versión de Mel Gibson, sino que en sus telediarios sacan sin cesar imágenes de procesiones, como si éstas fueran noticia, sin la menor vergüenza.

Aparte de las molestias, es lo que todo esto precisamente me causa: vergüenza. No es que haya más beatos que hace unos años. De hecho, y bien se duele la Iglesia, la sociedad está cada vez más secularizada. Lo que ocurre es que a las procesiones se les ha visto el gancho tribal-folklórico. Como he asistido a un montón de ellas a pesar mío, sé de qué hablo. La mayor parte del público que las mira y sigue son guiris de la peor especie con sus cámaras idiotas permanentemente alzadas. Contemplan el espectáculo —si es que a cosa tan aburrida y sórdida se la puede llamar así— de la misma manera que nosotros observaríamos una danza comanche o sioux alrededor de unos tótems. Ven a unos tipos flagelándose, andando de rodillas o descalzos, cargando cruces y demás, como nosotros veríamos a unos indios sometiéndose a la ceremonia de iniciación consistente en ser izado por unos ganchos clavados al pecho, cuya carne se desgarra largo rato, o como vemos por televisión a ciertos musulmanes desollarse vivos en no recuerdo qué efeméride. Se quedan atónitos esos turistas ante las lágrimas o las expresiones de inverosímil arrobo que los más devotos dedican al paso de unas efigies horrendas y sobrecargadas, sean el Cristo de los Escaparates o la Virgen del Pasamontañas. No nos causa rubor ofrecernos en nuestra vertiente más primitiva, más supersticiosa, más atrasada. Es más, lo procuramos: vean lo exóticos que somos, y qué brutos, y qué elementales, y qué cutres. Lo más deprimente es que este regreso al tribalismo es también jaleado por gentes supuestamente racionales y de izquierdas. Digo supuestamente porque nadie que no sea un propagandista de la fe católica, o un mercachifle avispado, puede prestarse a ser costalero o cofrade, y ahora hay muchos presuntos agnósticos o ateos que se privan por ser admitidos en la Hermandad del Vinagre o en la Cofradía de los Californios, les da lo mismo. A eso se lo llama, desde los tiempos del Cristo, ser un fariseo.

Cada vez más decimonónicos, sí, en Madrid al menos. Un Ayuntamiento y una Comunidad beatos le van a permitir a la Iglesia edificar, en la privilegiada zona entre San Francisco el Grande y las Vistillas, un «pequeño Vaticano» de miles de metros cuadrados. Con ello la Iglesia se cargará el mejor perfil de la ciudad, que pintaran Goya y otros, esa vista dejará de existir para siempre. ¿Y qué hará la Iglesia a cambio? Es risible. «Devolverá» unos terrenitos que el anterior alcalde, Álvarez del Manzano, le había *donado*. En un Estado aconfesional, la Iglesia Católica no sólo recibe dinero a espuertas de los contribuyentes, sino que le salen gratis sus tropelías urbanísticas, a las que se opone todo el vecindario. Si esto no es franquismo, que venga el tirano y lo vea. Claro que entonces esta tétrica Iglesia lo volvería a cobijar bajo palio, como antaño.

# ELEGIR LO GROTESCO

Uno de los primeros avisos fue probablemente Clement Attlee, que la mayoría de ustedes no tendrá ni idea de quién fue, lo cual ya dice algo al respecto. Ese hombre, sin embargo, derrotó estrepitosamente en las urnas a Churchill, y no en unas elecciones cualesquiera, sino en las de 1945, recién terminada la Segunda Guerra Mundial que su rival tanto había ayudado a ganar. No es que Attlee fuera despreciable: se trataba de un laborista muy digno, que intentó con todas sus fuerzas que su país apoyara a la República Española durante la Guerra Civil y que hasta cierto punto creó el Estado del Bienestar. Fue más que nada con eso con lo que sedujo a sus compatriotas, cansados del esfuerzo inmenso de la Guerra, durante la que Churchill les había anunciado y pedido, en cambio, «sangre, denuedo, sudor y lágrimas». Quizá ya habían derramado bastante de las cuatro cosas.

Claro que el precedente fue Hitler, y mucho más grave, el cual alcanzó el poder en unas elecciones que no ganó exactamente, pero que le permitieron gobernar tras algunos pactos con otros, algunas renuncias de otros y no pocas amenazas a todos. Sea como sea, su régimen salió de las urnas, no de un golpe de Estado ni de la toma de ningún Palacio. Con esto quiero recordar que no hay mejor sistema que el democrático ni otra manera decente de llegar al poder que mediante elecciones populares, pero que la gente, con frecuencia, elige el horror, o lo peor posible, o la vulgaridad, o lo grotesco. Hay épocas medianamente sensatas y épocas lunáticas. En estas últimas los votantes se comportan como anormales, difícil saber por qué. Me temo que la actual es una de ellas, a grandes rasgos y con sus excepciones. Cada vez que se celebra una cumbre de Presidentes de Gobierno se le cae a uno el alma a los pies, y en lo que llevamos de año ya ha habido unas cuantas.

Por Italia acude Berlusconi o el *summum* de lo grotesco: lo mismo deja plantada a su anfitriona, Angela Merkel, que lo espera en vano para darle la bienvenida mientras él gesticula por su *telefonino* como cualquier grosero de restaurante o de tren, que se lanza a dar voces ante sus homólogos para llamar a Obama: «¡Mr Obama! ¡Mr Obama! ¡Aquí estoy, soy Berlusconi!». Luego, de vuelta en su país, aconseja a los afectados por el terremoto de los Abruzos, que se han quedado sin casa y han perdido a seres queridos, que vean su situación como «un fin de semana de camping», y a continuación su popularidad asciende hasta el 75 %. Si la reacción de los italianos no es de anormales, díganme en qué consiste la normalidad. Por Francia acude Sarkozy, de quien ya dije en esta página que era como Louis de Funès,* sólo que con pelo, y que se creía Superratón, volando de aquí para allá a ver si puede rescatar a alguien y ponerse la capita. Últimamente ha andado lento de reflejos o se ha acobardado: no lo he visto desplazarse en persona a luchar contra los piratas somalíes con una bandana en el cabezón, como habría sido de rigor, y sí en cambio tocarle el culo a su señora ante una batería de fotógrafos. Para mí que se está aburguesando y berluscanizando: comparte con su colega italiano los coturnos disimulados y los ademanes de estrella del porno en promoción. Hasta hace cuatro días, por los Estados Unidos acudía Bush Jr, sobre cuyas meteduras de pata, ridículos baileteos y pésima dicción no hay, por fortuna, nada más que añadir. Por Rusia, Putin, un tipo dado a hacerse fotos con el torso desnudo y con botas, fingiendo que está a punto de matar un oso o un jabalí. En cuanto al nuevo Presidente de Chechenia, al que acabo de conocer por televisión, sólo sé que parece un portero de discoteca y que lleva en la mano un rosario musulmán con el que juguetea chulescamente.

No llegará a ninguna cumbre, pero el individuo promete, en el

* Véase el artículo «Con ojos cinematográficos», incluido en esta recopilación. *(N. de la E.)*

ya reinante territorio de lo grotesco. Lo que ignoro es si ha sido elegido o nombrado a dedo por Putin entre dos de sus cacerías nudistas. El que sí ha sido elegido es Ahmadineyad, de Irán, un tipo con aspecto cenizo que persigue a las mujeres que dejan asomar un mechón de cabello en su país. También fue elegido Evo Morales, cuya última incomprensible hazaña ha sido iniciar una huelga de hambre con colchoneta y todo. Esta es una verdadera innovación grotesca, muy difícil de igualar: esa clase de huelgas se solían llevar a cabo para presionar a los gobernantes, pero el señor Morales es el gobernante máximo de su nación. ¿Se imaginan a Berlusconi, Sarkozy o Medvédev haciendo lo propio para conseguir que el Parlamento apruebe las leyes que ellos desean? La verdad es que yo sí, y no me extrañaría que la idea se la hubiera brindado Hugo Chávez, que tal vez la tenía en la recámara si no lograba sacar adelante su enésimo referéndum megalomaniaco. De momento está encarcelando, entre berrido y canción, a cuantos le hacen penumbra en algún barrio escapado a su dominio totalitario.

Hay que congratularse de que en España no estemos tan mal: por ahora nuestro Presidente y nuestro jefe de la oposición rivalizan tan sólo en insustancialidad. Claro que después del Gobierno que nos ha dejado el primero con sus nuevos nombramientos penosos, más vale que empiece a hacérselo mirar. Al fin y al cabo le ha cogido gusto a lo de asistir a cumbres y se nos puede contagiar.

# NI SE LES OCURRA DISPARAR

Lo de España y sus famosas «fuerzas de paz» —es decir, lo que antiguamente se conocía como el Ejército o las Fuerzas Armadas— ya no se sabe si provoca risa o desolación. Desde hace tiempo todos nuestros Gobiernos, sin duda para tranquilizar a una ciudadanía desaforadamente pacifista y tiquismiquis, nos han vendido que las intervenciones de nuestras tropas en el extranjero son «solidarias» si no «humanitarias». Ni un solo soldado nuestro se desplaza a ningún sitio si no es para hacer el bien, ayudar a reconstruir un país, proteger de quien sea a la pobre población, entregar flores a los niños y por supuesto no disparar un solo tiro, así los estén degollando los fanáticos o bandoleros de cada lugar. Somos el único país que tiene un Ejército no para la guerra sino para la paz, faltaría más, dónde se han visto militares que entren en combate, disuadan e infundan temor en los enemigos y demás antiguallas belicistas condenables, crímenes todos contra la humanidad que nosotros jamás vamos a cometer. Los españoles de hoy somos justos y cristianos, ofrecemos siempre la otra mejilla, y muy terribles se tienen que poner las cosas para que osemos repeler un ataque, qué es eso de responder con disparos a los disparos, así sólo se consigue crear una espiral de violencia y aumentar la tensión.

Y eso nunca, en escenarios de guerra o similares. Es lo que han ordenado la Ministra del ramo y el Estado Mayor de la Defensa para los casos de barcos españoles secuestrados por piratas en el Índico. «Los militares españoles sólo podrán utilizar la fuerza letal cuando esté en riesgo la vida de los marineros secuestrados, pero no para evitar que los armadores tengan que pagar rescates», decía la noticia. Y añadía: «Se trata de un protocolo *muy restrictivo*, que contempla el empleo de la fuerza *como último recurso*, de forma *proporcionada y progresiva*, y evitando *a toda costa* una eventual escalada de la tensión» (las cursivas, mías). Mecachis, y yo que creía desde la infancia que el asalto y abordaje por parte de un barco pirata era una situación de máxima tensión difícilmente superable. Pues no, ya ven, toda la vida equivocado. Para el Ministerio de Defensa sólo hay máxima tensión, y está autorizado el uso de la fuerza letal, en el momento en que los piratas empiezan a hacer desfilar por la plancha a sus rehenes, camino del fondo del mar, o a cargárselos en cubierta con tiros en la nuca o decapitaciones. «Al contrario que los Estados Unidos y Francia, que en los últimos días han liberado por la fuerza dos embarcaciones secuestradas, matando a cinco piratas, España sólo contempla el uso de la violencia para salvar la vida de los rehenes, que es la máxima prioridad», proseguía la noticia. Por fortuna matiza nuestro Ministerio: «Un rescate por la fuerza *podría* estar justificado si los piratas adoptan actitudes *más violentas* hacia sus secuestrados, *lo que no se puede descartar* tras los últimos incidentes». Supongo que los marinos españoles, en sus fragatas, sabrán por arte de magia, o a través de algún médium, en qué instante a dichos piratas —fuera de su campo visual y de su alcance— les ha dado por ponerse «más violentos» con sus cautivos. Y entonces sí, ah, entonces que se preparen, porque haremos uso de la fuerza letal, aunque estemos a centenares de millas y no tengamos ni idea de dónde se encuentran, ni ellos ni sus prisioneros brutalizados. Pero ojo, antes habrá que cerciorarse de que están pasando a éstos a cuchillo, no vayamos a contribuir «a una eventual escalada de la tensión».

Seguro que nuestro Ministerio no vio la suficiente en el ataque que pocos días después sufrió el crucero italiano *Melody*, con casi mil pasajeros a bordo. El propio jefe de los asaltantes, Mohamed Muse, se lo contaba decepcionado a France-Presse en Mogadiscio (curioso mundo en el que este individuo hace declaraciones a una agencia de información): «La captura de un barco tan grande habría representado una nueva era de la piratería», se lamentó como quien habla de un récord fallido para el Guinness. «Pero los del crucero utilizaron una táctica inteligente y no pudimos subir a bordo. Estábamos listos para capturarlo, *realmente los acribillamos a balazos*, pero es un barco imponente y sólo contábamos con diez hombres», se excusó. La «táctica inteligente» del *Melody* consistió, entre otras argucias, en «repartir las pistolas de la caja fuerte entre el personal de seguridad» y movilizar a cincuenta marineros. Y, tras alguna que otra artimaña, «nuestros hombres empezaron a disparar y los piratas desistieron». Fatal, oigan, fatal, por lo menos para nuestro Ministerio, que en modo alguno se habría permitido reaccionar tan desproporcionadamente, acrecentando la tensión. ¿Acaso estaba en peligro la vida de los secuestrados? Pero por favor, si ni siquiera habían secuestrado aún a nadie, los pobres piratas. Cómo íbamos a dispararles. Sólo estaban acribillándonos a balazos e intentando capturar a unos mil, y una mera tentativa no es motivo para abrir fuego. Recuerden que somos humanitarios, y abnegadas fuerzas de paz.

# EL PAÍS QUE SE TOMA LA CRISIS A BROMA

En un país como España cuesta sobremanera tomarse en serio la actual crisis económica, no digamos las políticas encaminadas a combatirla, sean la del Gobierno o la de la oposición, aunque la de esta última ni siquiera sepamos en qué consiste. Lo cierto es que no se habla de otra cosa desde hace diez meses y sin embargo, en conjunto, nada cambia ni se prevé que lo haga. Claro que hay muchos más parados, y que a bastantes se les están ya acabando las ayudas al desempleo y se ignora qué será de ellos. Pueden añadir las dificultades de numerosas empresas, el previsto desmoronamiento de las inmobiliarias salvajes (contra cuyos abusos no hizo nada *ningún* político, pese a las incontables advertencias de quienes no somos políticos ni economistas, era una cuestión de mero sentido común), la falta de escrúpulos de la banca y lo que ustedes prefieran. Pero no hay manera de tomarse en serio esta crisis cuando yo me siento a escribir esta pieza el jueves 11 de junio y resulta que en mi Comunidad *vuelve a ser fiesta*, lo cual invitará a muchos ciudadanos a tomarse libre mañana, viernes —es decir, a hacer puente—, y a no reincorporarse a sus tareas hasta el lunes 15. Esto no es algo excepcional, sino la norma. En Madrid, en menos de tres meses, fue festivo el 19 de marzo, jueves, con el consiguiente puente hasta el lunes 23; a continuación, el viernes 3 de abril se inició la «operación salida» de Semana Santa, la cual terminó aquí el lunes 13, pero en muchas zonas del país el martes 14; el viernes y sábado 1 y 2 de mayo volvieron a ser fiesta, y de nuevo lo fue el viernes 15 de mayo, San Isidro; y, como si todo esto no bastara, hoy otra vez, Corpus Christi (?). Esto significa que entre el 15 de marzo y el 15 de junio, han sido más o menos inhábiles 39 fechas, contando sábados, domingos y la Semana Santa entera (pero no el Lunes de Pascua). O, lo que es lo mismo, el 43 % de los días, cerca de la mitad de los transcurridos.

¿Es esto serio? ¿Es aconsejable? ¿Es propio de una sociedad inmersa, según se nos repite a diario con cabellos mesados y vestiduras rasgadas, en la más grave emergencia económica desde la Segunda Guerra Mundial? ¿Tiene algún sentido que la producción y la actividad se interrumpan a lo bestia, cada dos por tres? (Y ya verán cómo en verano ninguna población suspende sus jornadas de holganza y ruido llamadas «fiestas patronales».) Entre las medidas contra la famosa crisis, ¿cómo es que ni a un solo político se le ha ocurrido revisar el disparatado calendario y alterarlo temporalmente? (Confesaré al instante, para los suspicaces, que, al ser yo autónomo, lo normal es que trabaje *todos los días*, sábados, domingos y Semanas Santas incluidos, cuando me lo permiten las procesiones de los desocupados.)

Tampoco ayuda a tomársela en serio saber que mucha gente que gana al mes 1.500 euros de media está acudiendo a Cáritas a pedir comida porque necesita el dinero para pagar la hipoteca y las letras del coche. Y uno se pregunta quién diablos obliga a nadie a tener un piso en propiedad o a poseer un coche, o quién lo ha convencido de que esas dos cosas se cuentan entre las necesidades básicas e irrenunciables. Igualmente, cada vez que alguien va al paro y sale en televisión contando la miserable situación en que se queda, no suele dolerse de la falta de dinero para comer, o para vestir a sus hijos y llevarlos a la escuela, o para pagar la luz y el agua, sino que, machaconamente, se lamenta de las dificultades que lo aguardan para cumplir con la hipoteca y con los plazos del automóvil. Y vuelvo a preguntarme quién lo obligó a meterse en la adquisición de tales bienes prescindibles. Bueno, los bancos, que ahora escatiman los créditos, fueron los grandes tentadores hasta hace cuatro días, desde luego, pero no *obligaban*. (También para los suspicaces, me apresuro a decir que vivo en régimen de alquiler y que jamás he tenido coche.)

La morosidad se ha multiplicado en los últimos años, mucho

antes de la crisis. ¿Qué clase de sociedad es esta en la que se considera normal vivir *permanentemente* por encima de las propias posibilidades, y solicitar créditos no para lo esencial ni para lo excepcional, sino para cualquier chuminada o capricho, para celebrar por todo lo alto la comunión de la niña, como si fuera una miniboda, o irse de vacaciones no aquí cerca, sino a Cancún o a Bali? Parece haber, además, una absoluta incapacidad para bajar de las nubes. ¿Cómo voy a renunciar a esto y aquello, si ya lo he tenido?, piensa casi todo el mundo, y, con el habitual espíritu pueril de nuestra época, se vuelve hacia el Estado, como si fuera el progenitor, para que ponga remedio a sus frustraciones particulares. Y el Estado, pusilánime e imbecilizado, da ayudas para que la gente siga comprándose coches (sólo de lujo y contaminantes, si se trata de esperanzaguirreños) y continúa manteniendo todos los improductivos y demenciales puentes que jalonan nuestro calendario. ¿Cómo pretenden los políticos, los economistas, los banqueros, los empresarios y los sindicatos que nos los tomemos en serio?

# INFANTILIZADOS O ANCIANIZADOS

Se ha escrito ya mucho acerca de la actitud del electorado de derechas en las aún no lejanas elecciones europeas. En aquellas Comunidades Autónomas en las que hay dirigentes del Partido Popular más o menos involucrados en tramas de corrupción, o sospechosos de ello, ese partido ha mejorado sus resultados de manera notable, como si, en lugar de castigarlo por el insoportable tufo a podrido, los votantes hubieran decidido recompensarlo. Como si, en vez de indignarse con quienes han cometido abusos de poder o parecen haberlo hecho, con quienes han utilizado sus cargos para enriquecerse o se han apropiado directamente de dinero de los contribuyentes, la furia se hubiera volcado con quienes han descubierto el pastel, han investigado los posibles apaños y cohechos y han alzado el dedo acusador contra los presuntos ladrones y estafadores. Es cierto que hay un elemento sorprendente en esta actitud, o que al menos lo habría sido hace no demasiados años, y no conviene pasarlo por alto. ¿Qué significaría esto? ¿Que a los votantes del PP les parecen bien la corrupción, el soborno y el latrocinio disimulado? ¿Que, si no bien, les parecen normales en política, una especie de «impuesto bajo mano» que nos cobran quienes nos gobiernan? ¿Que, por lo tanto, cada uno de esos electores obraría de la misma forma —corruptamente— de tener un cargo en un ayuntamiento, una diputación, una Junta, una Generalitat o el Gobierno central? ¿Significaría que cuantos han votado al PP, al menos en sitios como Madrid o Valencia, son timadores en potencia, puesto que aplauden y dan el beneplácito a quienes tienen todas las trazas de serlo? ¿Que son gente intrínsecamente inmoral, y que en el fondo envidian a los listillos que han sabido aprovecharse de la política para engañar, rapiñar, colocar a parientes y hacer y recibir favores ilícitos o en todo caso sucios, muy sucios? ¿Que una considerable parte de los españoles son aspirantes a ladrones y admiran y premian a quienes ya han alcanzado esa meta?

De ser esto así, resultaría que vivimos rodeados de individuos que, si creyeran contar con altas probabilidades de impunidad, nos levantarían la cartera al menor descuido, aunque nos hubiéramos portado bien con ellos y no les hubiéramos hecho nada. Estaríamos en una sociedad llena de chorizos vocacionales, lo cual sería muy preocupante y grave hasta la médula. Yo no lo descarto, y además incluiría entre ellos a numerosos votantes de otros partidos: pertenezcan al que pertenezcan los alcaldes y concejales a los que en cualquier localidad se acusa de corrupción, la reacción de los vecinos suele ser de apoyo incondicional al encausado —o ya condenado— y de ira contra el fiscal, juez, periodista o policía que hayan destapado el caso. Una de las argumentaciones más frecuentes para explicar este comportamiento es que dichos alcaldes o concejales «han traído riqueza al lugar», sin que a casi nadie le importen los orígenes ni el modo de conseguir esa riqueza, si es legal o ilegal, si con ello se han destruido monumentos o paisajes históricos, si el «enriquecedor» ha arramblado por el camino con parte del dinero de los «enriquecidos», que también serían, por lo tanto, estafados.

Cuando lo propio está en juego, qué más dan las banderías, esto se sabe. Pero lo propio no siempre está en juego, por fortuna, y aun así se vota al corrupto cuyas actuaciones no nos benefician personalmente. Creo que el motivo por el que esto sucede es aún más grave que si se debiera a la proliferación de chorizos vocacionales, y que está muy extendido, más allá de nuestras fronteras y desde hace tiempo. Si recuerdan el juicio a O J Simpson, el famoso jugador de fútbol americano que tenía toda la pinta de haber asesinado a su mujer y al amante de ésta, a la mayoría de la gente de su raza —negra— le traía sin cuidado saber si era o no culpable. Deseaba que fuera exonerado simplemente porque era negro. Y no han sido pocas las ocasiones en que las feministas más brutas y antediluvianas han «exigido» la condena de un acusado de violación, aunque no hubiera pruebas contra él y sí hubiera llamativos indicios de que la acusación era falsa. Con demasiada frecuencia la cuestión es ya sólo «que gane el mío», sea por negro, por mujer, por blanco, por varón, por derechista o izquierdista. A una gran parte de la población mundial la verdad ha dejado de importarle. De hecho ha elegido no verla aunque se la pongan delante, si no le conviene. Ha decidido de antemano cómo quiere que sean las cosas, y niega cuanto no le gusta o le molesta. Vivimos cada vez más en un mundo en el que la gente no soporta lo que le desagrada, ni lo que le crea dudas, ni lo que la obliga a retractarse o a reconocer que se ha equivocado. Es lo propio de muchos niños y de muchos ancianos: niegan la realidad adversa y prefieren no enterarse. Aún es más: precisamente para contentarlos y no darles disgustos, los adultos tienden a ocultarles las malas noticias y a engañarlos. Para los políticos no existe nada mejor ni más cómodo que esto: un electorado infantilizado o ancianizado, que pide a gritos que se le mienta y anuncia que se creerá las mentiras.

# PROCEDENCIAS

«Visión de un falso indiano», *El País*, 2 de noviembre de 1985; recogido en *Vida del fantasma*, Alfaguara, Madrid, 2001.

«¿Su miedo favorito?», *El País*, 10 de marzo de 1986; recogido en *Vida del fantasma*, Alfaguara, Madrid, 2001.

«La edad del recreo», *El Europeo*, diciembre de 1989; recogido en *Pasiones pasadas*, Alfaguara, Madrid, 1999.

«No pareces español», *El Europeo*, septiembre de 1990; recogido en *Pasiones pasadas*, Alfaguara, Madrid, 1999.

«Crueldad y miedo», *El País*, 26 de octubre de 1994; recogido en *Vida del fantasma*, Alfaguara, Madrid, 2001.

«No como humo», *El País*, 1 de febrero de 1995; recogido en *Vida del fantasma*, Alfaguara, Madrid, 2001.

«El escarabajo», *El Semanal*, 15 de mayo de 1995; recogido en *Mano de sombra*, Alfaguara, Madrid, 1997.

«No los quiero», *El Semanal*, 13 de agosto de 1995; recogido en *Mano de sombra*, Alfaguara, Madrid, 1997.

«El suplemento de miedo», *El Semanal*, 3 de septiembre de 1995; recogido en *Mano de sombra*, Alfaguara, Madrid, 1997.

«Vengan agravios», *El País*, 30 de diciembre de 1995; recogido en *Vida del fantasma*, Alfaguara, Madrid, 2001.

«Melancólico fantasma», *Matador*, entrega A, 1995; recogido en *Vida del fantasma*, Alfaguara, Madrid, 2001.

«¿Cuántos?», *El Semanal*, 28 de enero de 1996; recogido en *Mano de sombra*, Alfaguara, Madrid, 1997.

«Una proposición muy razonable», *El Semanal*, 11 de febrero de 1996; recogido en *Mano de sombra*, Alfaguara, Madrid, 1997.

«El nombre de Euskal Herria», *El Semanal*, 3 de marzo de 1996; recogido en *Mano de sombra*, Alfaguara, Madrid, 1997.

«Ni trabajo ni tiempo», *El Semanal*, 19 de mayo de 1996; recogido en *Mano de sombra*, Alfaguara, Madrid, 1997.

«Proyecto de Tomadura de Pelo», *El Semanal*, 22 de septiembre de 1996; recogido en *Mano de sombra*, Alfaguara, Madrid, 1997.

«Soberbia y azar», *El País*, 4 de octubre de 1997; recogido en *Vida del fantasma*, Alfaguara, Madrid, 2001.

«No lo pueden remediar», *El País*, 21 de mayo de 1998; recogido en *Vida del fantasma*, Alfaguara, Madrid, 2001.

«Pánico y explotación», *El Semanal*, 31 de mayo de 1998; recogido en *Seré amado cuando falte*, Alfaguara, Madrid, 1999.

«Harakiri con decapitación», *El Semanal*, 30 de agosto de 1998; recogido en *Seré amado cuando falte*, Alfaguara, Madrid, 1999.

«Tortura y asedio», *El País*, 6 de septiembre de 1998; recogido en *Vida del fantasma*, Alfaguara, Madrid, 2001.

«El soberbio estupefacto», *El Semanal*, 1 de noviembre de 1998; recogido en *Seré amado cuando falte*, Alfaguara, Madrid, 1999.

«Ardan banderas», *El Semanal*, 27 de diciembre de 1998; recogido en *A veces un caballero*, Alfaguara, Madrid, 2001.

«El barato silencio», *El País*, 25 de enero de 1999; recogido en *Vida del fantasma*, Alfaguara, Madrid, 2001.

«Sostenes muy repartidos», *El Semanal*, 21 de febrero de 1999; recogido en *A veces un caballero*, Alfaguara, Madrid, 2001.

«Lo escrito en el tiempo», *El Semanal*, 28 de febrero de 1999; recogido en *A veces un caballero*, Alfaguara, Madrid, 2001.

«Tiranías laborales», *El Semanal*, 7 de noviembre de 1999; recogido en *A veces un caballero*, Alfaguara, Madrid, 2001.

«Un ejercicio de imaginación», *El Semanal*, 16 de enero de 2000; recogido en *A veces un caballero*, Alfaguara, Madrid, 2001.

«La dilación infame», *El País*, 6 de febrero de 2000; recogido en *Vida del fantasma*, Alfaguara, Madrid, 2001.

«Pucheros de superstición», *Claves de razón práctica*, marzo de 2000; recogido en *Vida del fantasma*, Alfaguara, Madrid, 2001.

«Matar al muerto o los inconvenientes de haberlo matado», *El País*, 15 de julio de 2000; recogido en *Vida del fantasma*, Alfaguara, Madrid, 2001.

«Bajo la luz de gas», *El País*, 12 de julio de 2001.

«Ustedes», *El Semanal*, 30 de septiembre de 2001; recogido en *Harán de mí un criminal*, Alfaguara, Madrid, 2003.

«Misterios de la imbecilidad», *El Semanal*, 7 de octubre de 2001; recogido en *Harán de mí un criminal*, Alfaguara, Madrid, 2003.

«La traición a Henry Adams», *El Semanal*, 30 de diciembre de 2001; recogido en *Harán de mí un criminal*, Alfaguara, Madrid, 2003.

«Lo despreciable que mancha», *El Semanal*, 10 de febrero de 2002; recogido en *Harán de mí un criminal*, Alfaguara, Madrid, 2003.

«Las tolerancias necias», *El Semanal*, 28 de abril de 2002; recogido en *Harán de mí un criminal*, Alfaguara, Madrid, 2003.

«Lo peor todavía», *El Semanal*, 12 de mayo de 2002; recogido en *Harán de mí un criminal*, Alfaguara, Madrid, 2003.

«Cuando una sociedad está putrefacta», *El Semanal*, 11 de agosto de 2002; recogido en *Harán de mí un criminal*, Alfaguara, Madrid, 2003.

«Creed en nosotros a cambio», artículo escrito en septiembre de 2002 y censurado por *El Semanal*; recogido en *Harán de mí un criminal*, Alfaguara, Madrid, 2003.

«Delitos para todos», *El País Semanal*, 16 de febrero de 2003; recogido en *El oficio de oír llover*, Alfaguara, Madrid, 2005.

«Una añoranza preocupante», *El País Semanal*, 23 de febrero de 2003; recogido en *El oficio de oír llover*, Alfaguara, Madrid, 2005.

«En sus parciales», *El País Semanal*, 30 de marzo de 2003; recogido en *El oficio de oír llover*, Alfaguara, Madrid, 2005.

«Un paladín y un patriota», *El País Semanal*, 27 de abril de 2003; recogido en *El oficio de oír llover*, Alfaguara, Madrid, 2005.

«Elogio del convencimiento», *El País Semanal*, 27 de julio de 2003; recogido en *El oficio de oír llover*, Alfaguara, Madrid, 2005.

«El país antipático», *El País Semanal*, 11 de enero de 2004; recogido en *El oficio de oír llover*, Alfaguara, Madrid, 2005.

«Y tan antipático», *El País Semanal*, 18 de enero de 2004; recogido en *El oficio de oír llover*, Alfaguara, Madrid, 2005.

«Ingenuos hasta la estupidez», *El País Semanal*, 25 de enero de 2004; recogido en *El oficio de oír llover*, Alfaguara, Madrid, 2005.

«Noventa y ocho patadas», *El País Semanal*, 14 de marzo de 2004; recogido en *El oficio de oír llover*, Alfaguara, Madrid, 2005.

«Parte de vosotros», *El País Semanal*, 28 de marzo de 2004; recogido en *El oficio de oír llover*, Alfaguara, Madrid, 2005.

«Veloz veneno y lento antídoto», *El País Semanal*, 4 de abril de 2004; recogido en *El oficio de oír llover*, Alfaguara, Madrid, 2005.

«Pretorianos mortales», *El País Semanal*, 6 de junio de 2004; recogido en *El oficio de oír llover*, Alfaguara, Madrid, 2005.

«Informe no solicitado sobre el jueves negro», *El País Semanal*, 11 de julio de 2004; recogido en *El oficio de oír llover*, Alfaguara, Madrid, 2005.

«Que vuelvan de una vez los loqueros», *El País Semanal*, 18 de julio de 2004; recogido en *El oficio de oír llover*, Alfaguara, Madrid, 2005.

«The Three Caballeros en el cuarto de baño», *El País Semanal*, 24 de octubre de 2004; recogido en *El oficio de oír llover*, Alfaguara, Madrid, 2005.

«Primero los miramientos», *El País Semanal*, 1 de mayo de 2005; recogido en *Demasiada nieve alrededor*, Alfaguara, Madrid, 2007.

«El peligro de engreimiento», *El País Semanal*, 8 de mayo de 2005; recogido en *Demasiada nieve alrededor*, Alfaguara, Madrid, 2007.

«Árboles y grosería», *El País Semanal*, 21 de mayo de 2006; recogido en *Demasiada nieve alrededor*, Alfaguara, Madrid, 2007.

«Los villanos de la nación», *El País Semanal*, 3 de septiembre de 2006; recogido en *Demasiada nieve alrededor*, Alfaguara, Madrid, 2007.

«Decidir volverse loco», *El País Semanal*, 1 de octubre de 2006; recogido en *Demasiada nieve alrededor*, Alfaguara, Madrid, 2007.

«El derecho a la impunidad», *El País Semanal*, 14 de enero de 2007; recogido en *Demasiada nieve alrededor*, Alfaguara, Madrid, 2007.

«Yo soy muchedumbre», *El País Semanal*, 18 de febrero de 2007; recogido en *Lo que no vengo a decir*, Alfaguara, Madrid, 2009.

«Creencias, intuiciones y embustes», *El País Semanal*, 25 de febrero de 2007; recogido en *Lo que no vengo a decir*, Alfaguara, Madrid, 2009.

«Qué mafioso metafórico prefiere usted», *El País Semanal*, 20 de mayo de 2007; recogido en *Lo que no vengo a decir*, Alfaguara, Madrid, 2009.

«En los días ingenuos o tontos», *El País Semanal*, 3 de junio de 2007; recogido en *Lo que no vengo a decir*, Alfaguara, Madrid, 2009.

«Del derecho al abuso», *El País Semanal*, 1 de julio de 2007; recogido en *Lo que no vengo a decir*, Alfaguara, Madrid, 2009.

«Quién será el facineroso», *El País Semanal*, 15 de julio de 2007; recogido en *Lo que no vengo a decir*, Alfaguara, Madrid, 2009.

«Los valiosos ocultos», *El País Semanal*, 22 de julio de 2007; recogido en *Lo que no vengo a decir*, Alfaguara, Madrid, 2009.

«Cuando la gente no tenemos razón», *El País Semanal*, 16 de septiembre de 2007; recogido en *Lo que no vengo a decir*, Alfaguara, Madrid, 2009.

«Y rara vez tenemos razón», *El País Semanal*, 23 de septiembre de 2007; recogido en *Lo que no vengo a decir*, Alfaguara, Madrid, 2009.

«Mundo de moñas», *El País Semanal*, 14 de octubre de 2007; recogido en *Lo que no vengo a decir*, Alfaguara, Madrid, 2009.

«Añoranza de los justos», *El País Semanal*, 11 de noviembre de 2007; recogido en *Lo que no vengo a decir*, Alfaguara, Madrid, 2009.

«Díganlo de antemano», *El País Semanal*, 25 de noviembre de 2007; recogido en *Lo que no vengo a decir*, Alfaguara, Madrid, 2009.

«Con ojos cinematográficos», *El País Semanal*, 3 de febrero de 2008; recogido en *Lo que no vengo a decir*, Alfaguara, Madrid, 2009.

«Una historia de vilezas», *El País Semanal*, 17 de febrero de 2008; recogido en *Lo que no vengo a decir*, Alfaguara, Madrid, 2009.

«Lo que no se hace», *El País Semanal*, 23 de marzo de 2008; recogido en *Lo que no vengo a decir*, Alfaguara, Madrid, 2009.

«Con nuestros votos imbéciles», *El País Semanal*, 6 de julio de 2008; recogido en *Lo que no vengo a decir*, Alfaguara, Madrid, 2009.

«El perjudicial prestigio del presente», *El País Semanal*, 1 de marzo de 2009.

«¿Acaso no nos alquilamos todos?», *El País Semanal*, 22 de marzo de 2009.

«Como sioux», *El País Semanal*, 26 de abril de 2009.

«Elegir lo grotesco», *El País Semanal*, 3 de mayo de 2009.

«Ni se les ocurra disparar», *El País Semanal*, 17 de mayo de 2009.

«El país que se toma la crisis a broma», *El País Semanal*, 28 de junio de 2009.

«Infantilizados o ancianizados», *El País Semanal*, 12 de julio de 2009.

# GRATITUD

Sus amigos conocemos bien la generosidad de Javier Marías. A mí, personalmente, me ha dado numerosas pruebas de ella en múltiples ocasiones a lo largo de ya no sé cuántos años. La más reciente fue que aceptara la propuesta de que Los libros del lince, esta pequeñísima y novata editorial, preparase una antología de artículos suyos sobre asuntos de ética y política. Fue un regalo que no sólo iba a honrar nuestro catálogo sino que, además, contribuiría a mantenernos a flote una temporada más. Quiero agradecerle de manera pública esa deferencia.

En realidad, esta propuesta mía no era sino la continuación de otras anteriores. Hace bastante tiempo, yo había salido dando traspiés de una empresa editorial en la que colaboré durante cerca de diez años y en donde, tras mucha insistencia, habían comenzado a publicarse sus libros. Meses más tarde, desde mi empleo en la redacción de la revista *El Europeo*, le pedí que escribiera un texto sobre el decenio de los ochenta. Accedió, con esa misma generosidad mencionada más arriba, y la brillantez de lo que él escribió (y que el lector habrá podido comprobar, pues el artículo, titulado «La edad del recreo», aparece incluido en esta selección de sus textos) me permitió obtener toda suerte de parabienes por parte de mis compañeros de equipo. Del mismo modo, siempre aceptó mis encargos, por ejemplo de crítica literaria, durante mi etapa como editor del suplemento *Libros* de *El País*. Callo otros favores por no abrumarle, y porque su carácter es mucho más personal.

Por todos ellos, y por tantos años de amistad, gracias, Javier.

Debo además expresar mi gratitud a la editora de esta antología. Sin el trabajo inteligente y eficaz de Inés Blanca este libro permanecería aún en el limbo de las ideas, y no se habría convertido en una realidad.

ENRIQUE MURILLO
Los libros del lince,
editor

Para la composición del texto se han empleado tipos de la familia Sabon,
a cuerpo 11,5 sobre 13,5. Diseñada por Jan Tschichold en 1967,
esta fuente se caracteriza por su magnífica legibilidad y sus formas muy clásicas,
pues Tschichold se inspiró para sus diseños en la tipografía creada
por Claude Garamond en el siglo xvi.

Este libro fue maquetado en los talleres gama, sl.
Fue impreso y encuadernado para Los libros del lince por Thau, S.L.,
con papel offset ahuesado de 80 gramos,
mano 1,25 de la Papelera de Oria, Guipúzcoa,
en Barcelona, enero de 2010.

Impreso en España / *Printed in Spain*